数字化管理创新系列教材

数字营销——浙江省大学生经济管理案例竞赛优秀案例精选

主　编　周　青　王　雷　陈畴镛

副主编　李风啸　高海霞　程兆谦

　　　　崔　娜　余维臻　岑　杰

　　　　马小龙　丁志刚　叶　瑾

西安电子科技大学出版社

内 容 简 介

随着数字时代的到来，应用数字技术助推企业转型及提升企业生产和管理水平已成为必然趋势。本书收录了浙江省大学生经济管理案例竞赛 8 个获奖案例作品，主要介绍了脸脸科技的实体 MALL＋流量管理新零售模式、橙速科技的 ADSER 模型互联网品牌加速器模式、云犀直播的赋能平台战略模式、都特国际的精准营销新零售模式、新零售助力优衣库转型升级、格格家的 5A 友谊营销战略模式、古茗茶饮的新零售转型和掌上大学的微信生态圈商业模式。

本书通过优秀案例作品的呈现，为从事数字化管理创新的研究者提供案例素材，为致力于企业数字化转型的管理类人员提供理论指导和实践样本，为准备参加大学生经济管理案例竞赛的同学提供借鉴参考。

本书既可作为经济管理类相关专业的教材，也可作为参加大学生经济管理案例竞赛的同学的参考书。

图书在版编目（CIP）数据

数字营销：浙江省大学生经济管理案例竞赛优秀案例精选 / 周青，王雷，陈畴镛主编. --西安：西安电子科技大学出版社，2024.7

ISBN 978 - 7 - 5606 - 7319 - 6

Ⅰ. F2-53

中国国家版本馆 CIP 数据核字第 202425PB97 号

策　　划　陈　婷
责任编辑　吴祯娥
出版发行　西安电子科技大学出版社（西安市太白南路 2 号）
电　　话　(029) 88202421　88201467　　邮　　编　710071
网　　址　www.xduph.com　　　　　电子邮箱　xdupfxb001@163.com
经　　销　新华书店
印刷单位　陕西日报印务有限公司
版　　次　2024 年 7 月第 1 版　2024 年 7 月第 1 次印刷
开　　本　787 毫米×1092 毫米　1/16　印张 12
字　　数　277 千字
定　　价　39.00 元
ISBN 978-7-5606-7319-6
XDUP 7620001-1
＊＊＊ 如有印装问题可调换 ＊＊＊

序

数字经济是继农业经济和工业经济后的主要经济形态，加快适应数字经济时代的管理是经济社会高质量发展的必然选择。在数字化改革的探索中，浙江走在了全国前列，全方位纵深推进数字化改革已成为浙江经济社会发展的重要驱动力。当前，浙江正以数字化改革引领系统性变革，加速打造数字变革新高地，驱动实现"两个先行"。在全面数字化改革过程中，在浙江大地上催生了大量的数字化改革应用场景和许多高质量发展的企业数字化管理创新实践案例。这些生动的案例和应用场景值得我们去深入探索，总结其管理经验和做法，提炼出可资借鉴的模式和路径。

浙江省大学生经济管理案例竞赛自2014年创办以来就以引导大学生扎根实践案例开展深入思考，提升大学生创新创业能力为目标，探索构建商科大学生培养过程中管理实践、管理专业知识和学科竞赛联动的人才培养模式。该赛事于2015年被认定为省级A类学科竞赛，已经成为浙江省内高校商科大学生理论教学与实践应用深度融合的人才培养互动平台。经过8年的竞赛积累，该赛事参赛本科院校数量从33所增长至72所，参赛队伍从189支增长至500余支，积累了千余个优秀的竞赛案例，其中将近70%的案例是扎根于企业数字化转型管理创新的优秀作品。这些优秀作品是对优秀企业管理经验和典型做法的系统总结，也是竞赛指导教师和参赛学生共同努力探索和研究的成果。

为了更好地展示这些优秀的案例成果，浙江省大学生经济管理案例竞赛委员会决定将部分优秀作品结集出版。案例集分别以数字管理、数字制造、数字营销等为主题，将浙江省大学生经济管理案例竞赛中获得一等奖的部分优秀作品通过改编、整理和完善后编辑成册。为了帮助阅读者更好地理解和掌握案例研究逻辑和研究成果，每个案例后面还专门增加了案例竞赛指导教师的点评和说明。案例集的出版一方面可以更好地呈现案例竞赛中企业数字化转型和管理创新的实践成果，为从事数字化管理创新的研究者提供丰富的案例素材；另一方面也可为今后准备参加大学生经济管理案例竞赛的同学提供学习和参考样本，帮助他们更加科学高效地选择研究对象、开展案例调研和撰写案例竞赛文稿。

我相信本案例集的出版将有利于推动商科大学生理论学习和实践教学的良性互动，能够有效引导商科大学生更加关注数字经济时代企业数字化转型的现实场景，有助于他们加强数字化认知、激发数字化思维和了解更多的数字化技术，提高商科大学生适应数字经济新形态的创新创业能力。

是为序！

中国工程院　机械与运载工程学部　院士
工　程　管　理　学　部
2023 年 10 月

前　言

　　数字时代的到来深刻改变着我们的生产生活及学习方式。在经济管理专业的人才培养方面,我们不断思考如何能够让在校生能在企业经济管理的实践中体验"身体在场",如何让学生的专业所学与企业实践实现"无缝衔接",如何引导学生灵活运用理论来指导实践的"举一反三"。带着这些思考,我们在浙江省大学生经济管理竞赛的参赛文本和答辩赛场上找到了答案。

　　作为浙江省 A 类学科竞赛,浙江省大学生经济管理案例竞赛至今已正式举办 8 届,每年都会吸引全省各高校的 3000 余名学生参赛。8 年来,竞赛积累了一千余份优秀的获奖案例作品。为充分展示竞赛的优秀成果,提升经管案例竞赛作品质量,为企业管理者提供成功经验,为高水平案例教学提供支持,应广大参赛大学生和指导教师的要求,竞赛委员会决定将部分优秀获奖案例作品结集出版,实现以赛促学、以学促用的目的。

　　企业是数字经济的"排头兵",面对汹涌而来的数字化浪潮和日益复杂的市场环境,很多优秀企业在经营管理的各方面开展了数字化应用实践,并已经取得了卓著的成果。依托案例竞赛,大学生在教师的指导下,深入企业进行实地调研,详细描述了企业数字化应用的具体实践,并应用管理学理论分析提炼了经验得失,这对企业未来的发展是弥足珍贵的财富。在案例竞赛获奖作品中,七成以上是探索数字化改革场景下企业的生产、营销和管理的数字化创新实践的,由此,这批案例集共分为三册,分别以数字制造、数字营销和数字管理为主题,每册各收录和编辑 8 个优秀案例作品。每篇作品后均有该作品指导教师的点评。通过优秀案例作品的呈现,既可以使读者深入了解案例竞赛作品,提高选题研究、企业调研、文本撰写等的效率,有的放矢地把握案例竞赛备赛进程,又可以为经管学科人才培养的案例教学工作提供丰富的素材支持。

　　感谢多年来关心和支持浙江省大学生经济管理案例竞赛的师生朋友们!感谢中国工程院院士刘人怀老师为此书作序!希望此系列案例集,能提升经管学科学子对当下数字时代的认知,激发其数字思维,助力当代青年成为数字中国的创造者和主力军。

编　者
2023 年 10 月

目 录

案例一　脸脸科技的实体 MALL＋流量管理新零售模式[①]

2013 年，杭州脸脸网络技术有限公司（以下简称为"脸脸科技"）成立。作为全球首款基于场所的电商 SaaS（Software as a Service，软件运营服务）平台新零售场景运营商，脸脸科技在创立之初就致力于运用独创的流量运营理论，解决以购物中心为代表的实体线下场景运营能力不足的问题，开启了实体商业的新时代。目前，脸脸科技已经覆盖了全国 23 个省近 300 座城市、15 大消费场景，并实现了与 500 多座购物中心的全面合作，带动了线下销售额数十亿。脸脸科技连续两年荣登"准独角兽"榜，还完成了新一轮 1 亿元融资，可谓是"新零售"最早的践行者。脸脸科技的流量运营理论由"社交＋娱乐＋电商"模块组成，以场景触发、娱乐激活、社群营销的方式，以传统零售的消费体验痛点和发展瓶颈为突破口，以科创应用产品为牵引力，以兴趣互动和消费转化为内生驱动力，真正做到了购物中心线上平台和线下实体的同构。在新时代的机遇下，购物中心借助脸脸科技的"黑科技大屏"这一载体，帮助商家全面了解他们的顾客，进而提高顾客留存率和消费忠实度，将线下的客流量精准地转化为消费力，并以大数据技术进行分析，为线下购物中心的转型助力，赋能发展新动力。购物中心引入脸脸科技携手并进，专注线下流量运营，规划新零售发展蓝图，为传统实体商业注入新动力。

1.1　认识脸脸科技

脸脸科技创立于 2013 年，是中国最大的基于场所的场景电商 SaaS 平台，其专注线下场景流量运营，是"新零售"最早的践行者。脸脸科技首创了场景电商服务模式，通过移动互联网、大数据、AI 等新技术的综合运用为实体商业赋能，真正实现了线上线下融合，提升了商业运营效能。脸脸科技主要服务于购物中心、社区、校园、写字楼、品牌商户、金融机构、商业街区、门店等场所。

目前，脸脸科技服务的客户有世界五百强企业 10 余家、中国商业地产百强企业 90 余家、商业品牌 1000 余个、金融集团 5 家；已覆盖全国 23 个省近 300 座城市、15 大消费场

[①] 该案例获得 2020 年浙江省大学生经济管理案例竞赛一等奖。作者：徐文豪、丁雯珺、吴若蕾、谢梓忻、王佳斌，指导教师：王雷。

景，并实现了 500 多座购物中心的全面合作，打通会员系统近 400 家，成为我国线下商业系统最大集成商之一，年累计激活线下客户超 1 亿个，拉新会员超 1000 万个，带动线下销售额数十亿元。

脸脸科技主要通过场景触发、娱乐激活、社群营销三大核心产品为线下场景提供一站式解决方案。目前，脸脸科技已推出 2 元闪店、商场大富翁、三局两胜、抖屏等多款双屏互动产品，以"娱乐＋社交＋电商"的方式提升商家的客流运营效能，有效激活场内客流。通过构建辐射购物中心等场景周边 5 千米范围的城市生活圈社群链接，帮助商家突破原有经营场所的时空局限，实现 24 小时城市网格覆盖。脸脸科技始终坚持"新商业、趣生活"的使命，坚持"好玩是更高级的需求"的理念，"让生活更美好、更有趣"是脸脸科技希望为这个世界创造的价值。脸脸科技里程碑事件如图 1-1-1 所示。

图 1-1-1　脸脸科技里程碑事件

无论是 2B 端赋能商业场景对线下流量的数字化运营，还是 2C 端为消费者提供更多有趣的玩法和优惠，其都是通过场景交互屏等科创产品和脸脸 App 的开发，结合线上场景构建、娱乐激活、社群链接、全员营销等方式，将线上流量引流至线下门店，借助门店强交互的优势，形成线上线下一体化运营模式。基于此流程，脸脸科技与购物中心、品牌商、电商以及金融机构展开合作，为推动线上线下一体化经营提出了场景革命。具体如下：

1. 脸脸科技×购物中心

脸脸科技与一千余家购物中心联合开展了"千鲸计划"，很快覆盖了我国头部购物中心，如大悦城、万象城、印象城、万达、龙湖、远洋等，激活并运营线下流量。除一二线城市外，脸脸科技还覆盖了新疆、内蒙古、甘肃、宁夏等的部分城市。至今已有 400 家以上的头部购物中心引入脸脸科技的双屏互动的场景电商模式，用于日常的客流运营。以天津大悦城为例，在全场各楼层、冷热区的人流节点共设立了 11 个脸脸科技互动点位，通过 2 元闪店、抖屏、神兽寺街、付费会员卡、场景金融、券多多等多样化的产品组合，触发大悦城全场线下流量。

2. 脸脸科技×品牌商

脸脸科技与中国上汽、荣威、滴滴、华为、妮维雅、贝因美、火烈鸟等越来越重视效果转化的品牌商开展了多元化合作和跨界探索。脸脸科技逐渐向品牌商端延伸，与各大品牌商共同创新，激活线下流量，为品牌商提供了更好的新零售模式解决方案。

3. 脸脸科技×电商

脸脸科技与阿里、苏宁、京东等电商巨头开启了深度战略合作，依托脸脸科技全方位激活线下流量，双向打通并形成场景消费闭环。目前，脸脸科技场景互动屏已打通阿里系最核心国民级应用矩阵——支付宝、手淘、天猫；京东携手脸脸科技共同打造新零售智慧场景轻快闪，领跑智慧零售场景革命；苏宁通过脸脸科技落地全国十大商圈，并于双十一全民嘉年华期间交出亮眼成绩单，脸脸科技屏产品成为苏宁"场景零售"战略的重要一环，场景互动屏产品常态化落地在苏宁全国万家门店。

如今，商家与消费者的关系变得更主动、更有趣，商品也不再是单调地放在橱窗内，而是深入覆盖全场景零售。人流量化、货内容化、场平台化的模式，降低了电商平台线下活动的运营成本，与其他传统电商形成差异化竞争。

4. 脸脸科技×金融机构

脸脸科技启动开拓场景互联新模式，将金融服务代入购物中心高频消费场景，并提供以城市金融旗舰店、金融快闪店、品牌商户拓展、系统接口打通、宣传推广、运营支持等在内的一站式服务。以建融悦客会为例，这是首家场景金融会员中心携手"天津建行"落地天津大悦城，其主要功能为银行品牌形象展示旗舰店、金融业务办理的"类网点"、新业务的智能体验点。

随后，脸脸科技携手中国银行、浦发银行再创佳绩。脸脸科技帮助银行加深场景互联覆盖度，将商业场景的资源整合注入银行网点，实现银行网点的存量空间升级，让存量网点成为写字楼、社区居民获取周边大小商业消费服务的入口，实现消费场景与金融场景的跨场景互联。

脸脸科技通过基于场景的"线下场景互动大屏＋应用 App"的双屏互动，以购物中心为核心，不断向校园、银行、社区等周边场景进行延伸，并逐步形成场景互联的流量运营共同体。

作为新商业最早的践行者，脸脸科技曾在创立之初向外界宣布 2500 万个场景革命（如图 1-1-2 所示），以针对场景互联时代的流量运营理论赋能实体商业流量运营。未来，脸脸科技将续写新的商业篇章，与更多的购物中心合作，为 5000 万名消费者重构消费场景。

图 1-1-2　脸脸科技的 2500 万个场景革命

需要强调的是，2017 年，脸脸科技荣获第二届移动互联网营销峰会"金鸣奖——最佳移动营销案例"奖项；2017 年，脸脸科技荣获网易有态度城市盛典"新易奖·新锐互联奖"；2019 年，脸脸科技荣登"2019 杭州独角兽 & 准独角兽企业榜单"；2020 年，脸脸科技连续 4

年荣登"准独角兽企业榜单";2020 年,脸脸科技荣获"2019 中国自主自强创新企业奖"。

1.2 脸脸科技的变革

互联网时代,实体 MALL 因受到电子商务的冲击而一度陷入困境。同时,由于人们对个性化、人格化的追求,实体 MALL 被迫踏上了数字化转型升级之路。而脸脸科技双屏互动的商业模式为实体 MALL 提供了方向。首先,实体 MALL 引入了脸脸双屏互动的场景电商模式用于日常的客流运营,建设线下大屏,吸引流量;其次,实体 MALL 辅以脸脸科技原创开发出的一系列爆款场景应用,通过手机与线下大屏双屏互动,娱乐社交化营销,进而实现消费转化、流量变现,如图 1-2-1 所示。此外,实体 MALL 还通过引流、激活、扩散、购买四大方式,基于双屏互动收获的流量,进而抓住了线上线下融合的本质,实现了完整的流量闭环。

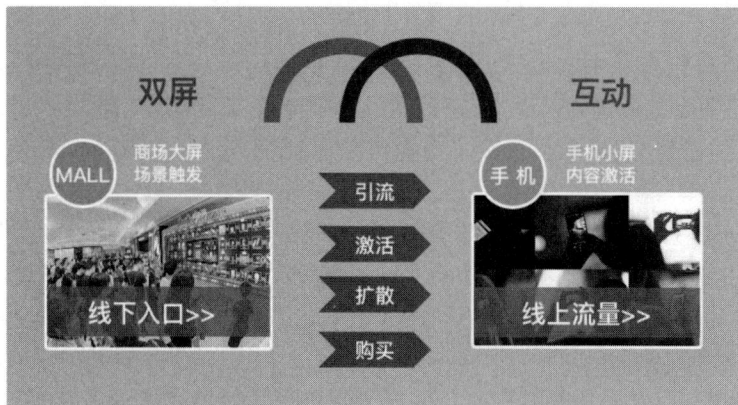

图 1-2-1　脸脸科技的双屏互动示意图

脸脸科技的出现为线下商业业态数字化转型提供了巨大价值。脸脸科技的研发团队认为 80% 的需求在场景中产生,即"人+场所=场景"。当人处于特定的场所时,接收到来自该场所内商家发来的信息才是有价值的信息。为了达到即需即现的目的,脸脸科技选择构建人和场的连接,再来逐步进行流量运营。

对于商业线下场景而言,其核心是流量运营。而流量运营的真正痛点是线下场景流量转为线上场景。基于此,脸脸科技在 2013 年诞生之初的目标就很明确,其商业运营逻辑是:帮助实体 MALL 以"娱乐+社交+电商"的方式激活人流,实现对场内人流的高效运营和转化;将传统的"人、货、场"通过互联网的手段转化为"流量、内容、平台"(如图 1-2-2 所示)。

首先,人和流量实现同构。一般一个购物中心会有网格化的覆盖,服务于周边 2 km～5 km 距离范围,线上和线下服务的核心客群应该保持一致。人流通过线上购物变成了流量,当流量数字化后,通过这些数据就可以进行更精准的运营。然后,购物中心里的"货品"呈现也要与线上平台的"内容"输出实现同构。购物中心要赋予产品故事,富媒体化,增强"货"的关注度和吸引力。最后,平台实现同构。购物中心线上平台的同构可以凸显原来物理空间里不显性的社群关系。未来，购物中心线上平台一定是社群化、内容化的线上平台。

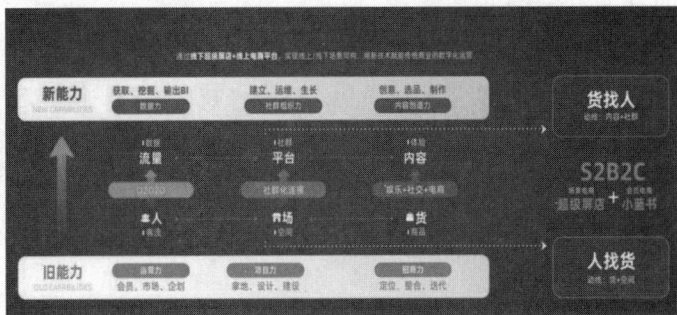

图 1-2-2　脸脸科技的商业运营逻辑

　　从线上"流量、内容、平台"同构与线下的"人、货、场"同构可见，人们的购物记录通过线上平台变成了流量数据。同样，内容也可以在线上进行更多的表达；线上场景突破了时间和空间的概念，它体现的是一个人与人之间的连接关系。

　　脸脸科技是专注线下场景流量运营的"新零售"最早践行者，它将消费者、场景双屏和经营者捆绑成了一个利益共同体。通过对线上与线下平台、有形与无形资源的高效整合，脸脸科技创新性地提出了针对场景互联时代的线上线下融合的流量运营理论，有效地解决了将线下流量转化为线上数据并持续运营的难题，大大减少了客户的流失，形成了城市生活圈电商。

　　脸脸科技还凭借其基于双屏互动的流量运营模式和其出色的运营实效，有效地推动了线下商业业态的数字化转型。脸脸科技以场景触发、娱乐激活、社群营销的方式，真正做到了购物中心线上平台和线下实体的同构，激活了实体 MALL 自身及其周边巨大的流量，为消费者带来了全新体验，拉动了实体 MALL 的零售份额，为实体 MALL 的转型提供了一条生存之路。

1.2.1　双屏互动的流量运营模式

　　脸脸科技基于双屏互动的流量运营模式由线下引流、客流激活、分享扩散、消费购买组成(如图 1-2-3 所示)。通过双屏互动形成流量闭环，脸脸科技抓住了线上线下融合的本质，即"从线下到线上再回到线下"的场景设置全过程。

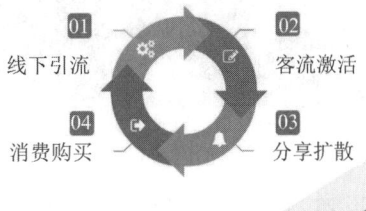

图 1-2-3　脸脸科技的流量运营模式

1. 第一环节：线下引流

　　通过对场景的研究发现，购物中心的流量来源主要有：购物中心周围(60％在商场的2 km 距离范围内，90％在商场的 5 km 距离范围内)的社区、楼宇、学校等。而购物中心存在着冷热区流量分化的问题，如何将热区流量引到冷区场景成为购物中心需要思考并解决的问题。基于"流量就在隔壁"的现实情况，彼此不同的业态和品牌之间可以实现流量相互转化，以更好地运营线下流量，挖掘其商业价值。

脸脸科技帮助实体商业场所实现流量转化。脸脸科技以"娱乐＋社交＋电商"的方式来激活客流，并且专注于场景革命。以各大购物中心为例，通过双屏互动应用，脸脸科技开启了场景互联的屏动时代，至今已构建了超过 2500 万个场景，使用户可以以所在地点为中心，了解其周边 5 km 的其他场景区域。

2. 第二环节：客流激活

在明确流量在哪些场景产生后，脸脸科技运用自己的独特运营方式激活消费者。正如脸脸"好玩是最高级的需求"口号一样，激活就是撩拨消费者的过程。

脸脸科技在多家商场显眼的中心位置放置了场景互动屏，人们只需手机扫码登录，便可在大屏上进行游戏，不再拘泥于手机的小屏，带来了更沉浸式、更畅快的游戏体验。在人流量密集的购物中心，来来往往的人或多或少会被互动屏上的内容吸引，并对这种新奇的活动方式感到好奇，人们因此驻足观看，并参与其中。

一方面，脸脸科技通过互动应用，或是发放大量优惠券，或是在各个门店设立通关要求，吸引大量用户的兴趣和关注，刺激用户去线下门店消费，同时通过引导用户分享，扩大接受信息的用户量，吸引更多的潜在用户，并将潜在用户转化为线下消费用户。另一方面，脸脸科技通过大数据的收集和整合，从用户标签和真实需求出发，把握各种热点，推荐对消费者而言具有更高价值和实用性的内容，以实现人与数据、场与平台、货与内容的连接。

脸脸科技的场景互动屏是基于多年服务经验而产生的。该场景互动屏综合实体商业痛点，是为打造沉浸式体验而量身定制的一款娱乐化、交互式机器。通过场景互动屏来增加商品曝光，提供有趣、刺激的卖货方式和奖券发布方式或者趣味化、娱乐化的游戏机制，刺激用户到店消费（如图 1-2-4 所示）。

图 1-2-4　脸脸科技的场景互动屏

脸脸科技原创性地开发了 2 元闪店、大富翁众筹夺宝、抖屏等一系列爆款产品，以手机与场景互动屏互动、娱乐社交化散券等好玩有趣的方式，成功撩拨并激活消费者，实现了"场景触发需求"，将线下的人流变成线上的链接和数据。例如，顾客可以用手机扫描购物中心的场景互动屏，即可参与游戏。在脸脸科技的场景互动屏游戏中，顾客可以与弹幕墙互动；也可以发出交友邀请，通过设立和回答问题建立联系；还可以留下一杯咖啡抵用券作为答对问题的奖励。

　　通过场景互动屏的互动，顾客完成游戏闯关后可根据数据分析，获得适合自己的店铺优惠券。顾客会在优惠券的引导下返回商铺进行挑选。脸脸科技以此增加顾客在商场内停留的时间，从而提高优惠券转化率和商品成交率，刺激了消费转化。相比于传统的人工宣传，脸脸科技以一种娱乐方式增添了购物智能感，大大提高了效率。

　　以天津大悦城为例，脸脸科技在全场各楼层、冷热区的人流节点共创了 11 个脸脸互动点位，通过黑科技 2 元闪店、券多多等多样化的产品组合，全场触发线下流量（如表 1－2－1 所示）。天津大悦城通过脸脸科技的数字化运营新增会员 12.7 万，消耗积分超过 5000 万，直接转化消费 16900 笔，累计带动销售额超过 8000 万元。

表 1－2－1　脸脸科技的场景互动游戏举例

产　品	简　介	场景展示
券多多	券多多是脸脸科技基于购物中心场景的营销利器，将购物中心优惠券有选择地陈列于会员中心的媒介中，由顾客自行领取（或购买），以提升券的转化并精准获取顾客需求。顾客可以通过线下的框架屏幕、线上的领券中心领取和购买奖券	
无敌猜价王	无敌猜价王是一款人机互动的猜价游戏，顾客扫码支付游戏币参与猜价，在限定时间内机器会根据顾客出的价格给予提示，如"低了"或"高了"。如果猜中价格，则获奖；如果没有猜中则可获得商户赠送的礼包，从而促使顾客进店消费	
爱的魔力套圈圈	爱的魔力套圈圈是一款基于商业场景，模拟线下嘉年华游乐园的套圈玩法的线上线下结合的双屏互动娱乐应用。其以娱乐化的形式，实现会员拉新、积分消耗、优惠券分发、商品售卖、品牌宣传和消费转化的目的，给消费者带来实惠；同时引导消费者到店消费，提升商家的人流量和销售额	
商场大富翁	商家大富翁是把一个商品分成 N 份出售，用户购买 1 份或多份参与众筹，参与即可获得小奖券，人满开奖，并在参与者中抽取一位幸运用户获得大奖。用户购买的份数越多，获得大奖的概率越大	
黑科技 2 元闪店	黑科技 2 元闪店是基于购物中心场景而打造的幸运弹珠类游戏应用。用户可以通过线上链接或线下互动屏设备扫码参与互动，注册会员并支付 2 元/200 积分即可参与，人人有奖。该方式可以同时达到会员拉新、积分消耗、商品售卖、商户散券等目的	

3. 第三环节：分享扩散

脸脸科技在购物中心举办活动，吸引流量。脸脸科技以购物中心为入手点，进行各类游戏与营销活动，通过娱乐的方式，提高消费者的感知力和接受度，从而反馈到参与活动的商家，吸引更多流量到购物中心。

与线上消费相比，线下消费的优点是体验感。体验感是消费者的第一感受。通过互动游戏给予顾客愉快和惊喜的体验感，然后带来一种分享的欲望，以每一个顾客为中心形成一个点对点或者点对多的圈子，进而分享引流，以"社交圈"的形式逐步形成"环状相交扩散"模式，通过人际传播达到群体传播的效果。

在以往传统模式下，购物中心的巨大流量无法真正落到实处，无法使各个实体店受益，"人到人走"的流量没有发挥到最大作用。而分享扩散阶段则是在互联网环境下，顾客在自身体验之后出于对场景的体验、对活动满意度的感知，或者出于"凑热闹"的心理，通过微信、微博等社交媒体对线下活动进行传播，使脸脸科技、购物中心拥有一个良好的宣传热度，从而吸引新的用户进入，促进新一轮的传播与交易。脸脸科技通过线下促进顾客和实体商店互动，线上自发分享平台与场景，令线下体验反馈进一步带动线上的宣传推广，吸引新的潜在消费者，从而形成交易的良性循环。

除此之外，脸脸科技采用线上的"互动应用"和线下的"招揽体系"的形式将客流引到各实体店；在各大商家的合作与帮助之下，脸脸科技将专属优惠和折扣落实到互动游戏中，并在场景互动屏上展示出获得大奖的用户昵称，这种真实性的信息反馈，吸引更多人来了解、参与、互动和交流。

脸脸科技通过场景互动屏的互动讨论平台，基于用户的真实评论和真实感受，通过"线上互动＋线下拓揽"的方式使用户参与游戏，获得好礼，在这个过程中使脸脸科技的口碑形成良性循环，如图1-2-5所示。

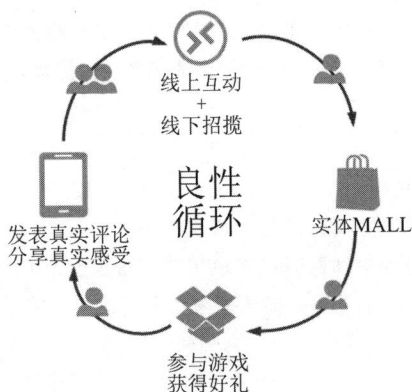

图1-2-5　脸脸科技口碑的良性循环

4. 第四环节：消费购买

脸脸科技在第四环节着力于促成消费，提高交易率和顾客黏性，实现人流量变现。而为了达到这一目的，脸脸科技采用的主要方式是玩游戏获得奖励。

以杭州龙湖天街四周年店庆为例,脸脸科技采用黑科技 2 元闪店将商场内吃喝玩乐的各类商品及优惠券集中展示在客流密集的场景互动屏上,消费者在现场使用手机扫码即可一键注册为大悦城会员。消费者可花 2 元或 200 积分参与弹珠游戏,即时开奖、人人有奖。脸脸科技还采用商品优惠券的补贴卖货模式,让用户在获得优惠的同时,增强商品优惠券的价值感和获商品优惠券形式的娱乐感,将消费者的注意力更加集中于商品本身,在满足了消费者玩乐心理的同时,有效消耗了积分,提升会员的积份活跃度和消费忠诚度。商家以发放商品优惠券的形式,增加消费者在商场内驻留的时间。也达到品牌曝光、散券卖货、引客进店的目的。

除了发放优惠券激起消费者购买需求之外,脸脸科技根据用户属性通过智能推荐从海量商品库进行专属商品推荐,并完成商品"下单→支付→打单"的完整购买流程。脸脸科技还推出了基于消费者特征的占卜类智能推荐性电商产品。该产品根据消费者的用户画像、占卜结果和当日宜忌等智能匹配消费需求信息,为消费者推荐适合的逛店建议(如搭配红色服饰、吃轻式快餐),通过优惠券的形式引导消费者进店,帮助商家完成引流拉新、激活客流、消费转化。

脸脸科技以发放消费券、智能推荐、放大明星效应为主要方法,高效率地完成了从人流量到消费购买的转化,助力实体购物中心在互联网时代的浪潮下屹立不倒。脸脸科技形成了"从接触实际所在场景到线上构建的场景→对线上场景或游戏产生兴趣→和同场所用户进行联系和沟通→产生前往商家的兴趣,进行消费购买→通过分享反馈进而吸引更多潜在用户消费"的全过程,形成了"引流→转化→消费→评价→留存"完整的交易闭环循环。

1.2.2　"购物中心＋脸脸科技"的战略特点

在购物中心中,各大商家与脸脸科技合作,不仅能够通过科技探索商业新玩法来赋能实体商业,带来线下流量,使购物中心经营温度回升,还能建立有效社群,将有限的人流反复激活,并赋予消费者有趣的购物体验,带来更高的消费热情。

1. 流量变现,拉动消费

不管是线上还是线下,流量是一切生意的本质。尽管购物中心自身带有大量的线下流量,但很难运营这些流量,挖掘线下流量的商业价值正是线下场景的运营能力短板所在。

脸脸科技的机会正是抓住了电商巨头的盲点和线下商业的痛点,抢先占领线下场景。从 2015 年的 2500 个场景革命开始,脸脸科技专注于线下场景流量运营,并探索出了针对场景互联时代线上线下融合的流量运营理论,即"场景流量学"。该运营理论包含四个关键步骤:引流、激活、转化、变现。

简单来说,脸脸科技先通过场景互动屏和手机的双屏互动完成流量线上数字化转变,把双屏作为线下流量的入口,再通过数字化的连接,提升连接效率和服务体验,最后回到线下完成消费闭环,为购物中心场景的流量运营赋能。基于此流量运营理论,脸脸科技已经初步实现了线上数据流量一定程度的线下转化。至今为止,脸脸科技已经为华润、中粮、万科、万达、龙湖等企业提供了一整套流量运营解决方案。

截至 2019 年 12 月，脸脸科技服务的客户涵盖了世界 500 强企业 10 余家，中国商业地产百强企业 100 余家，商业品牌 1000 余个，金融集团 3 家，近 300 座城市、15 大消费场景，还率先实现 500 多座购物中心的全面合作，打通会员系统近 400 家。脸脸科技已成为我国线下商业系统最大集成商之一，年累计激活线下客流超 1 亿（个），拉新会员超 1000 万（个），带动线下销售额数十亿（元）（如图 1-2-6 所示）。

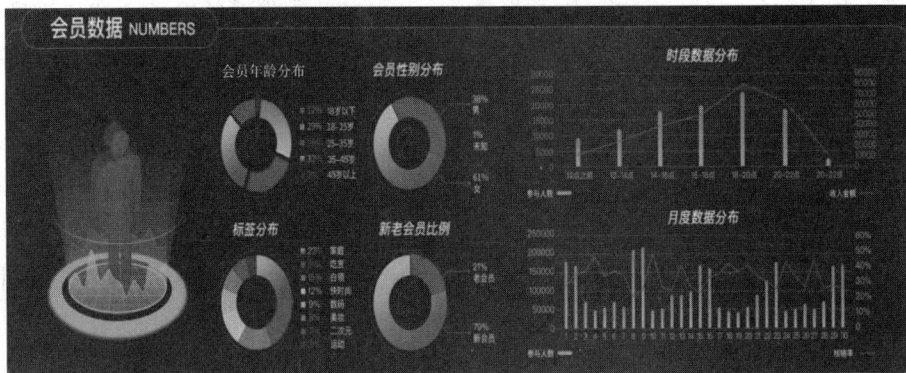

图 1-2-6 脸脸科技的会员数据

未来，脸脸科技将坚持创新，不断开发出能够应用于线下商业购物中心场景的科创产品，为实体经济的快速发展创造价值。脸脸科技还以应用为中心，围绕数据、双屏互动和人工智能三个基本点，逐步用技术为线下商业场景运营赋能，实现"百城、千店、万屏、亿人"阶段性目标。

2. 场景体验，消费升级

与电商相比，实体商店最占优势的是面对面的交流服务。相比无边界、无时限的电商来讲，购物中心的购物体验是一种生活圈电商。在互联网时代，人与人之间的情感交流显得弥足珍贵，所以脸脸科技可以助推购物中心充分发挥这一优势，推动形成城市生活圈电商。

（1）购物中心场景升级。脸脸科技的使命一直是"新商业、趣生活"。近年来，脸脸科技采用大数据、互联网等技术，希望能在移动互联网时代实现万物互联"好玩"的场景，让生活变得更美好。经过几年的探索，通过"千鲸计划"，脸脸科技已经与许多购物中心展开合作，将场景互动屏覆盖到更多需要吸引消费者、激活客流、进行消费转化的大型购物中心中。

除了将场景互动屏放在可以转化冷热区流量的地方，其余场景也有一定的改变，因为脸脸科技认为场景革命是一个持续性的过程，场景需要不断更新、迭代。所以，脸脸科技一直在努力增加多元化的场景打造，唤醒用户的感知力、思考力、满足力，并且不断地创造一些好玩的场景内容，赋予丰富的内容体验，积极和消费者互动，让消费者能在某种生活方式中完成消费闭环。

（2）消费体验升级。在购物中心场景构建完成后，百货商场的模式已从过去的"人去找货"转变为"货去吸引人"。过去，人们是目的性消费，而如今，整个购物中心将逐渐向发现型消费转变，因此，相应的消费体验也将转变。

在满足消费者产品需求的基础上，脸脸科技尽可能地为消费者提供高质量的人性化服务，满足其精神需求。以"双十一"举办大型活动为例，脸脸科技赋能的以购物中心为主的消费转化在线上购物狂欢的大背景下显得格外有意义。通过双屏互动体验，增强娱乐感与价值感，使消费者达到精神层面和物质层面的双重享受，让消费者与商家互动起来，改变了以往传统的买卖关系，从更深层面去激发消费者对商家的依赖与认同。

从零售体验来看，传统零售和脸脸科技新零售的对比如表 1－2－2 所示，主要从需求触发、购物场景、营销模式和购物体验进行对比。

表 1－2－2　传统零售和脸脸科技新零售的对比

消费过程	传统零售	脸脸科技新零售
需求触发	触发模式：消费者主动触发 触发源：消费者(单一触发源)	触发模式：多元触发(消费者主动触发、连带触发)等 触发源：消费者、大型娱乐活动、社交媒体、自媒体、购物实体场景、优惠券等(多样触发源)
购物场景	在线电子商务平台或者实体零售店进行购物	通过双屏互动高效连接消费场景与消费者，使用娱乐激活，打破线上和线下界线，打造立体化购物场景，同时积极触发次生购物需求
营销模式	营销中心：商品 以商品为中心，对商品进行营销和推广	营销中心：消费者 以消费者为中心，对消费者需求和顾客价值展开营销活动
购物体验	因需要而产生的单纯购买行为，对购物体验缺乏重视	娱乐化的参与方式和精准化的服务触达，引爆更大的消费激情

3. 双屏互动，深广融合

随着 5G、AI、云计算等技术的不断交互融合，世间万物的连接将汇聚到一块块更具智慧的屏幕上，即万物皆可屏，万物皆可交互，一个真正的万物互联时代即将到来。移动互联时代下，每部手机都好比是一个数字化的人，脸脸科技采用"屏"这一要素，独创双屏互动的流量变现模式，让新技术赋能线下商业的场景运营，并为消费者带来更有趣、更美好的生活体验。

2014 年，脸脸科技选中了场景互动屏。从屏幕概念的出现开始，每一个新时代的迁移都伴随着品牌对于屏的竞争。从电视屏到 PC 屏再到手机屏，截至目前，各种屏已经呈现出清晰的竞争格局，每一代都有霸主，每一代的流量都在向新一代的屏进行迁移。如今的 5G物联网时代，场景互动屏走上了主流舞台。

"场景"这一概念已被各类运营商频繁引用，而它作用于商业的关键价值——激活流量，却并未被真正发掘。脸脸科技正是抓住这一缺口，做起了"屏"生意。脸脸科技的场景屏可以类比为购物中心的第一块智能手机，除了"智能手机"，脸脸科技还提供"应用商场"以便在其中下载各种应用。目前,脸脸科技原创开发出了包括黑科技 2 元闪店、大富翁、猜价王、抖屏、券多多、套圈圈、脸红、人脸识别等一系列爆款场景应用,逐步探索出了手机与场景互动屏双屏互动,娱乐社交化散券、卖货,进而实现消费转化的双屏互动、流量变现之路。

从购物中心的场景互动屏到人们的手机屏幕,由"屏"沟通的互动体验带来了可观的用户抓取量。而互动是营销的高级阶段,商品营销由静到动,消费过程逐渐变得更生动有趣,激发的客流逐渐走向深层次的留存、转化。

首先,"活动入场",脸脸科技为购物中心策划引爆式活动,通过科创应用产品服务变现。其次,脸脸科技还将"屏"定义为购物中心数字化客流运营的基础设施,以大屏媒体 CPM 模式收费,通过脸脸科技"无人智能会员机"来改造购物中心的会员服务体系,带动会员数字化运营,同时还将服务对象拓展到品牌商,为其搭建线下场景服务闭环,帮助品牌商实现常态化营销。最终,脸脸科技将搭建起城市化网格运营体系,在常态化自运营模式成熟的基础上,以二线城市为单位来实现"屏"的规模化扩张。

除了场景价值,脸脸科技还利用"互联网+技术"优势,为企业本身搭建商业大数据中心——"脸脸数据工厂"。线下场景获取的商户、商品、消费、用户及关系数据将自动上传至脸脸数据工厂。脸脸数据工厂将不断进行数据的清洗、反馈,以及算法的迭代升级,给出高精准度的用户画像,最终服务于会员运营和自动化营销。

从消费者的互动传播与购物中心的场景设置出发,脸脸科技的场景互动屏给购物中心带来新的流量。基于消费者对场景的体验、对活动满意度的感知,通过社交网络传递相关宣传,以此建立人和人的连接,网络传播引起不同社群之间的共鸣,最后形成新一轮的消费购买热潮。例如,一条微博的转发量、点赞量不断地增长,可能会引起网友对内容的兴趣。脸脸科技在内容的最下方设置快速的场景入口,引导消费者线下体验,实现购买转化,突出场景营销以消费者为核心的要求,为以后更好地实体 MALL 营销服务打下坚实基础,为以后的场景营销积累有价值的数据资料。

凭借新颖的商业逻辑和广阔的市场前景,站在机会风口上的脸脸科技也被资本所青睐。2020 年 8 月,脸脸科技正式宣布完成近亿元的 A 轮融资。本轮融资由凡创资本领投,众海投资、浅石创投、龙柏资本、通衢浙商资本跟投。本轮融资主要用于公司核心技术研发与市场团队搭建,并正式开启脸脸科技"百城千店"计划,进一步加快对实体 MALL 公司的合作覆盖,覆盖城市主流消费群体 1 亿人以上。

◐—— 1.3　从"4C"来看"脸脸"的变革

基于当今购物场所和线上购物的情况,脸脸科技以促进线下商家流量和营业为目的,以双屏互动的场景电商模式为主要方式,通过移动互联网、大数据、AI 等新技术的综合运用,真正实现线上线下融合。在合适的场景下(Context),针对特定的社群(Community),利用有传播力的内容(Content),通过社群网络中人与人的连接(Connection)的裂变实现快速扩散与传播,该过程称为新 4C 模型下的交易循环。脸脸科技在新 4C 营销模型下进行适当创新,形成"引流→激活→分享→变现"完整的交易闭环,如图 1-3-1 所示,从而获得有效的交易循环。

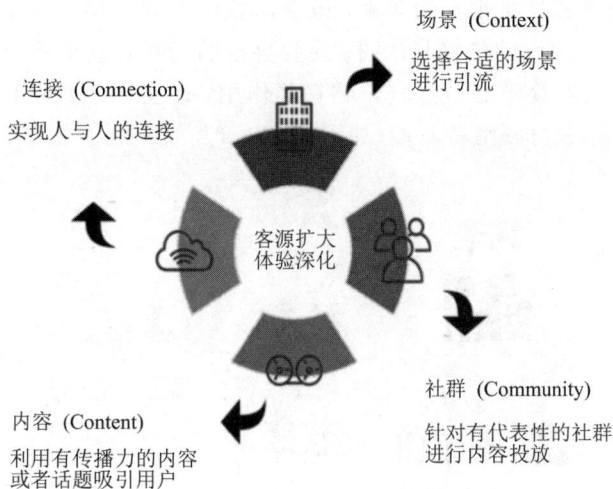

图 1 - 3 - 1　新 4C 模型下的交易循环

1.3.1　Context——场景

移动互联时代的场景（Context）概念由罗伯特斯考伯最先提出。他指出，"移动互联时代，场景是基于移动设备、社交媒体、大数据、传感器和定位系统的一种技术应用，以及由此而营造的一种在场感。"场景营销时代的到来，使得消费需求也从以往的产品和服务转向场景体验。脸脸科技非常重视场景对用户消费的作用，基于线下场景和线上场景构建了特定场景，场景搭配不同前提，进而衍生出了不同的消费需求。

1. 搭建特定场景，引流线上用户

用户的消费行为是在特定的场景下进行的，用户也是透过场景来认知产品的。不同群体有不同的需求，在不同的场景下用户也具有不同的需求；将产品与用户需求相对接，才能激发用户的购买欲望，建立起良好的互动关系，从而激活这部分用户的购买潜能。

脸脸科技认为，"人＋场所＝场景"就是场景社交。以各大购物中心为起点，脸脸科技通过双屏互动应用，开启了场景互联的屏动时代。这是由于在人流量密集的购物中心，来来往往的人会被场景互动屏上的内容吸引，并对这种新颖新奇的活动方式感到好奇，来来往往的人因此驻足观看，并参与其中。脸脸科技从感知用户需求角度出发，整合功能，增强用户感知，增加用户对脸脸科技活动的黏度；有了黏度，用户才不易流失，更加活跃。

为地点搭建场景，帮助用户了解商家。脸脸科技帮助实体商业场所，以"娱乐＋社交＋电商"的方式激活客流，构建了超过 2500 万个场景，使用户可以以所在地点为中心，了解周边 5 km 范围的其他场景区域，达到将热区流量引到冷区场景的目的。

2. 提升用户体验，激活线下用户

相比于线上消费来说，线下购物的优点是体验感。体验感是消费者的第一感。给予用户愉快和惊喜的体验感，也是企业成功的秘诀之一。脸脸科技在基于线上互动娱乐的同时，希望将这种互动与线下相结合，于是有了线下的"场景构建"。

脸脸科技通过双屏互动体验、增强娱乐感与价值感，使消费者获得精神层面和物质层面的双重刺激，让消费者与商业互动起来，改变以往消费者与传统商业的买卖关系，从更深层面去激发消费者对商业的依赖与认同。脸脸科技的场景互动屏不仅代替传统广告位起到为品牌商打广告、为购物中心节点宣传物料等作用，还实现了数字化运营客流，帮助线下场景实现会员拉新、积分唤醒等功能（如图1-3-2所示）。

图1-3-2　场景构建与客流激活

3. 转化留存用户，实现线下变现

通过各种场景激发用户的兴趣和同类需求，再通过各类营销手段，反馈到线下各实体门店。本案例采用漏斗模型对脸脸科技的场景营销模式进行剖析，如图1-3-3所示。

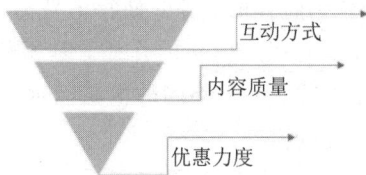

图1-3-3　脸脸科技的场景营销模式

（1）互动方式多样化，增大漏斗上部筛选范围。脸脸科技入驻全国各地超5000座线下购物中心，与超过1000个商业品牌达到合作，实现了"百城、千店、万屏、亿人"的场景革命。借助热门社交软件，脸脸科技鼓励用户在朋友圈、微博等平台上发布相关活动信息，激活其朋友圈中有同类需求的潜在用户；同时通过"线下超级屏店＋线上电商平台"，实现了线上线下场景同构，用新技术赋能传统商业的数字化运营。一方面，脸脸科技通过"爱的魔力套圈圈""商场大富翁"等互动应用发放大量优惠券，或是在各个门店设立通关要求，吸引大量用户的兴趣和关注，刺激用户去线下门店消费变现，引导用户分享等手段，扩大接受信息的用户量，吸引更多的潜在用户，并将其转化为线下消费流量。另一方面，脸脸科技通过大数据的收集和整合，从用户标签和真实需求出发，把握各种热点，为他们推荐更具实用性的内容，实现人与数据、场与平台、货与内容的连接。

（2）提高内容质量，提高用户留存率，做实中部漏斗。通过"娱乐＋社交"的线上互动方式，脸脸科技的后台对平台上用户发布的内容进行监督和筛选，坚持对互动方式进行创新和改进。从单纯的发放优惠券刺激消费，到明星的生日应援帮助相关代言产品进行销售，脸脸科技始终在寻求突破。

（3）落实优惠力度，增加客户转化率，做尖底部漏斗。在各大商家的合作与帮助之下，脸脸科技将专属优惠和折扣落实到互动游戏中，并在场景互动屏上展示出获得大奖的用户昵称，从而吸引更多人来了解、参与、互动和交流。用户在获得了优惠和折扣后就会来到线下实体店中消费变现，实现价值的转换。

1.3.2　Community——社群

社群是指一群志趣相投的人聚在一起的部落。有社群的地方往往存在市场。早期的社群经济以兴趣为中心，形成松散的组织形式，但由于缺少相应的连接、管理，导致社群只能成为精神层面的社群。如今，我们正在从大众传播时代走向社群时代，企业可以选择在社群经济的生态链条中做其中一部分，也可以选择自己构建圈子。以前的企业往往关注信息的传播，如今却更重视关系的构建与对话。

例如，邓肯·瓦茨和史蒂夫·斯托加茨提出的"小世界"理论，即"社会网络上数量不多紧密联系的一群人，构建了传递性较好、相对独立且有共性的小世界圈子"。信息可以通过多个路径由一个小圈子流入另一个小圈子，而信息在这些特定人群中的传播也具有微定向和扩散性，因此能否利用好这些圈子也是企业成功的关键。

但事实是许多企业虽然卖出大量产品，拥有大量消费者基础数据，仅有简单的购买记录，却依旧没有建立起有效的社群，缺少相应的用户消费心理、消费行为分析以及营销策略的支持，难以做到通过社群获得经济上的成功。脸脸科技正是看到了这一漏洞，选择从洞察社群开始，通过已有的场景创新带来社群经济的变革。

1. 充分利用社群信息，实现引流最大化

不管是对于在线用户来说，还是对于线下经营企业来说，在用户对接商家、企业把控市场的过程中，最大的挑战是线上线下信息不对等。

一方面，脸脸科技在用户端收集用户需求信息，并通过这些信息为用户提供更合适的商家和商品。另一方面，脸脸科技将这些信息进行充分整合与分析，反馈给各实体店，帮助实体店更好地了解消费者需求和喜好，将购物中心的流量更多地转化成实体店的消费流量，真正实现了双屏互动模式的初衷。

由于社群是一群志趣相同的人，而任何一个人的朋友圈中，必然存在着与他生活地点相近、生活圈类似、爱好相同的"潜在用户"。当用户在朋友圈或是与朋友们的群中分享脸脸科技的活动，分享自己的感受时，可以在一定程度上吸引大量流量前往购物中心，由此形成了"社群流量—购物中心流量—实体店消费流量"的消费闭环。

2. 致力提升服务品质，有效激活社群用户

社群的估值公式如下：

$$估值＝K×N^2$$

式中，K 是一个综合系数，主要涉及社群的质量、购买力、在线时长、黏性等因素；N 是用户数。

如图 1-3-4 所示，K 值可以通过提升服务质量得以提升，而 N 值可以通过规模化运营、定向有效激活得以提升。实际上，K 和 N 有绝对的相关性，即服务质量好，用户留存

就高。因为 K 值低能反映出用户留存率低，提升 N 的成本就越大；相反，如果社群的 K 值高，则激活用户的成本相应较低。因此提升 K 值是激活用户的关键。

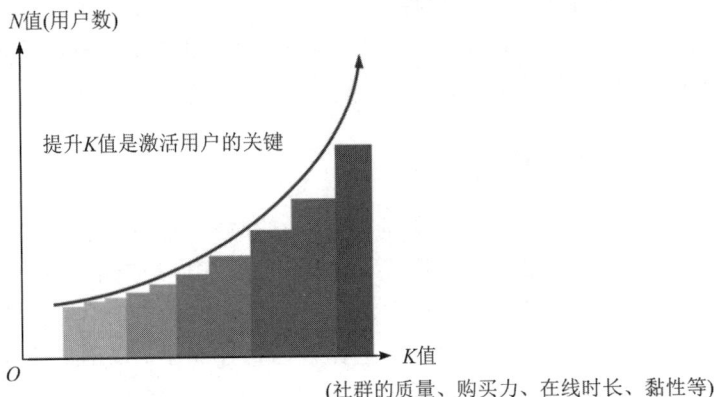

图 1-3-4 K 值-N 值相关性

一方面，脸脸科技通过提高服务质量与水平激活相应的用户，实现提高用户购买力、增强用户黏性等目标；另一方面，脸脸科技通过对收集的用户信息进行整理，为用户提供真正的便利和需求，提高社群质量及用户购买欲等，实现 K 值与 N 值的提升。

（1）线上挖掘用户信息，进行针对性营销。第一，脸脸科技使用人脸识别技术进行注册，通过对用户的年龄、性别、风格等进行归类，并通过信息匹配为用户推荐产品。第二，脸脸科技通过互动游戏中用户发的弹幕，对用户进行相关产品的推荐。

（2）用户信息数据整合，后台整理反馈。从全国合作商家和客户信息，到脸脸科技的活动覆盖场所个数、券发放数量，再到包含年龄性别标签等分布信息的会员数据，以及人脸识别信息，脸脸科技实时地将这些信息动态更新在后台的数据大屏上，以此帮助脸脸科技掌握用户和商家动态，更好地服务用户与商家。

不少曾经参与脸脸科技与购物中心"疯抢节"活动的用户表示，第一次参与活动就被圈粉。通过会员积分的参与方式，用户可以赢取不少商品折扣券及部分实物奖品。这种"推送精准""有惊喜""有人情味"的营销活动，有效地激活了这部分用户，让他们成为购物中心的铁杆粉丝。脸脸科技通过完善智能会员中心系统和采取针对性的营销策略，提高了商户服务质量与用户购买量，提高了社群的质量，从而使用户被激活的成本降低，活跃用户剧增。

3. 精确定位社群用户，实现流量变现

传统企业虽然拥有大量的用户基础，具备社群的雏形，但是并没有真正地将社群的作用发挥出来。而脸脸科技通过社群，实现了用户信息的收集、挖掘、整合，将流量成功变现，解决了传统企业关于社群运营的难题。

脸脸科技将用户精确定位到各个线下商店，然后通过发放大量的优惠券，或是在各个门店设立各种互动游戏，以社群为纽带，将对同一类商品感兴趣的用户联系起来，促进用户之间的交流，引发他们对商品的讨论，激发用户的购买欲，实现线下流量的变现。

基于"引流-变现"战略，脸脸科技成功打破了传统企业无法充分利用社群资源的困境，实现了用户信息的有效利用。

1.3.3　Content——内容

内容是价值传递的载体。通过投放优质内容，脸脸科技让社群内的人进行连接，营造出有利于商家的场景，促进用户变现。

1. 基于场景内容，激活消费需求

随着互联网流量红利的逐渐下降，商家要开辟多元化的内容营销传播渠道，同时还要借助场景化优势开展场景营销活动，由此实现"场景＋内容"的融合。脸脸科技帮助购物中心构建场景，通过各种场景激发用户兴趣，实现流量激活，再通过各类营销手段实现消费。

脸脸科技通过洞察特定场景下的不同心理，深度挖掘消费者的内心需求，针对性地进行内容设计和创造，增加内容的价值性和消费者的认同度。脸脸科技还通过一系列的场景应用和其特有的双屏互动方式，激活用户需求。

当消费者进入购物中心这一场景时，脸脸科技根据不同场景下消费者心理的不同，选择性地推送更容易引发消费者共鸣、激活消费者消费的内容(如图 1 - 3 - 5 所示)。例如，根据时间不同而选择将人流向餐厅类或者服装类店铺导流，也可以根据店铺类型向相关人群推送消费信息，如给咖啡店里的人赠送电影折扣券。

例如，脸脸科技在杭州的印象城购物中心举办多次活动，如与咖啡铺店长猜拳赢现金券，在面包新语的店铺门口玩"大家来找茬"。此类活动的意义在于以游戏这种调动性极强的互动形式把线下不同场景中的人流在二级店铺之间进行多次导流、复用。消费者在获得优惠券的同时，增强券的价值感和娱乐感，商家也因此实现了品牌曝光、散券卖货、引客进店、提升销售的目的。根据一场普通活动返回的数据，大约有 1000 多人在 3 天之内多次参与了活动，优惠券的转化率超过了 13％。

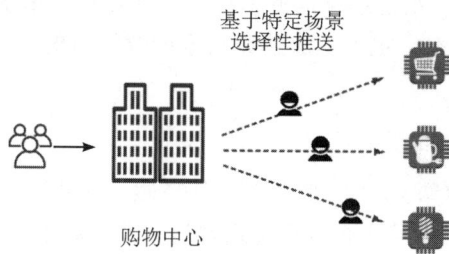

图 1 - 3 - 5　脸脸科技基于特定场景选择性推送

2. 着眼互动内容，促进信息转化

商家进行内容传播的目的是推动消费者参与互动，实现与消费者的良好沟通。随着数字营销技术的进步，内容营销通过"内容＋互动"来提升消费者体验感。对于商家而言，更重要是利用优质内容这个支点，创造所有可能的品牌接触点，让品牌与消费者全方位、多维度发生联系，增加黏性。而音频、视频则是非常良好的内容载体，通过挖掘消费者的碎片时间，可以更有选择性地构建场景，有效地进行内容推送。

除了场景价值，脸脸科技还运用自身"互联网＋技术"优势，为企业本身搭建商业大数据中心——"脸脸数据工厂"。在线下通过双屏互动的方式获取商户、商品、消费、用户及关系数据，并将这些数据自动上传至工厂云端，由后台数据中心进行数据清洗、反馈与算法的迭代升级，给出高精准度的用户画像，最终服务于会员运营和自动化营销，由此实现用户的信息转化。

以"2元闪店"活动为例，消费者扫描二维码注册会员，就能以2元的价格参与幸运大抽奖。此时，脸脸科技利用大数据及算法，将消费者与品牌商过行智能匹配，为用户推荐其标签属性下最适合的品牌优惠券。

3. 高质量内容服务，赋能流量变现

任何内容的推送都应该以用户为中心，从用户的兴趣和体验出发，而认知体验和情感体验是影响用户体验感的两个重要维度。只有把握用户在当下场景、时间的心理，才能更好地为用户提供内容和服务。脸脸科技善于借助节假日、热点事件等构建流行场景。节假日的氛围以及热点事件的发展是引发消费者情绪变动和情感流露的关键，节假日和热点事件通常代表当下的热点话题，具有时效性，基于此构建的场景和内容便具有流行性，能很好地满足消费者的猎奇心理，由此促使用户消费，实现流量变现。

脸脸科技产品中的"小蓝书""好运寺"等内容，无疑是从娱乐、好玩的角度，提高用户参与率，提升用户的认知体验和情感体验。更值得一提的是，在如情人节、圣诞节或是商场购物节等特殊节日，脸脸科技也会举办特殊的预热活动。

如今，多家购物中心已经在脸脸科技的帮助下，实现了无人智能会员中心的常态化运营。购物中心里的多个脸脸科技场景互动屏点位，以"娱乐＋社交＋电商"各类应用组合调配激活客流，从而提供更高质量的内容服务，深度运营会员、积分、券等，赋能商户引客进店、带动销售、商场品牌推广、提升会员消费占比等。

1.3.4 Connection——连接

在新4C模型中，"连接"用于解决信息和产品如何在社群里快速流动的问题。如果没有连接链式反应，很难引爆社群，也就无法达成商家的营销目的。当营销进入窄众时代时，精准传播才能获得更大效益。

1. 互动评论分享，连接社群引流

互联网时代最好的传播方式是激发用户的分享感、自豪感，寻找共识，付出一定的代价交换有价值的东西，从而获得社群的井喷式发展。因此对于有着极大可能拥有着同类需求的朋友圈好友，脸脸科技鼓励用户在微信朋友圈、微博等平台上分享活动现场实况内容、互动弹幕内容或个人感受，以此实现人与人的连接，实现社群的扩大、流量的增加。这些积极的讨论者往往都希望获得企业的最新信息，想比别人提前知道将会发生的事情，并自动帮脸脸科技的合作企业进行宣传，从而形成良好互动，实现新一轮社群引流。

脸脸科技巧妙结合微博热门话题与网络新鲜素材，通过年轻消费群体热衷的多元化传播渠道实现二者齐头并进，第一时间传递活动讯息。脸脸科技还通过设置悬念、发布话题，持续与消费者互动，营造情感共鸣，并从情感共鸣出发，激发用户到场体验的意愿，实现互动分享的引流作用。

脸脸科技通过双屏互动的模式，将在线评论的作用放大。在线评论是用户生成内容的一部分，是已参与过脸脸科技活动的用户对全程体验的相关评论，内容相对真实，可信度较高，对新消费者有一定的指导作用。

2. 线上线下激活，连接流量商家

互联网时代，购物中心如何在有限的客流环境下深入洞察消费需求，进行低成本的精准拓客，又该如何有效锁定目标客群，这些问题的症结在于"如何提升销售转化"。

以疫情期间为例，通过娱乐化的游戏形式、大数据的精准匹配、丰富的运营经验，脸脸科技全面打通了购物、娱乐休闲、生活服务等场景权益，助力激活了疫情期间沉默的消费者，培养了会员的积分使用习惯。此外，通过客流数据、客户画像数据、经营数据、竞品数据、市场环境数据等零售大数据分析，脸脸科技助力协调场内不同品牌间割裂的流量，实现了流量的场内循环，以多品牌曝光、趣味散券卖货、智能引客进店等方式提升了销售额，缓解了疫情后品牌商户们的巨大压力；通过多渠道媒体的支持与转发，如微信社群、App、线下宣传物料精准触达，实现了"线上引流—线下转化"闭环，助力线下商业逐步复苏。

在脸脸科技与农夫山泉"茶 π"品牌合作中，脸脸科技在线上通过粉丝效应，前期利用微博等社交媒体进行活动预热和宣传，活动过程中鼓励现场粉丝"打卡"拍照，上传至个人社交媒体，对其他用户起到导向和激活作用。脸脸科技在线下通过精心的场景布置，分割出拍照打卡、霸屏表白、邮筒传信、好茶派送、终极福利机等体验区，将"茶 π"的每个需求都嵌入在富有乐趣的活动和场景之中，通过黑科技与潮流元素的加入，吸引消费者驻足，激活现场用户。

通过线上、线下双线激活，脸脸科技帮助"茶 π"扩大的品牌话题价值，让品牌传播具备了从核心粉丝辐射至外围圈层的能力，进一步链接到意向目标消费群体，为品牌带来新的消费势力。

3. 流量连接变现，惠及实体经济

2016 年，G20 杭州峰会通过的《二十国集团数字经济发展与合作倡议》提到，"数字经济是指以使用数字化的知识和信息作为关键生产要素、以现代信息网络作为重要载体、以信息通信技术的有效使用作为效率提升和经济结构优化的重要推动力的一系列经济活动。"而就实体经济和数字经济的关系而言，只有与实体经济融合，数字经济才能拥有真正落地的基础；数字化也为实体经济更好发展拓展了新空间，有助于推动传统产业转型升级，催生新产业、新业态、新模式等。社群经济环境下，企业与用户之间连接的紧密度是衡量社群价值的一个重要指标。因此，如何通过已有信息，实现流量与线下实体商户的连接，真正实现流量的变现，也是脸脸科技考虑的一个重要问题。对于从事互联网行业二十余年的脸脸科技的创始人何一兵来说，通过"娱乐＋电商＋社交"的方式激活客流，帮助实体商业场所实现高效运营，始终是脸脸科技发展和生存的目标。

1960 年，霍夫兰和卢森堡提出了 ABC 态度模型，即态度通过消费者认知、情感和行为三个维度循环统一的心理过程形成，态度是由认知、情感和行为倾向性三种成分构成的。认知成分是指个体在受到外部刺激之后，通过感知等对态度对象产生的认识，是产生情感和行为的基础。情感成分是指个体在认知之后对态度对象产生的各种主观感受，不同性质的情感对人的行为起不同的作用，积极感情起推进作用，反之起阻碍作用。行为成分是个体在认知和产生情感后主动作出某种行为或行为表现的可能性。认知、情感和行为三者之间相辅相成，如图 1-3-6 所示。

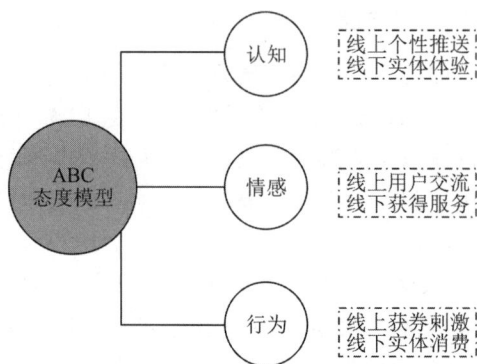

图 1 - 3 - 6　ABC 态度模型

1.4　案例总结

　　脸脸科技是基于场所的场景电商 SaaS 平台，专注线下场景流量运营，是"新零售"的最早践行者。本案例基于"新 4C 模型"对脸脸科技双屏互动的场景电商服务模式进行了分析研究，如图 1-4-1 所示。脸脸科技通过对"场景（Context）"的构建，到"社群（Community）"的把握，再到"内容（Content）"的创新，最后对多方进行"连接（Connection）"，在线上和线下为用户提供高质量服务。通过移动互联网、大数据、AI 等新技术的综合运用，脸脸科技为实体商业赋能真正实现了线上线下有效融合，提升商业运营效能，为线下商家拉动更多客流量，将虚拟经济与实体经济相融合，打造"实体场景＋虚拟流量"的服务新模式。

	场景 Context	社群 Community	内容 Content	连接 Connection
引流	✓	✓		✓
激活	✓	✓	✓	✓
扩散			✓	
购买	✓	✓	✓	✓

图 1 - 4 - 1　"新 4C 模型"与引流、激活、扩散、购买相关性矩阵图

　　基于互联网时代，脸脸科技主要通过场景触发、娱乐激活、社群营销三大核心产品为线下场景提供一站式解决方案。目前来已推出黑科技 2 元闪店、商场大富翁、三局两胜、抖屏等多款双屏互动产品，以"娱乐＋社交＋电商"的方式来提升商家的客流运营效能，通过社群营销模式有效激活场内客流。脸脸科技还通过构建辐射购物中心等场景链接城市生活圈社群，帮助商家突破原有经营场所的时空局限，实现 24 小时城市网格覆盖。

　　（1）对于"场景（Context）"，脸脸科技基于"人＋场所＝场景"的发展理念和"娱乐＋社

交＋电商"的服务模式，通过场景营销实现场景周围客流的"引流"，同时激发用户的消费需求以达到客流"激活"的目的。此外，根据带有脸脸科技特色的漏斗模型，实现客户留存和"变现"。

（2）在"社群（Community）"中，脸脸科技从"社群"概念变化着手，指出线下企业流量管理的痛点，通过"社群估值"公式，提高 K 值、N 值，进而提高社群数量，实现用户的"引流"和"激活"。脸脸科技还将了解到的用户需求反馈给线下商家，帮助线下商家把握社群，精准定位社群用户，实现形成"社群流量→购物中心流量→实体店消费流量"的"变现"闭环。

（3）对于"内容（Content）"，脸脸科技基于提高用户体验感的两个重要维度（认知体验和情感体验），联系双屏互动的高质量内容服务，着重分析脸脸科技在"激活消费""分享转化"以及"流量变现"的成效。

（4）在分析"连接（Connection）"阶段，脸脸科技通过"社群引流"带来的"人与人"的连接，实现了"场景流量与线下商店"的连接，并通过 ABC 态度模型，探究了实体店对用户认知、感情、行为的积极作用，实现"流量变现"，促进了数字经济与实体经济的融合。

总体来看，"新 4C 模型"较好地阐述了脸脸科技成功的原因。脸脸科技双屏互动的场景电商服务模式将线上流量切实地引流至线下，提高流量转化率，增加实体经济效益。脸脸科技的实体 MALL＋流量管理新零售模式值得具有线上流量但无法将其转化的实体企业借鉴。

🔺 案例点评

在数字经济时代，传统的实体 MALL 面临着电子商务越来越严重的冲击。但线上线下并不是绝对矛盾的，作为赋能工具的数字技术不仅可以服务于电子商务，还可以支持实体 MALL 跟上新零售的步伐。

脸脸科技创立于 2013 年。作为基于场所的场景电商 SaaS 平台，脸脸科技专注线下场景流量运营，是"新零售"的探索者之一。脸脸科技通过商场广告屏和用户手机屏的双屏互动模式，依托移动互联网、大数据、AI 等新技术的综合运用为实体商业赋能。

在运营模式上，脸脸科技瞄准传统零售的消费体验痛点和发展瓶颈，推出了黑科技 2 元闪店、商场大富翁、三局两胜、抖屏等多款双屏互动产品。脸脸科技通过场景触发、娱乐激活、社群营销三大核心产品为线下场景提供一站式导流方案，以"线上线下流量同构、基于兴趣激活客流、基于社群分享扩散"的方式有效激活实体 MALL 的场内客流，提高顾客留存率和消费忠实度，将线下的客流量精准地转化为消费力。同时，脸脸科技依托大数据分析技术来提升客流运营效能，构建起辐射实体 MALL 等场景周边 5 千米范围的城市生活圈社群，帮助商家突破原有经营场所的时空局限，实现 24 小时城市网格覆盖。

从运行效果看，脸脸科技已经覆盖了国内 23 个省区市近 300 座城市，构建了 15 大消费场景，实现与 500 多座购物中心的全面合作，带动线下销售额数十亿。

在实践价值方面，"双屏互动"在带动实体 MALL 转型方面实现了显著成效。作为一种线上线下融合的商业模式，脸脸科技的"双屏互动"模式在流量运营理论方面体现了"4C"融合，即在合适的场景（Context）下，针对特定的社群（Community），利用有传播力的内容

(Content)，通过社群网络中人与人的连接(Connection)实现快速扩散与传播，从而获得有效的传播和商业价值。

脸脸科技的"双屏互动"模式，依托"4C"融合实现了引流、激活、分享、变现四部分闭环联动，使实体MALL完成了"从线下到线上再回到线下"的场景全过程覆盖，提高了流量转化率，增加了实体经济的运行效益。脸脸科技的商业模式值得具有线上流量但无法将流量转化为消费量的实体企业学习和借鉴。

点评人：王雷(杭州电子科技大学教授)

案例二　橙速科技的 ADSER 模型互联网品牌加速器模式①

消费者在互联网时代的决策方式发生了改变，由过去仅靠自己大脑中存储的有限知识和印象进行决策，到现在通过与互联网的连接来辅助自己作出更合理的决策。互联网时代，消费者决策模式的改变使得品牌的构建和管理也在改变。在互联网时代，良好的品牌推广不仅可以增强用户黏度，还可以提升品牌形象。因此品牌互联网化是必然趋势，品牌要运用互联网营销手段，帮助企业构建互联网品牌，不断提升品牌形象在消费者心中的地位，占领更大的市场份额。

2.1　认识橙速科技

现在，大多数公司存在的问题是拥有高质量的产品却缺乏互联网曝光度，品牌营销意识薄弱，在搜索引擎上的关键词排名低，品牌在消费者心中的知名度不高。如何在这个快速信息化的时代构建互联网品牌成为大多数公司面对的难题。杭州橙速网络科技有限公司（以下简称"橙速科技"）成立于 2013 年 6 月，是国内专门从事解决企业网络营销问题的服务商。针对互联网品牌构建，橙速科技提出了"有限资源立体整合"的网络营销综合解决方案，并制定了网络推广执行流程和服务监管流程。至今，橙速科技已经为爱学贷、德施曼、庆熙美学召香、韩绮绣、新通移民、贝因美、喜月月子中心、美中宜和、中青留学、佳丽摄影、万承志堂、京新药业、浙江奥通、浙江宽和、杰拉网咖、良友花店商学院、新通移民、海外海集团等 1000 多家企业提供了一整套的网络营销和优化服务方案。

橙速科技依托 ADSER 模型进行互联网时代互联网品牌营销建设。该模型是目标（aim）＋数据（data）＋策略（strategy）＋执行力（execution）＋资源（resource）＝企业互联网品牌加速系统。橙速科技从目标消费人群确定、自身优劣势分析和现有品牌影响力测评等一系列行为分析，再运用大数据技术反映客户目前的网站运营情况，结合每个客户的实际情况来制定客户公司的品牌推广策略（包括搜索引擎优化、网络整合营销等），以此来增加品牌曝光率、网站点击率，为客户实现品牌建设的同时完成实际销售转化。

---

① 该案例获得 2018 年浙江省大学生经济管理案例竞赛一等奖。作者：余晓颖、尹文华、韦晓余、胡丽琼、张灵杰。指导教师：王雷。

橙速科技专注于网络营销服务，其服务范围以互联网推广为轴心，横向拓展了网络营销培训、网络营销人才服务，纵向拓展了网络营销管理咨询、专项电商运营管理服务两大块。针对目前国内互联网整体大环境的发展特点，结合当前国内网络营销服务商的服务内容和所出现的问题，橙速科技总结出了一整套务实高效、可落地执行的解决办法。同时，橙速科技的服务管理流程严格按照"一周一报"的标准执行，让每一位客户了解每一个阶段的推广内容和效果，从而为客户提供更好的服务和解决办法。

2.1.1　发展历程

1）2010 年～2011 年（夯实基础、察觉机会）

2010 年，橙速科技的核心成员就以多种方式接触互联网，每个核心成员都任职于国内知名的互联网公司，而且橙速科技成立了网站建设工作室来积累人才。对于电子商务、商城运营、网络营销都有大量的知识积累和实战经验。

2）2011 年～2012 年（专注网络资源整合、确定经营方向）

历经两年积累，橙速科技推断网络整合营销、商城外包服务、电商管理咨询服务、网站外包等精细化、分类化、个性化、整合化的网销服务，将会成为未来十年电子商务发展的新方向。尤其是随着移动互联的快速发展，现时的网络应用工具越来越复杂多样，基于此对于网络资源的整合要求也越来越高。

3）2012 年～2013 年 3 月（搜罗聚拢人才、创建专项服务工作室）

"橙速世界"工作室成立，并聚拢相应的合作伙伴。工作室专注于网络整合营销、搜索引擎优化、搜索引擎营销、天猫商城运营管理咨询服务四类服务，工作室服务的客户有浙江奥通奥迪、杭州博觉、东昱画室、迈斯林移民、佳丽摄影等企业。通过一年的服务实战积累，橙速科技对于网络整合营销的实施办法和执行过程中的注意事项都有了更深入的了解和把握。同时，橙速科技提出了"三一模式""3＋2 模式""一对一服务模式""周总结反馈模式"等极大提升服务质量和效果保障的服务模式。

4）2013 年 3 月以后（确定产品创新服务范围，落地执行夯实发展）

橙速科技开发了"网站开发建设""网络整合营销""搜索引擎营销""商城运营管理咨询"四类产品，确定了相应的执行标准和具体流程，结合橙速科技强有力地执行管理流程和客户信息反馈机制，为客户服务的同时严格自我要求，并不断提升自身的服务质量。

2.1.2　产品介绍

1）搜索引擎营销

搜索引擎营销是集搜索引擎优化和博客、论坛等网络推广于一身的搜索引擎网络营销服务。在为客户提供关键词排名的同时，搜索引擎营销更加注重来源于全方位的网站整体流量和具体的转化率，为客户提供实实在在的效益。

2）商城运营管理咨询

橙速科技专注于 B2C 商城的运营管理，尤其擅长天猫商城的运营管理。橙速科技在天猫商城的页面设置、宝贝描述、活动策划、整体运营等方面都有详细的服务案例和流程管理，达到引流的同时做到提升转化率或者提升商城转化率。

3）网站开发建设

企业官网、行业平台、独立 B2C 的开发建设，注重网站本身的美观和转化率，系统化、整体化的建站思路为客户提供高质量的建站服务。

4）诚速通

诚速通是橙速科技网络整合营销品牌，旗下根据服务区域、内容和项目含有"区域通""营销宝""品牌宝""口碑宝""百度文库付费收录""自媒体运营""新闻媒体""营销策划咨询"等。诚速通为企业提供系统化网络营销推广服务，主要提供数据获取分析、品牌产品策划包装、内容生产、推广服务体系化的服务。根据企业实际情况，诚速通以结果导向为标准制定相应的服务细节和过程反馈机制，实现企业在互联网营销中的整合营销。

2.2　橙速科技打造"最佳东方"互联网品牌

2.2.1　"最佳东方"互联网品牌的构建思路

1. 橙速科技对最佳东方提出的问题

最佳东方是杭州东方网升科技有限公司旗下公司，隶属酒店业招聘网。最佳东方的全网优化是橙速科技在为其实现品牌建设并完成实际销售转化的一个典型案例。最佳东方自成立以来在互联网品牌构建上举步维艰，橙速科技认为主要存在以下几点问题：

（1）行业竞争日趋激烈。通过对竞争对手分析，最佳东方可以找出自身的优势与不足，对其好的运营策略进行借鉴，对不足之处及时调整。目前国内的招聘网站很多，本案例仅列五家竞争企业，如表 2-2-1 所示。

表 2-2-1　最佳东方竞争企业简介表

序号	企业名称	主 营 业 务
1	智联招聘	智联招聘面向大型公司和快速发展的中小企业，提供一站式专业人力资源服务，包括网络招聘、报纸招聘、校园招聘、猎头服务、招聘外包、企业培训以及人才测评等，并在中国首创了人力资源高端杂志《首席人才官》，拥有政府颁发的人才服务荣誉
2	猎聘网	猎聘网于 2011 年上线，是国内实现企业、猎头和职业经理人三方互动的职业发展平台。猎聘网始终专注于打造以经理人个人用户体验为核心的职业发展平台，全面颠覆传统网络招聘以企业为核心的广告发布平台

序号	企业名称	主营业务
3	赶集网	赶集网智能地整合了生活全领域服务信息，帮助用户安全便捷地找到所需生活服务信息，解决生活难题。赶集网业务范围涉及招聘求职、租房、二手房、新房、跳槽市场、二手车、新车生活服务、教育培训、婚恋交友等生活服务领域
4	前程无忧	前程无忧成立于 1999 年，前程无忧目标有两大部分：致力于为积极进取的白领阶层和专业人士提供更好的职业发展机会。同时，前程无忧致力于为企业搜寻、招募到最优秀的人才。目前，前程无忧已成为我国占有领导地位的专业招聘网站
5	58 同城	58 同城已发展成为覆盖全领域的生活服务平台，总市值近 75 亿美元。业务覆盖招聘、房产、汽车、金融、二手及本地生活服务等各个领域。在用户服务层面，不仅是一个信息交互的平台，更是一站式的生活服务平台，同时也逐步为商家建立全方位的市场营销解决方案

（2）最佳东方的营销渠道、营销体系单一。在互联网高度发达的时代，网络营销的渠道过多、流量分散、信息碎片化等，这些情况都"困扰"着最佳东方。随着互联网的发展，单一的营销渠道已经无法满足最佳东方的发展需求，尤其是越来越多新媒体的出现，更是使流量变得越来越分散。简而言之，在目前的市场环境下，消费者对商品的选择空间较大，灵活度较高，因此要做好网络营销，提高线上转化率，构建互联网品牌。

（3）最佳东方业务范围小，国内知名度不足。最佳东方的主要业务是酒店行业的人才招聘，在全国乃至全世界的推广上有一定的局限性。在企业经营中，管理人员往往重视提高产品质量，而忽视企业的互联网品牌。但是实际上，互联网品牌的竞争和产品的竞争是属于两个不同层面的竞争，如果企业长期忽视自身互联网品牌的建设，很难产生品牌效应。最佳东方的网络推广比较晚，网络推广市场规模仍然很小，需求的供给总量存在不足。

（4）品牌营销意识薄弱，网站关键词排名低，官网页面不够完善。在移动网络下，消费者获取信息的渠道变得多样化。在网络高度发达，搜索引擎使用频率高的时代，搜索引擎的优化变得尤为重要。最佳东方初涉互联网，在搜索引擎上信息曝光少，官网的页面布局不够完善，流量咨询转化率低，出现点击量高却咨询量少的情况。

2. 面向消费者的决策引导思考

橙速科技对最佳东方的消费者的分析过程具体如下：

（1）引起消费者的注意。通过分析可知，最佳东方的客户主要是通过电视、最佳东方 App、互联网等媒体，或者通过终端传播、口碑传播等方式接触到招聘信息。因此，橙速科技提出将广告、口碑传播、网络广告、无线营销、事件营销等营销活动作为最佳东方品牌信息传达端口的概念，以达到品牌告知的目的。橙速科技提出在优化方式上应该要通过全方位的传播引起潜在消费者的注意，实现普通大众与潜在消费者的分流。

（2）激发消费者的兴趣。在引起消费者注意的前提下，激发品牌真正的潜在消费者的兴趣，在消费者被告知的基础上产生进一步了解品牌信息的需求，从而推动品牌营销传播。在最佳东方的主营业务酒店、餐饮、休闲娱乐、房地产行业招聘工作宣传上，橙速科技考虑到招聘广告的设置上一定要突出其优势。例如,招聘广告必须突出工作地点、工作薪酬等对有找工作意向的人群最关注的要素,并且招聘广告要结合软文营销、问答营销等多种形式激发消费者的兴趣。

（3）消费者执行搜索。在告知的基础上使消费者对品牌信息产生兴趣,以此开始进一步收集更多的品牌相关信息,此时网络搜索引擎是其获取更多品牌信息的理想选择。通过执行搜索,实现消费者聚合在网络营销平台,进一步推动消费者对品牌营销的传播。橙速科技通过搜索引擎优化、网络整合营销等策略增大了最佳东方的曝光率,提升了最佳东方的互联网品牌地位。

（4）消费者进行对比。通过各种搜索方式比较在同等价位下,品牌、服务质量、产品质量,消费者会更加倾向于选择口碑好,性价比高的产品。橙速科技通过分析发现,最佳东方需要通过口碑营销,满足用户的搜索诉求和信息获取心态,在网络上呈现出良好的口碑。良好的口碑可以提高最佳东方的转化率、权威度,为最佳东方构建完善的、立体的网络形象,提升最佳东方在消费者中的影响力,因此形成一个良性的循环。

（5）消费者产生购买行为。通过网络平台,消费者参与营销传播活动的互动,了解更为全面的关于最佳东方产品和服务的信息。在此基础上消费者可能执行电话咨询、在线咨询、网络交易、传统交易等行动。橙速科技提出最佳东方业务的支付方式需要改造成较为便利的方式;客服人员的结构以及管理上建议更加人性化,保证及时、准确地解决客户的问题。

（6）消费者之间相互分享。Web 3.0 带来了传统媒体无可取代的全新传播理念。传播受众不仅可以通过网络主动获取信息,还可以作为发布信息的主体,与更多的消费者分享信息。橙速科技通过问答营销、口碑营销等方式,把最佳东方的信息分享到网络上,使其逐渐形成口碑。

在上述的每一个环节,消费者都可能产生独特的品牌体验,消费者通过网络媒体口碑传播等方式将实现品牌体验的分享扩散,提升最佳东方的品牌地位。

3. 面向消费者的行为引导思考

橙速科技研究发现,用户购买行为背后的核心要素有:劝导力、情感、信任。最佳东方运营要做到这三点才能更好地做好营销,从而提高投资回报率,树立品牌形象。橙速科技通过以下三点对最佳东方的客户行为进行分析。

（1）劝导力。移动互联网的开放性,使得用户可以随时发表自己的意见或者建议。针对该特点,橙速科技及时通过互联网对客户的意见进行反馈,从而调整方案并制定更加符合市场需求的营销策略。橙速科技为最佳东方量身定做的问答营销和软文推广等都是劝导力的一种。

（2）情感营销。橙速根据最佳东方目前的运营状况,给出了针对性建议。最佳东方需要不断地改变品牌营销思维,加大人性化营销、关系营销、广告营销等力度,这样才能更好地适应移动互联网的营销思维,提高品牌知名度,还结合消费者自身具体情况、行为关系等进行更加具有针对性的营销,从而增强营销效果。

（3）口碑营销。随着现代信息技术的发展,新型的营销方式正以其特有的魅力改变人们的生活习惯和消费方式,用户信任逐渐成为企业营销策略中的关键部分。橙速科技认为做好网络营销以及树立互联网品牌,才能建立口碑并推广自有品牌,扩大产品销售额,构建互联网品牌是获取网络潜在用户信任的重要途径之一。信任对于消费者购物决策有很重要的影响，因此最佳东方必须重视口碑营销。特别是在互联网时代，人们交流和接触的范围更加广泛，使信息的传播变得更快。

4. 基于大数据的经营优化思考

橙速科技团队依靠自主研发技术，利用第三方平台对最佳东方和其同行业的竞争对手进行以下指标的分析：百度快照、域名年龄、响应时间、同 IP 网站、PR 值、反链数、收录量、每日收录、排名词量等。例如，通过对最佳东方同行——前程无忧进行分析发现，最佳东方较前程无忧的竞争力较弱，在互联网上的流量少，响应时间长，表明服务器性能不佳，可能会给用户在搜索时带来不好的印象。综合对最佳东方其他竞争企业分析发现国内知名招聘网站较多，最佳东方的优势不明显。

橙速科技筛选出跟最佳东方有关的关键词，并进行分类监控汇总，主要包括但不限于：主关键词、主要长尾词、重要流量词、品牌词（如表 2-2-2 所示）。橙速科技通过对这些关键词分类整理，然后查询在搜索引擎的排名情况，发现有关"酒店人才""最佳东方网"等关键词的百度指数较低，网上用户对这些关键词的搜索频率较低，引流较少，带来的流量转化少，需要加强和维护。"very east"等这些关键词虽然排名偏高，但没有带来实质的意义，需要调整网站优化策略。

表 2-2-2　橙速对最佳东方的关键词分析

关键词	百度排名	百度指数	PC 指数	移动指数	收录量
最佳东方	第1页第1位	2651	1417	1234	65400
最佳东方酒店招聘网	第1页第1位	783	446	337	529000
最佳	第1页第1位	291	130	161	32000000
酒店招聘	第1页第1位	371	100	271	6480000
very east	第1页第1位	101	75	26	295000
酒店招聘网	第1页第1位	193	71	122	2830000
最佳东方网	第1页第1位	141	59	82	18800
中国酒店人才网	第1页第1位	63	55	8	197000
very east.cn	第1页第1位	53	53	0	32200
酒店人才网	第1页第1位	83	47	36	2770000

通过对最佳东方的全方位分析，其目的是改变企业网络品牌展示不良、口碑不好、负面危机、转化率低、投入产出比低的现状，达到高黏性、高转化、高 ROI（投入产出比）的目标。

2.2.2　互联网品牌构建方案

1. 搜索引擎优化

橙速科技提出对最佳东方的网站进行关键词优化，页面优化，展现公司多方面特点，全面体现公司信息，实现其网站营销能力；提升主要业务和产品在搜索引擎首页的排名。在多方面打造良好口碑的目标下，橙速科技为最佳东方制定的搜索引擎优化项目具体如表2-2-3 所示。

表 2-2-3　橙速科技对最佳东方制定的搜索引擎优化项目展示表

搜索引擎优化项目	任　　务
网站标签优化	整站 Nofollow 标签优化方案
	整站 TDK 优化方案
	整站 H 标签优化方案
网站性能优化	网站性能优化方案
职位列表页 SEO	网站职位列表页面 SEO 方案
robots. txt 优化	PC 站 robots. txt 优化建议
sitemap 优化	PC 站 sitemap 制作与上传
关键词库建立	核心关键词整理、挖掘（如：酒店招聘、服务招聘）
	长尾关键词整理、挖掘
	百度统计历史词、百度站长平台关键词
	关键词排名监控
外链建设	友情链接交换、检查维护
	软文外链建设（新闻、博客、论坛等）
	目录、导航网站的外链采购
	单向友情链接采购
404 页面提交	网站 404 页面提交
内容建设	针对长尾关键词进行内容建设
m 站网站标签优化	整站 Nofollow 标签优化方案
	整站 TDK 优化方案
	整站 H 标签优化方案
m 站适配	m 站 sitemap 适配
m 站职位列表 SEO	网站职位列表页面 SEO 方案
内链系统建设	网站内链系统开发方案
SEO 专题建设	网站建立一套或者多套 SEO 专题页面
数据监控	SEO 流量数据监控
	网站 SEO 基础数据监控
	关键词排名监控

1) 关键词群、长尾关键词的整理和挖掘

关键词提炼是否精准会对搜索引擎优化造成直接影响。关键词主要包括品牌关键词、业务关键词、营销关键词、推广关键词等。由于搜索引擎是通过特定的关键词找到对应的网站，关键词的选择变得异常重要。长尾关键词是指与目标关键词相关的任何有搜索量、有人关注的关键词。长尾关键词带来的客户转化为网站产品客户的概率比目标关键词高很多。存在大量长尾关键词的大中型网站，其带来的总流量非常大。关键词推广不应以网站的经营模式为中心，而应是以用户为中心的终端推广。橙速科技对最佳东方的关键词分析主要包括关键词确认、关键词扫描、关键词拓展、百度竞价等方面。

最佳东方的 MATE 关键词主要是高尔夫、餐饮、招聘会、酒店招聘、物业、游轮、海外，如表 2-2-4 所示。

表 2-2-4　最佳东方 MATE 关键词展示表

关键词	出现频率	2%≤密度≤8%	百度指数	360 指数	百度排名	预计流量
高尔夫	5	0.51%	11.489	2734	查阅	未知
餐饮	7	0.47%	2 894	334	查阅	未知
招聘会	1	0.10%	1 427	241	查阅	未知
酒店招聘	1	0.13%	1 079	62	查阅	未知
物业	10	0.67%	914	405	查阅	未知
游轮	2	0.13%	760	189	查阅	未知
海外	3	0.20%	327	46	查阅	未知

搜索来路关键词可以查看一个搜索词在搜索引擎中的原始搜索页面，还可以知道这是在第几页的搜索结果，帮助大众快速了解用户搜索情况。最佳东方的来路关键词主要是"最佳东方""最佳东方酒店招聘网""最佳""酒店招聘""very east""酒店招聘网""最佳东方网""中国酒店人才网""酒店人才网""very east.cn"，如表 2-2-5 所示。

表 2-2-5　最佳东方来路关键词展示表

关键词	百度排名	百度指数	PC 指数	移动指数	收录量
最佳东方	第 1 页第 1 位	2651	1417	1234	1090000
最佳东方酒店招聘网	第 1 页第 1 位	783	446	337	670000
最佳	第 1 页第 1 位	291	130	161	100000000
酒店招聘	第 1 页第 1 位	371	100	271	11200000
very east	第 1 页第 1 位	101	75	26	307000
酒店招聘网	第 1 页第 1 位	193	71	122	2910000
最佳东方网	第 1 页第 1 位	141	59	82	20200
中国酒店人才网	第 1 页第 1 位	63	55	8	267000
酒店人才网	第 1 页第 1 位	83	47	36	2690000
very east.cn	第 1 页第 1 位	53	35	18	36400

2）网站结构分析

网站结构分析是搜索引擎优化的关键一步。网站结构中符合搜索引擎爬虫的喜好有利于搜索引擎优化，采用搜索引擎无法识别的代码非常妨碍爬虫抓取网站。树形结构是搜索引擎非常喜好的模式，这是基于程序本身的特点，程序在面对程序的时候往往采取判断的形式，所以给予搜索绝对的判断条件是网站结构分析的重点。

通过橙速科技的分析，网站所有分析的职位列表页面都是同一套模板，该页面的优化建议也适用于全站职位列表页面。职位列表页面是网站重要的页面之一，也是获取搜索引擎优化流量的重要页面；酒店的职位列表页面数量相对较小，便于快速分析问题。

3）内容导入

内容导入的主要为文本内容、编码规则。这一步对橙速团队专业性要求非常高，同时这也是橙速科技领先行业的优势。橙速科技在对最佳东方的优化中，其网站页面布局更多关键词，且每个页面都是截然不同的关键词，让页面有个更多关键词参与排名的机会，从而获取更多的流量。

4）外部优化

外部链接类别主要包括：友情链接、软文连接、广告链接、PPC 链接、导航网站链接等相关信息，外部链接应尽量保持连接的多样性。外链的运营需要每天添加一定数量的外部链接，使关键词排名稳定提升。橙速科技在选择外链时，主要选择与一些与最佳东方网站相关性比较高，整体质量比较好的网站交换友情链接，以此巩固稳定关键词排名。

橙速科技对最佳东方的链接建设进行了优化改版，引入了多方人才网的链接，丰富了网站内容，如图 2-2-1 所示。

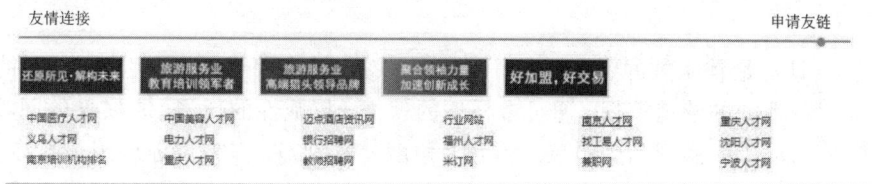

图 2-2-1　最佳东方的友情链接建设图

外链的引进是双向的。最佳东方的官方网站上不仅引入其他公司或者机构的链接，而且在最佳东方的合作伙伴的网站上也有最佳东方的友情链接，这进一步扩大最佳东方的曝光率，提升了转化率。

2. 网络整合营销

橙速科技将口碑营销、新闻媒体营销、自媒体营销、问答营销、软文营销多方独立个体营销综合成一个整体，以产生协同效应，形成网络整合营销策略。

1）口碑营销

最佳东方每年投入大量的竞价费用用于线上引流，由于最佳东方转化率低，企业利润低，通过引流后期的转介是最佳东方这类酒店业招聘行业主要盈利模式，但此模式资金回收周期长并且成本高。为了提高线上转化率和投入产出比，橙速科技树立互联网品牌主要集中在行业关键词排名、品牌口碑和本地曝光三方面，通过对最佳东方的产品和品牌形象进行包装，从服务质量、产品质量、专业能力、环境设施等多方位多角度进行推广宣传。在各个知名渠道上的报道与曝光具有权威高、传播快、信任强、时效长的特点，对于用户品牌造势和曝光明显，具有极强的正面促进作用，从而提升客户关键词的排名和客户官网的线上转化率。

2）新闻媒体营销

橙速科技的核心资源主要有渠道代理、百度推广、百度文库、新浪扶翼、今日头条等，这些资源深受用户喜爱，具有天生的权重优势和信任优势。

3）新媒体营销

新媒体的崛起是近些年来互联网的一个发展趋势。例如，微信公众号的使用人数大幅度增长，极大地改变了人们的生活，将我们带入了一个社交网络时代。基于此，企业也不可逃避地要面对社交化媒体给营销带来的深刻变革。橙速科技在新媒体营销方向具有丰富的经验，在微信公众号、小程序、微博等新媒体的内容、排版、发文时间上为最佳东方提出了可行性建议。在橙速科技的优化方案指导之下，最佳东方提高了网络曝光率以及线上转化率。

4）问答营销

橙速科技的合作伙伴有360问答，百度知道等问答平台。问答推广一直是口碑营销重要的一环，问答营销通过一问一答形式对品牌口碑进行描述，改变用户的印象，提高转化率。问答营销的方式有两种，分别是自问自答和他问我答。不管是哪种形式，其目的都是通过搜索引擎，获取更多的流量。橙速科技对最佳东方进行问答营销，提高网络曝光率和知名度，实现线上线下信息打通，提高转化率和市场份额。

5）软文营销

橙速科技针对最佳东方的实际情况，制定了围绕"口碑营销＋搜索引擎营销"的双线曝光路线，经过一系列的营销策划，通过多样性的软文、权威性的新闻、真实性的问答推广活动、社区曝光活动等一系列品牌包装工作，多角度、多内容、多方位地展现最佳东方品牌、服务等各方面内容。橙速科技迅速打开了最佳东方线上知名度，提高了线上流量和转化，使最佳东方成为酒店招聘行业中的后起之秀。

2.2.3 互联网品牌推进举措

1. 管理模式同步跟进

在橙速科技对最佳东方的优化过程中，橙速科技有一套高效率的执行管理模式和执行过程纠正管理模式，致力于"以实现结果为导向"，展现橙速科技在助力企业实现互联网品牌构建过程中能最大限度地提高执行力。

从还未接手业务起，橙速科技在官网安排了在线解疑区域，有专门的客服人员与客户实时沟通。从了解客户的需求开始，橙速科技就提供一整套最贴心的网络营销咨询服务，来保证客户的最佳体验，从营销策略到执行细节，全面介入、全程指导。

橙速科技分析最佳东方的现状发现最佳东方网络曝光度欠佳，网络竞争占不利地位，且国内知名度不足，网站关键词排名低，官网页面不够完善。而在信息化高度发展的今天，多数人在选择求职招聘时很多时候会参考网上的信息和一些评论，因此进行网络搜索引擎优化十分有必要。

　　在对最佳东方进行多因素、多角度分析的基础上，橙速科技有专业的团队为之量身制定合理的优化方案，提高最佳东方的曝光度。在分析最佳东方的现状的基础上，橙速科技结合其地理优势，精准定位目标用户人群，确定了推广内容，并将推广重点定为百度搜索引擎排名、热门论坛互动式推广，各种问答口碑、品牌信息的展示等。在此基础上，橙速科技设计出一套独家的网络营销方案来不断提升最佳东方的口碑和品牌效应，扩大其知名度。

　　橙速科技还为最佳东方安排了专属运营顾问，实时与最佳东方进行沟通，建立起与最佳东方的信任，及时反馈优化进程，一切以结果为导向，并由策划部人员无缝对接内容，进行即时效果沟通和细节调整，实现最佳东方满意度最大化。橙速科技及时向最佳东方汇报，对最佳东方每周进行电话沟通，并采取一周一报的量化数据呈现，实时让最佳东方了解优化效果。如果最佳东方反映优化效果不佳，橙速科技会及时调整现有方案，直到最佳东方满意为止。

　　橙速科技会根据上一步的检查结果，采取相应的措施。若与最佳东方沟通的过程中，最佳东方对现有的关键词排名情况不满意，橙速团队会将此情况及时反馈，并转入下一个循环去解决。

2. 软文营销协同促进

　　橙速科技以高效的执行力来保证客户公司的问题得到解决。在对最佳东方进行软文的撰写时，橙速科技有自己的一套独特的方案，从多个方面对最佳东方展开介绍，通过多方面协同作用更好地抓住消费者的心。

　　橙速科技在帮助最佳东方进行推广优化时，从最佳东方研发的产品着手开始介绍，向用户展示了最佳东方旗下的一系列产品，专门为人才招聘而服务，并紧跟着详细介绍了这些产品的特征，让用户在一开始阅读文章时就对最佳东方产业好印象。

　　橙速科技在编辑软文的时候罗列了最佳东方酒店餐饮行业招聘公司优于其他一般招聘公司的优点(是客户量最大、访问量最多、数据最丰富的行业招聘网站，被誉为酒店人才梦工厂)，这些优点往往是有求职需求的用户在选择第三方招聘网站时最容易被吸引的地方，能增强用户想通过此招聘网站来求职的欲望。

　　橙速科技的编辑团队在编写软文时，善于抓住社会的痛点——就业难。当许多人为就业问题而感到焦虑时，最佳东方作为一个专业的第三方招聘网站可以为许多人找到了心仪的工作。软文还罗列了最佳东方历年来获得的荣誉，以此来增加最佳东方公司的权威性和可靠性，激起用户通过此平台的求职欲望。

3. "最佳东方"品牌实施成效

　　橙速科技对最佳东方进行一系列的优化之后获得了显著的效果。流量词群数量日均增长了 42.3%，移动端独立访客日均增长了 81.35%，网站 PV 数据日均增长了 145.3%，网站整体跳出率下降了 14.7%，这些数据表明营销的效果有了较大的提高，如表 2-2-6所示。

表 2-2-6　橙速进行 SEO 过后的百度统计数

月份	网站排名数据前后提升效果(移动端)							
	带来流量词群数量		网站整体跳出率		移动端独立访客		网站 PV 数据	
	日均	增长比	日均	增长比	日均	增长比	日均	增长比
4 月份	4272	↑ 42.3%	86.74%	↓ 14.7%	4650	↑ 81.35%	5670	↑ 145.3%
8 月份	6079		72.04%		8433		13 910	

注:仅引用移动端数据信息,未包含 PC 端口数据。

2.3　互联网品牌加速模型

在构建互联网品牌领域过程中,橙速科技通过不断探索、实践,结合当前国内网络营销服务商的服务内容和所出现的问题,然后反复修改、调整,并总结出了一整套务实高效、可落地执行的互联网品牌加速模型——ADSER 模型,即"目标(Aim)+数据(Data)+策略(Strategy)+执行力(Execution)+资源(Resource)=企业互联网品牌加速体系"。橙速科技营销推广团队根据企业现状分析品牌定位、运营模式、产品结构、品牌差异化、需求用户属性等情况,同时评估企业现有的网络情况、推广渠道网络口碑、搜索引擎排名、文案内容等信息,针对企业自身情况定制出一套高效、可操作性的网络营销解决方案。本案例通过橙速科技对最佳东方进行全网优化的具体做法进行总结,解读 ADSER 模型如何助力企业构建互联网品牌,如图 2-3-1 所示。

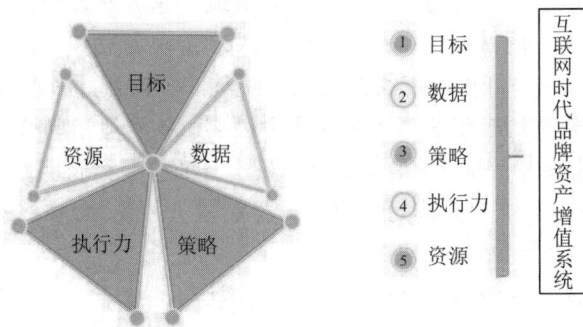

图 2-3-1　ADSER 模型图

2.3.1　目标

橙速科技运用 AISCAS(Attention,Interest,Search,Compare,Action,Share)模型进行消费者决策分析,选择能引起消费者注意的优化方式,从而激发消费者的兴趣并使潜在消费者借助互联网平台进行搜索,同时与同行业其他公司进行全方位的对比,消费者会对那些性价比高于同行业的产品产生购买行为,最后通过分享自己的购物心得而引起其他消费者的兴趣,从而实现良性循环。橙速科技通过对消费者行为的分析,从而挖掘目标客户群的需求，精准锁定目标客户群；而后通过对客户的微观环境分析，结合客户期望的目标效果，最终确定网络整合营销需要达到的效果。

1. 目标客户群决策分析

互联网对人们的信息获取模式和消费方式产生了巨大影响。在网络时代，信息消费的行为模式发生了明显变化，目前消费者的信息消费的行为模式有传统的 AIDMA（Attention，Interest，Desire，Memory，Action）营销法则，逐渐向含有网络特质的 AISAS（Attention，Interest，Search，Action，Share）模式转变。在全新的营销法则中，两个具备网络特质的"S"——Search（搜索）、Share（分享）出现，指出了互联网时代下搜索（Search）和分享（Share）的重要性，而不是一味地向用户进行单向的理念灌输，充分体现了互联网对于人们生活方式和消费行为的改变。

橙速科技在互联网营销服务领域首先提出了 AISCAS 的营销推广理论，基于经典"AISAS"营销理论，结合国内互联网营销特点提炼出了"对比选择"的引导思路。这是一套具有鲜明网络特质的 AISCAS 模式，如图 2-3-2 所示。在橙速科技 AISCAS 模式作用下，营销活动引起受众注意并使受众产生兴趣后，接着执行搜索，受众会对搜索出来的东西进行比较，选择最适合的东西进行消费，此次消费能够让该受众获得满足，并进行推广分享，由此形成营销裂变。

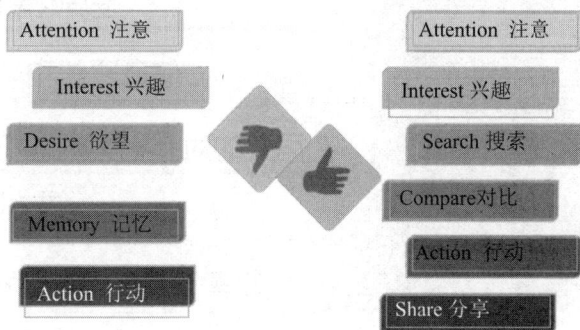

图 2-3-2 橙速科技消费者行为分析 AISCAS 模型图

橙速科技对 AISCAS 模型的运用如下所述。

（1）引起注意。橙速科技认为广告、口碑传播、无线营销、事件营销等营销活动是作为品牌信息传达的端口，这些营销活动可以达到品牌告知的目的。在优化方式上，橙速科技通过全方位的传播引起潜在消费者的注意，同时实现了普通大众与潜在消费者的分流。

（2）激发兴趣。在引起注意的前提下，普通大众对品牌营销传播信息的接触是"点到为止"的，而品牌真正的潜在消费者的兴趣将被激发，潜在消费者在被告知的基础上进一步产生了解品牌信息的需求，从而引起品牌营销传播。

（3）执行搜索。橙速科技认为在告知的基础上，当潜在消费者对品牌信息产生兴趣，当潜在消费者开始进一步收集更多的品牌相关信息时，此时的网络搜索引擎是其获取更多品牌信息的理想选择。通过执行搜索，橙速科技实现了受众的网络营销平台聚合，也促进了受众对品牌进一步传播。

（4）进行对比。在互联网上，消费者进行购物决策时，需要全面了解产品信息，并进行各种比较。通过各种搜索方式来比较品牌口碑、服务质量、产品质量等，消费者会更加倾向选择口碑好，性价比高的产品。因此，橙速科技在 AISAS 模型里加入了 C(contrast)。企业通过口碑营销，满足用户的搜索诉求和信息获取需求，在网络上呈现出良好的口碑。这可以提高企业的转化率、权威度，为企业构建完善、立体的网络形象，提升公司在消费者中的影响力，形成一个良性循环。

（5）购买行为。通过网络平台，消费者参与营销传播活动的互动，了解更为全面的产品、服务信息，还可以对相关信息进行横向比较。在此基础上，消费者可能产生电话咨询、在线咨询、网络交易、传统交易等行为。

（6）人人分享。Web 3.0 带来了传统媒体无可取代的全新传播理念，即以受众为主体的传播受众不仅可以通过网络主动获取信息，还可以作为发布信息的主体，与更多的消费者分享信息。

在 AISCAS 模型的每一个环节，消费者都可能产生独特的品牌体验，因此在扩散分享环节，消费者通过网络媒体口碑传播等方式实现品牌体验的分享扩散。橙速科技基于 AISCAS 模型的消费者决策分析流程如图 2-3-3 所示。

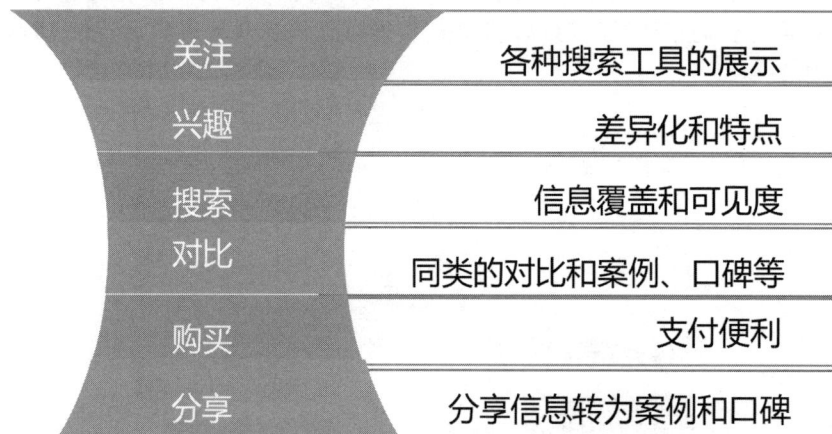

关注	各种搜索工具的展示
兴趣	差异化和特点
搜索	信息覆盖和可见度
对比	同类的对比和案例、口碑等
购买	支付便利
分享	分享信息转为案例和口碑

图 2-3-3　橙速科技基于 AISCAS 模型的消费者决策分析流程图

2. 目标客户群行为分析

在网络时代，企业的信息相对公开，而且网络平台为消费者进行品牌体验、分享提供了一个良好的渠道。在网络时代，品牌营销传播活动是品牌告知和品牌说服的结合，通过传统广告和其他营销模式，达到品牌告知的目的。在受众对品牌产生兴趣时，他们会自发地到网络上搜索更多的品牌信息，从而为其品牌购买行为提供足够的信息支撑。受众通过搜索推广营销活动，因此搜索页面必须对消费者产生极强的吸引力，这是一种劝导的力量；通过网络平台实现受众与品牌的互动，通过体验分享实现品牌营销活动的扩散，让更多的消费者参与到品牌营销活动中。橙速科技基于此背景研究发现，用户购买行为背后的核心要素有三点：劝导力、情感、信任。企业运营要做到这三点才能做好营销，树立品牌形象。

（1）劝导力。移动互联网的开放性使得用户可以随时发表自己的意见或者建议。针对该特点，企业可以及时地通过互联网对客户意见进行反馈，从而调整、制定更加符合市场需求的营销策略,并给当前的企业带来一种新的营销方式。橙速科技的问答营销和软文推广等都是劝导力的一种体现。

(2)情感营销。互联网背景下,企业需要不断调整品牌营销的思维,加入个性化和人脉资源因素,并加强定制广告,这样才能更好地适应移动互联网的营销思维,提高品牌知名度,还能结合消费者的具体情况、行为关系等制定更加具有针对性的营销策略,从而提高营销效果。

(3)信任。随着现代信息技术的发展,新型的营销方式正以其特有的魅力改变人们的生活习惯和消费方式,顾客信任逐渐成为企业营销策略中的关键部分。橙速科技认为做好网络营销,树立互联网品牌,才能建立及推广品牌口碑,扩大产品销售量,构建互联网品牌是获取网络潜在客户信任的重要途径之一。

3.目标客户群需求挖掘

橙速科技在为客户制定目标后,通常会利用 SWOT(Strength Weakness Opportunity Threat,企业内部)分析法对客户公司进行分析,精准定位客户的需求。企业会有一些当前阶段的战略规划,因此在进行优化的时候要考虑企业战略。例如,当企业需要快速覆盖市场、提高产品销量、急需减少库存、加速资金周转时,橙速科技采用"促使用户行动"的策略;当企业需要提升品牌形象、为新产品推广提升知名度的时,橙速科技采用"影响用户态度"的策略。

4.客户精准目标提出

精准定位客户的需求才能提出优化目标。橙速科技通过对客户公司及其客户的精准分析,并且结合实际情况提出与客户公司相符的营销目标。

2.3.2　数据

橙速科技在对客户公司的行业情况、消费者需求、优势劣势等进行主观分析后,在大数据技术的支撑下,用多方面的数据客观准确地反映出客户的运营状况、口碑状态,以及潜在消费者的消费偏好,为下一步采取具体的策略奠定坚实的基础。

在大数据技术的应用下,橙速团队依靠自主研发的数据统计技术和站长工具、爱站网、百度客户搜索习惯等第三方平台数据支撑,通过分析客户公司行业的目前运营状况主营词,再根据客户公司目前的口碑状态等进行现有资源的整合,对客户公司提供的网站作出针对性调整,采取优化策略在消费者心中树立良好口碑。

1.行业数据查询

通过行业数据可以清楚地了解自身网站和竞争对手的网站优化情况以及在搜索引擎的权重表现。若一个网站被收录的数量越多,收录时间越快,证明此网站在搜索引擎中的权重越高。

(1)百度快照:一个网站快照越新,证明一个网站每天都有新鲜的内容,百度蜘蛛的抓取更新也是比较频繁的,快照体现了百度蜘蛛对该网站的认可度。

(2)域名年龄:域名越老在搜索引擎获得的权重相对越高。

(3)响应时间:响应值越大,服务器性能越差,这对于用户体验和搜索引擎都是不利的。

（4）同 IP 网站：可以查看该 IP 下有多少网站，可以大致区分出网站所有者是选择网站托管还是购买独立 IP。

（5）PR 值：可以衡量网站优劣。

（6）反链数：对于了解自身的外链途径和寻找了解竞争对手的外联手法具有参考意义。

（7）收录量：各搜索引擎的总收录反映出网站在各个搜索引擎的表现。如果了解网站的总页面数，可以更清楚地判断网站被各个搜索引擎收录的情况，从而分析网站是否存在问题以及存在哪些问题。

（8）每日收录：反映出网站在搜索引擎中的喜好程度和网站链接优化程度。

（9）排名词量：通过查看自己和竞争对手网站的排名词量，可以寻找网站优化的差距，进而查看这些排名关键词相对应的页面优化情况。

2. 流量数据统计

橙速科技运用第三方网站对目标客户进行指标统计和数据分析。具体指标如下：

（1）IP。通过分析查看流量的变化情况，可以看出网站最近的变化。

（2）PV。数值往往与跳出率和 IP 进行对比，从而分析网站的用户体验和用户黏性。

（3）UV。独立访客量，可以反映出有多少台电脑，即有多少真实人在访问网站。

（4）人均浏览量、平均访问时长、跳出率。IP 与 PV 的比值，反映出网站用户体验的好坏。

（5）受访域名和页面。可以看出，网站哪些页面比较受欢迎以及在搜索引擎的权重表现。

（6）来源。访客是通过何种渠道进入到网站的，从而判断网站的受众，再进一步分析受众相关属性，可以更加清楚网站的目标人群以及网站运营策略执行情况。

（7）关键词。用户是搜索何种关键词来到网站，为网站布置关键词以及寻找关键词优化是一条很好的途径。

（8）访客属性。通过对访客的地域、教育程度、浏览器、网络接入商、操作系统、终端类型等属性进行分析，可以更加详细地了解网站用户的情况，为以后网站的优化和运营提供参考。

（9）热点图。体现页面内容被用户点击的情况，反映出网站页面的用户体验度，为页面内容改进提供参考。

3. 关键词数据监控

橙速科技把筛选出来的关键词进行分类监控汇总。关键词主要包括但不限于：主关键词、主要长尾词、重要流量词、品牌词。橙速科技通过对关键词分类整理，然后查询在搜索引擎的排名情况，进而对比分析关键词带来的转化，可以看出哪些还需要加强，哪些需要维护，哪些关键词排名高却没有带来实质的意义，进而调整网站优化策略。同时通过关键词搜索带来的流量和转化，橙速科技也可以对比分析其他流量贡献的转化，进而为整个网站运营方向和公司预算方案提供参考。

4. 消费数据预测

橙速科技通过搜集目标客户的潜在消费者的各种数据来构建繁杂的数据源（包括线下

或线下数据库、线上搜索习惯、电子邮件订阅数以及客户服务信息等)，并可以通过识别并记录消费者的所有浏览行为，然后持续分析其浏览过的关键词和页面，分析出消费者的短期需求和长期兴趣。橙速科技还将这些信息通过建模的方式进行数据统计分析，并转化成影响指数，即用打分的方法区别哪一类客户有较高的转化价值。

橙速科技在了解客户公司的潜在消费者之后，可以根据潜在消费者的消费习惯和消费偏好。例如，在制定软文营销、口碑营销策略时，橙速科技利用大数据技术更有针对性地制定精准营销策略，追踪客户反馈的信息，完成闭环优化。

2.3.3　策略

橙速科技通过对客户的精准分析以及借助互联网大数据为被优化企业规划出一套实用且高效的策略方案。通过方案的实施，橙速科技期望能树立良好的产品品牌，准确地抓住消费者的需求点，激起消费者的消费欲望，巧妙地处理好了顾客关心的问题，从而顺利实现产品的销售目标。

下面结合实际案例分析橙速科技是如何实现客户公司的互联网品牌优化，构建互联网品牌。橙速科技常用的营销策略如图 2-3-4 所示。

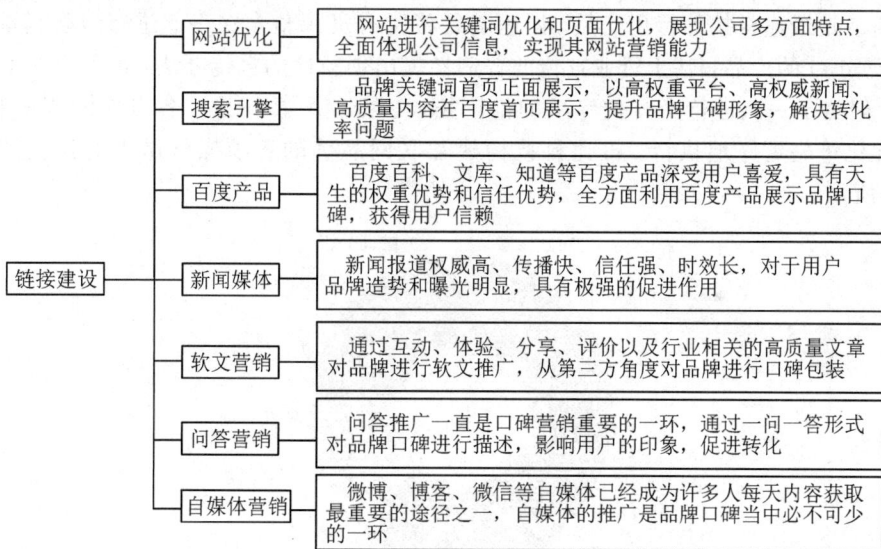

	网站优化	网站进行关键词优化和页面优化，展现公司多方面特点，全面体现公司信息，实现其网站营销能力
	搜索引擎	品牌关键词首页正面展示，以高权重平台、高权威新闻、高质量内容在百度首页展示，提升品牌口碑形象，解决转化率问题
	百度产品	百度百科、文库、知道等百度产品深受用户喜爱，具有天生的权重优势和信任优势，全方面利用百度产品展示品牌口碑，获得用户信赖
链接建设	新闻媒体	新闻报道权威高、传播快、信任强、时效长，对于用户品牌造势和曝光明显，具有极强的促进作用
	软文营销	通过互动、体验、分享、评价以及行业相关的高质量文章对品牌进行软文推广，从第三方角度对品牌进行口碑包装
	问答营销	问答推广一直是口碑营销重要的一环，通过一问一答形式对品牌口碑进行描述，影响用户的印象，促进转化
	自媒体营销	微博、博客、微信等自媒体已经成为许多人每天内容获取最重要的途径之一，自媒体的推广是品牌口碑当中必不可少的一环

图 2-3-4　橙速科技构建互联网品牌策略图

1. 搜索引擎优化策略

橙速科技的搜索引擎优化策略基于企业自身官网的发展计划确定，从内向外的优化方式极大地保证了服务效果和实际效益，可以依据现在搜索引擎的基本抓取规律和排名规律进行。"内"详细解读为网站本身涉及网站架构、页面布局、网站内容资料等；"外"详细解读为网站外部的关联信息包括站外文章和链接。搜索引擎关键词优化服务是经过对客户网站的内部调整，以及网站内外的持续优化，使潜在客户在百度等搜索引擎搜索相应关键字时，客户网站显现在搜索引擎的首页，从而增加网站访问量，促进企业在线销售；扩展品牌知名度和影响力。图 2-3-5 所示为橙速科技 SEO(Search Engine Optimization，搜索引擎优化)过程图。

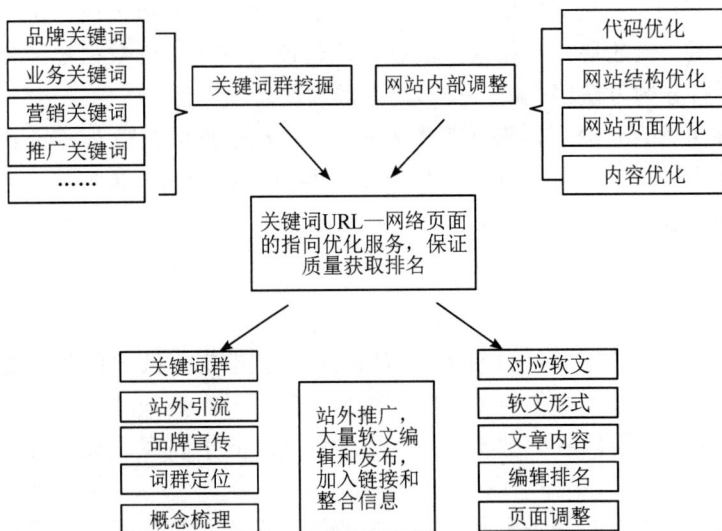

图 2-3-5 橙速科技 SEO 过程图

诚速宝是橙速科技的特色产品。诚速宝是将所有资源整合在一起进行组合搭配，确定最适合于 SEO 的产品，基于行业宣传的普遍性提出创新性的宣传办法，汇聚企业本身的宣传资源，聚焦于一点进行全方位专项的推广拓展。橙速科技积累了各方面的资源和人脉，有利于优化策略更好地执行。橙速科技构建互联网品牌的各项操作所占的比重图，如图 2-3-6 所示。

图 2-3-6 橙速科技构建互联网品牌的各项操作所占的比重图

SEO 过程十分复杂，具体案例应具体分析，分析内容概括为以下方面。

1）关键词群的整理和挖掘

一个网站的优化推广，除了其网站自身权重需要提高以外，"词汇"的选择也很重要。具体体现在关键词的选择是否恰当，关键词密度是否合理等。关键词推广不应以网站的经营模式为中心，而应以用户为中心进行终端推广。图 2-3-7 所示为橙速科技对最佳东方的关键词分析流程图。

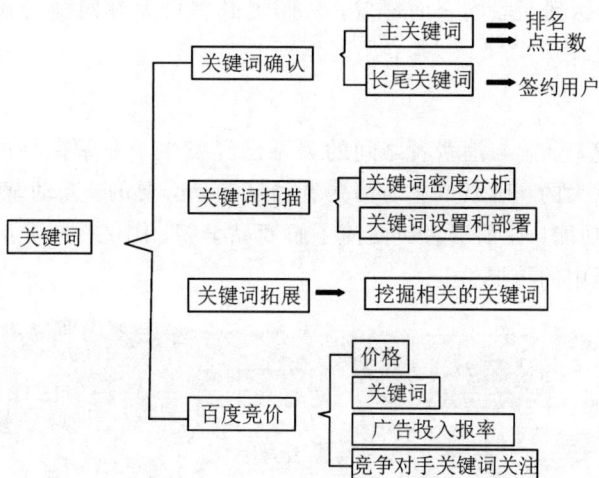

图 2-3-7　橙速科技对最佳东方的关键词分析流程图

2）网站分析

网站结构分析是 SEO 的关键一步。网站结构中符合搜索引擎爬虫的喜好是有利于SEO 的，用搜索引擎无法识别的代码非常妨碍爬虫抓取网站。因此剔除网站不良因素，完善代码优化。树形结构是搜索引擎非常喜好的模式（这是基于程序本身的特点），程序在面对程序的时候往往采取判断的形式，所以给予搜索绝对的判断条件是橙速科技网站结构分析中的重点。

3）内容导入

网站分析结束应当进行内容导入。导入的内容有文本内容、编码规则等。这一步对橙速团队专业性要求非常高，同时这也是橙速科技领先行业的优势。橙速团队对网站分析后应当进行内容导入，在网站页面布局更多的关键词，页面都有截然不同的关键词，让页面有更多的关键词参与排名的机会，从而获取更多的流量。

4）外部优化

外部链接（如友情链接、软文连接、广告链接、PPC 链接、导航网站链接等相关信息网等）应尽量保持连接的多样性。外链的运营需要每天添加一定数量的外部链接，使关键词排名稳定提升。橙速科技在选择外链时，主要选择一些与客户公司网站相关性比较高，整体质量比较好的网站交换友情链接，以此巩固稳定关键词排名。

2. 网络整合营销策略

橙速科技将新闻媒体营销、口碑营销、问答营销、软文营销等综合成一个整体，以此产生协同效应，形成网络整合营销策略。

1）新闻媒体营销

橙速科技针对不同人群选择不同的内容形式、发布平台，以获得更好的营销效果。主要发布在本地论坛、百度等平台，精准聚焦客户公司的潜在消费者，进行口碑式推广。橙速科技通过对客户公司的产品和品牌形象进行包装，从服务质量、产品质量、专业能力、环境设施等多方位多角度进行推广宣传，并依托与橙速科技合作的多方媒体资源扩大影响力。

硬广与软文相结合，达到互联网全面覆盖，从而提升客户关键词排名和客户官网的线上转化率。

2）互动营销

身处互联网时代，企业与消费者之间的关系已经发生了非常微妙的变化，现在的消费者获得的信息量是巨大的，所以企业与消费者的互动是必要的。互动营销平台可以实现"搜索＋展示＋互动"的功能，让消费者更便捷了解商品全貌。图2-3-8所示为将展示互动在构建互联网品牌过程中的重要性。

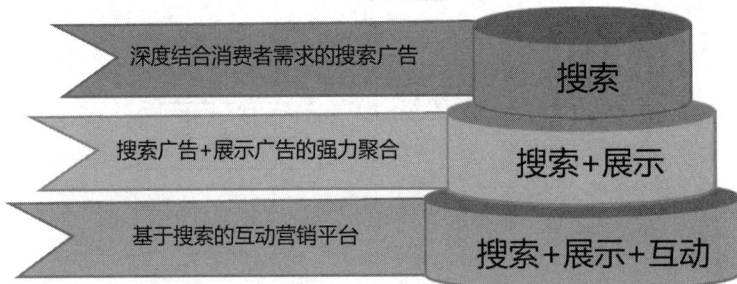

图2-3-8 展示互动的重要性

3）问答营销

橙速科技的合作伙伴有360问答，百度知道等问答平台。问答推广一直是口碑营销重要的一环，通过一问一答形式对品牌口碑进行描述，影响用户的印象，从而促进转化。不管是哪种形式目的都是通过搜索引擎获取更多的流量。橙速科技对客户公司进行互联网品牌和口碑推广，提高网络曝光率和知名度，实现线上线下信息打通，提高转化率和市场份额。橙速科技的问答营销策略图如图2-3-9所示。

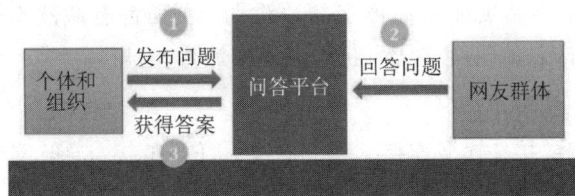

图2-3-9 问答营销策略图

4）软文营销

软文是一种通过文字潜移默化的营销方式，它是企业软性渗透的商业策略在广告形式上的实现。通过"口碑营销＋搜索引擎营销"的双线曝光路线，经过一系列的营销策划，通过多样性的软文、权威性的新闻、真实性的问答口碑、社区活动曝光等一系列品牌包装工作，迅速提升客户公司的线上知名度，提高了线上流量和转化率。

2.3.4 执行力

执行力是企业在既定的战略和愿景的前提下，组织对内部和外部可利用的资源进行综合协调,制定出可行性的战略,并通过有效地执行措施实现组织目标、达成组织愿景的一种力量。橙速科技根据企业实际运营状况,目前的市场占有率和在消费者心中的口碑优劣状况制定出合适的一整套方案,在此基础上依靠有效的执行力来保证策略高效地执行,最大限度地合理利用其现有资源,助力企业打造良好的互联网品牌。

橙速科技于 2012 年提出了"有限资源立体整合"网络整合营销概念,并制定了高效的网络推广执行流程和服务监管流程,保证最大限度地合理利用其现有资源,根据企业的需求,制定"建站→优化→策划→营销→推广"一整套的网络营销解决方案和落地执行策略,通过高效的团队执行力最大限度地实现客户的要求,切实地提高企业的品牌曝光率、转化率和知名度。

1. 执行管理模式——"PDCA"

在橙速科技对客户公司的优化过程中,橙速科技有一套高效的执行管理模式和执行过程纠正管理模式,致力于"以实现结果为导向"最大限度地提高执行力。

橙速科技积极应用 PDCA(Plan Do Check Action)管理执行模式,在此过程中个人和团队的能力是按螺旋式上升的,同时需要实事求是、按部就班执行。橙速科技在助力企业实现互联网品牌构建中对 PDCA 理论在实际案例中的进行了具体运用,具体如下:

(1)计划。橙速科技在官网安排了在线解疑区域,有专门的客服人员与客户实时沟通。从了解客户的需求开始,橙速科技就提供一整套贴心的网络营销咨询服务,来保证客户获得最佳服务体验。在对目标客户有个大致了解之后,橙速通过市场调查了解客户所处行业的现状,然后深入访问了解客户对品牌优化的要求、预期想要达到的效果,进行技术分析后,衡量技术实现的可行性,初步建立起客户企业品牌构建的大致框架,从营销策略到执行细节,罗列出一系列能提升客户企业口碑,提高品牌曝光度的策划方案。

(2)执行。橙速科技按照预定的计划、标准,根据目标客户的所处行业设计出具体的行动方法、方案。橙速科技在已有计划的基础上,根据企业的实际情况,以结果导向为标准,制定相应的服务细节和过程反馈机制,努力实现预期目标。在设计和决策中,体现了团队高效的执行力。在致力于提升客户公司品牌的目标为导向下,多名运营人员专注于执行,提高了执行的效率。

(3)检查。方案是否有效、目标是否完成,需要进行效果检查后才能得出结论。橙速科技将采取的对策进行确认后,对采集到的证据进行总结分析,把完成情况同目标值进行比较,检查是否达到了预定的目标。

(4)行动。橙速科技会根据上一步的检查结果,采取相应的措施。若与客户沟通的过程中,若客户对现有的关键词排名情况不满意,则橙速团队会将此情况及时反馈,转入下一个循环去解决问题。

2. 执行编辑标准——"FABE"

橙速科技运用 FABE(Feature Advantages Benefits Evidence)原则进行优化和软文编辑,通过四个关键环节,极为巧妙地处理好客户关心的问题,从而顺利地实现产品销售。

(1)特征。从产品名称、产地、材料、工艺定位、特性等多方面深刻去挖掘产品的内在属性，找到与其他产品差异点。

（2）优点。同类产品相比较，列出比较优势，或者列出这个产品独特的地方，向消费者证明"购买的理由"。

（3）利益。利益推销已成为推销的主流理念，一切以消费者利益为中心，通过强调消费者得到的利益，激发消费者的购买欲望。

（4）证据。通过现场演示，相关证明文件（如技术报告、消费者来信、报刊文章、照片、示范等），品牌效应来印证专业。所有作为"证据"的材料都应该具有客观性、权威性、可靠性和可见证性。

2.3.5　资源

1. 专业的推广团队

橙速科技的网络整合营销由运营中心负责，下含运营部、大客户部、策划部。一个团队一个客户，分工明确，专业高效。同时，橙速科技的内部管理有严格的要求标准，公司内部执行严格的以客户服务质量为基本的绩效考核制度。橙速科技始终坚信"严师出高徒"，对自身的要求高度直接决定了公司的发展前景和专业度。

对于任何企业而言，生产工厂和研发是企业长久发展的保障和基础。橙速科技组建了专业的研发和开发部门以及优化师服务团队，也由此实现了"技术研发→优化推广→品牌营销"的产品组合，对应服务产品"程序开发→SEO→网络整合营销→网络营销咨询服务"。这保障了橙速科技后续的发展前景和想象空间。同时，橙速科技也实现了从技术研发至品牌营销服务的战略布局，橙速科技融合已有的服务理念和流程标准实现了"点→针对性服务，面→系统化服务"的模式。

2. 深入的渠道分析

橙速科技多年来的行业经验积累了站长、站点、大平台编辑、商城运营、搜索引擎推广优化等各方面大量网络资源和人脉，与数十万个论坛平台建立起长期合作关系、拓展搜索引擎站长资源、大 V 资源、数万家本地平台资源和全国上万家媒体资源，极大地促进了具体策略的高效执行。此外，橙速科技还与浙江 19 楼、杭报集团等有深入的战略合作。

3. 完善的服务流程

橙速科技的网络营销管理经验有"细节＋积累""一周一报"（橙速科技于每周一向客户汇报上周工作总结）"上门沟通"（服务初期和过程中橙速科技和客户当面沟通服务细节）和"每周电话回访"。

4. 定制化服务理念

橙速科技坚持"三一原则"，即一个地区一个行业的主营业务只服务一家企业，同时一对一专门对接和负责。橙速科技将所有资源整合在一起，从中进行组合搭配并确定最适合于推广的通道和办法，基于行业宣传的普遍性提出创新性的宣传办法，集企业本身的宣传资源于一点进行全方位的推广拓展。

◯── 2.4　案例总结

移动互联网的本质特点是及时、互动，在此基础上所有的营销思路和策略都需要具备较大的营销驱动力。在开展移动营销的过程中，企业要以数据作为前提，因此提升数据分析、管理和提炼能力，增加多维度的思考角度显得尤为重要。

本案例通过对橙速科技的 ADSER 模型进行研究，辅以几类成功的网络营销案例，充分表明了 ADSER 模型对实际运用的指导性意义，也体现了橙速科技在互联网品牌建设上的专业性和精准性。

橙速科技针对目标企业进行品牌价值分解，梳理品牌定位和核心卖点，通过企业分析、竞品调查、行业动态追踪以及网络现状和流量转化分析等，制定一整套的网络营销方案和执行方案，包含营销推广方式、品牌内容规划、关键词布局、多维信息搭建、硬广资源投放和核心渠道运营等。

在选取案例时，以最佳东方为例。对于"目标"，橙速科技首先针对客户现状，利用消费者决策分析、消费者行为分析和目标客户群的需求挖掘锁定了其目标客户群；然后分析最佳东方的优劣势，结合最佳东方想要达到的目标效果，最后橙速科技对最佳东方公司的网站进行关键词优化、页面优化、软文营销、口碑营销等。关于"数据"，在大数据技术的应用下，橙速科技的团队依靠自主研发的技术和一些第三方平台的数据，对最佳东方公司的营运现状、产品分析、口碑状态进行分析，进一步了解客户存在的问题以便及时作出调整。关于"策略"，橙速科技以口碑营销为主，注重 SEO 关键词优化，同时在软文营销、问答营销和多方面渠道为客户塑造良好的形象，扩大其知名度。关于"执行力"，在整个服务流程中，橙速科技以"FABE"为执行标准，以"PDCA"循环的全面质量管理模式为客户打造量身定制的推广方案。关于"资源"，橙速科技拥有专业的推广团队、深入的渠道分析、完善的服务流程以及定制化的服务理念，这使得橙速科技成为同行业中的佼佼者。

橙速科技在其独有的"ADSER"模型系统下，构建了企业互联网品牌加速系统。该系统不仅为客户提供了优质的网络营销推广方案，也为自身增加了竞争力和品牌知名度。

案例点评

在互联网时代，知名品牌不仅可以提升网站的流量，更可以增强用户黏度，提升网站的运营效益。特别是对拥有高质量的产品但缺乏互联网曝光度，品牌在消费者心中的知名度不高的企业，更需要加快打造品牌。

橙速科技是国内专门从事解决企业网络营销问题的服务商，主要针对互联网品牌构建，提供网络营销综合解决方案，并制定高效的网络推广执行流程和服务监管流程。如今，橙速科技已经为新通移民、贝因美、喜月月子中心、美中宜和、中青留学、佳丽摄影、万承志堂、京新药业、浙江奥通、浙江宽和、杰拉网咖、新通移民、海外海集团等 1000 多家企业提供了一整套的网络营销和优化服务。

本案例选取了最佳东方为典型案例，橙速科技首先针对客户的现状，利用消费者决策分析、消费者行为分析、目标客户群的需求挖掘锁定了其目标客户群；而后结合最佳东方的优劣势，确定了目标效果，并进一步对最佳东方的网站进行关键词优化、页面优化、软文营销，口碑营销等。其次，在大数据技术的支撑下，橙速科技对最佳东方的营运现状、产品分析、口碑状态进行分析，进一步了解最佳东方存在的问题并及时作出调整，为其塑造良好的形象，扩大该公司的知名度。

通过丰富的实践经验，橙速科技总结出一整套务实高效、可落地执行的互联网品牌加速模型——ADSER 模型。该模型是"目标（Aim）＋数据（Data）＋策略（Strategy）＋执行力（Execution）＋资源（Resource）＝企业互联网品牌"的加速体系模型。橙速科技的营销推广团队根据企业现状分析品牌定位、运营模式、产品结构、品牌差异化、需求用户属性，同时评估企业现有的网络情况、推广渠道网络口碑、搜索引擎排名、文案内容等互联网信息，完全针对企业自身情况定制出一套高效、可操作的网络营销解决方案。

橙速科技的营销服务以 ADSER 模型为核心体系，以 PET 模型和 AISCAS 模型为营销分析基础，以 FABE 模型和 PDCA 模型为执行标准，从而实现客户高流量和高转化率，加速企业发展成为互联网品牌。橙速科技的商业模式对互联网企业的发展具有指导作用和借鉴意义。

点评人：王雷（杭州电子科技大学教授）

案例三　云犀直播的赋能平台战略模式①

网络直播融合了互联网实时性、快速性、多媒体融合的优势，通过网络进行现场直播，因此网络直播具有现场感强、互动性强、参与性强、受众细化等特点。网络直播的形式有两种，一种是网络对电视台信号的转播，通常是各大视频门户网站进行的实况转播形式，如体育赛事、文艺活动等；另一种是本案例所要讲述的网络直播平台的形式。网络直播平台是指利用互联网的先进技术，允许网络直播者通过客户端（PC 端或移动端）将自身生产的内容运用音、视频形式实时地传递至网络。简而言之，网络直播平台就是给直播者提供一个边录边播，观众能够实时参与的平台。网络直播平台打破了单一的接受终端，可以实时地与网络直播者或共同观看的人进行互动，实现一对多的互动模式。

3.1　走进云犀直播

杭州云犀科技有限公司（以下简称为"云犀直播"）成立于 2015 年 7 月，是一家专注于视频内容管理、录制及流媒体直播的科技企业。作为国内领先的技术主导型直播服务企业，云犀直播将前端硬件开发与后台服务完美融合，为高校、企业、团体、组织机构等提供专业直播的软硬件一体化服务。云犀直播兼具专业化直播技术提供者和后续营销方案策划者、宣传推广服务者三重角色，其所在商业生态圈的核心地位渐显。云犀直播的总部位于杭州，还在北京、上海、深圳等地设立分部，目前，云犀直播的服务已覆盖美国、德国、日本等国家，合作企业超过 50000，包括 KFC、中国邮政、滴滴出行、凤凰网、亿欧网、美的集团、58 集团、洋铭科技等知名企业。

本案例以云犀直播为基础，主要着眼于赋能平台战略，采用文献分析法、内部访谈法以及模型分析法对云犀直播进行展开讨论。首先，我们采用文献分析法，结合本案例的研究对象和研究理论从"平台赋能"以及"网络直播"角度对相关的学术专著与文献资料进行查找，获得与研究课题相关的文献资料，梳理已有的学术成果，了解中国网络直播的发展历

① 该案例获得 2018 年浙江省大学生经济管理案例竞赛一等奖。作者：宋雨函、王子毅、王俊慧、毛胜男、张褚妍。指导教师：程兆谦。

程及现状，再根据现有研究成果，运用赋能平台理论分析云犀直播的战略导向。其次，本案例通过内部访谈法，对云犀直播的管理层人员进行内部访谈，了解其目前发展情况以及未来规划方向。最后，通过云犀直播的案例采集与分析，了解其与一般网络直播相比的优势，找出云犀直播在网络直播行业中立足的关键因素，并将其提炼运用到直播"产业化"发展之中。

云犀直播不断进行技术改良与创新，自主研发了触屏 4G 直播硬件——云犀 BOX。云犀直播现已有云犀 BOX 2.0、云犀 BOX pro 等核心产品。云犀直播采用云计算直播技术，集视频采集、推流、编码、存储、播放为一体，通过摄像机连接云犀 BOX 可直接控制现场活动直播视频的帧率、码率、分辨率，对现场实时把控，达到最佳直播效果。目前，云犀 BOX 已广泛应用于发布会、演唱会、企业年会、高校宣传、商务营销推广等活动。云犀直播坚持用技术降低专业化直播门槛，让专业直播更简单。

3.1.1 从"婚礼直播"到"云犀直播"

2015 年初，直播行业（主要是素人直播）刚刚兴起，云犀直播便发现了直播行业的发展前景。在对各种活动场景进行对比分析后，云犀直播创造性地提出了"婚礼直播"这一应用方向。基于"婚礼"这一场景的两个特点：

（1）婚礼本身配备摄像师，其摄像机可连接直播设备；

（2）婚礼过程中已经存在大屏互动等一整套的模式，于是云犀直播将直播理念注入已有硬件支持系统的"婚礼"这一场景。

然而，在摸索前行的过程中，云犀直播发现了婚礼直播存在的弊端：市场小，需求少；客户（婚礼当事人）比较传统，不愿将婚礼这样一个比较私密的场景公开直播，任由陌生人发表评论等。在做婚礼直播的过程中，云犀直播始终把"满足客户需求"作为最高宗旨，顺应客户提出的关于企业发布会、路演等更广泛的商业场景直播的迫切需求。从滴滴出行、阿里巴巴等企业每年数量可观的企业会议、商业路演，到高校公开课、峰会论坛等，借此契机，云犀直播得以挖掘出更广阔的市场、将直播渗透到更多场景中。从婚礼直播到峰会论坛、教育培训，再到赛事娱乐、校园直播、电商直播、户外直播，由点及面，云犀直播逐渐造就了专业型直播领域的新生态。

3.1.2 从"执行者"到"赋能者"

直播这一内容呈现方式刚刚兴起时，大部分技术团队都以"电脑＋OBS＋采集卡"的传统操作方式在直播服务中担任"执行者"角色，云犀直播初期同样凭借此类操作方式来为专业直播需求客户提供服务。然而，在不断探索的过程中，云犀直播逐渐发现这种操作方式存在的弊端：

（1）由于操作方式和实现方式可复制性太高，云犀直播在直播市场打开后，各种团队如雨后春笋般涌入市场，竞争非常激烈，难以建立起行业壁垒。

（2）由于活动直播刚刚兴起，国家相关管控政策尚未出台且市场准入门槛低，虽然当前的盈利空间较大，但云犀直播面临着未来盈利可持续性低、增长率低等问题。

　　云犀直播及时转换思路，从这样激烈的竞争环境中跳了出来，制定了"赋能平台"发展战略。此时，云犀直播的创始人——前阿里巴巴工程师程文波先生凭借其自身的技术专势以及对未来市场的预估，革命性地提出了"硬件零售＋直播后台服务"的想法，将客户群体从单纯的"B端"（企业）拓展到"T端"（Team，指直播执行团队、高校组织、自媒体团队等）。自此，云犀直播的定位从局限于单一场景直播的"执行者"转变为帮助广大直播团队提升专业直播能力的"赋能者"。

　　2016年6月，云犀直播的业务覆盖了500多家高校，涵盖了大部分知名院校（如北大、清华、浙大、上交、复旦等）；获得了校园这一主流市场的品牌背书，促进了其他领域的销售。云犀直播现已合作经销商120余家，业务遍布会议会展、教育培训、医疗健康、广电新媒等行业。同时，云犀直播在海外建立全资子公司——Yololivo，并先后获得阿里纵贯会、赛富亚洲的两轮投资，已完成2000万元人民币pre-A轮融资。2016年底，云犀直播荣获"最具发展潜力直播平台"称号。

3.2　云犀直播的赋能平台战略(4W1H)

3.2.1　赋能平台战略分析框架

1. "赋能"与"平台"

　　在传统企业的思维中，开展业务活动的最高追求就是为客户提供满足其需求的产品或服务。然而随着时代的发展，消费者需求趋向多元化，这促进了分工模式向"社会化协同"模式演变，"授人以鱼不如授人以渔"的观念渐渐深入企业管理者的内心，于是便出现了以阿里巴巴、滴滴出行等为代表的"赋能平台"。例如，阿里巴巴作为沟通商家与消费者的平台，为大众提供了更轻松地成为店主的机会；滴滴出行作为沟通车主与出行者的平台，为私家车主提供了利用闲置资源赚钱的机会。自此，一批具有长远眼光的企业将"赋能平台"作为自身发展的战略导向，将"为客户赋予某种能力"作为业务宗旨。

　　阿里巴巴不断强调要赋能中小企业；腾讯的格局观是"连接一切，赋能于人"；京东到家发布了"零售赋能"新战略；联想则要做"智能变革"的推动者和赋能者……那么"赋能"究竟是什么？顾名思义，赋能就是为谁或某个主体赋予某种能力和能量。从企业应用系统的规划角度来看，"赋能"对应的是"业务"。"赋能"是通过赋予客户特定的能力，让客户能更好地开展"业务"。比如，SaaS版的企业采购管理平台，采购需求提报，招标、比价、竞价、合同管理、订单执行等属于"业务"层面的功能，使用它是为了让采购业务高效透明。但是，招标比价时，如何能快速高效地发现大量新的优质供应商呢？解决这类问题的产品称为"赋能"层面的应用。比如，SaaS平台聚合了所有采购分类的全世界的优质供应商，充分使用这个平台就能提高寻源的质量和效率，这就是"赋能"。没有"赋能"，"业务"仍可以开展；但有了"赋能"，"业务"可以做得更有效率和质量。

赋能的实现离不开平台，那么"平台"又是什么呢？平台是指一种虚拟或真实的交易场所。平台可以促成双方或多方供求之间的交易，收取恰当的费用或赚取差价而获得收益。而我们所说的"平台商业模式"是指在市场化过程中，通过现代信息技术，利用平台制定的规则，促使平台各利益相关者之间完成交易，并实现最终盈利的全过程。

平台是一个听起来简单，但是具有变革性的概念，它大范围地改变了商业、经济和社会。信息作为影响企业发展的重要因素，如产品信息、顾客需求、价格变动、供需情况、市场趋势等可以为企业提供巨大价值。因此，企业是平台革命的潜在获益者。现在，平台在和客户交互的过程中不断地迭代，并把各种资源整合进来，为客户进一步创造更大的价值。

赋能平台是指由核心企业集聚研发能力、生产经验和产业资源，搭建基础区块，依托这一基础区块（即平台）的共享输出，对平台供需双边用户进行"赋能"。赋能过程包括资源输出、数据支撑、运营辅导和模式优化等多种形式。对视频直播领域来说，平台赋能是指通过集聚技术资源、合作伙伴资源，并搭建平台，实现拍摄服务执行方与内容输出方的供需对接。视频直播领域的赋能平台在促进执行方和内容输出方资源互补的同时，依托有效的平台治理"生态"，提升直播生产效率和内容品质。

"赋能平台战略"的核心在于赋能与平台的双螺旋动态促进。一方面，赋能帮助平台吸引用户。例如，云犀直播通过赋能制造、赋能渠道、赋能营销，为平台的搭建积累足够的用户量。另一方面，平台作为供需双边用户资源与信息集聚的媒介。例如，当用户上升到一定量级后，云犀直播通过整合用户资源来帮助企业和直播团队高效获取需求与供给信息，以信息赋能促进直播生态高效运转。

赋能平台模式更容易帮助企业做大规模、形成垄断。由于"跨群网络外部性"的存在，平台就具有"鸡生蛋、蛋生鸡"的属性，即只要能够设法对一侧的用户数量进行提升，另一侧用户的数量马上也会提升。反过来，它又会提升原来那侧的用户数量……如此反复，导致平台企业能以极快的速度成长。平台在不断提升用户黏性的同时，实现平台对用户吸附的指数效应，达到平台能量的爆炸式增长。同时，平台企业往往也具有"群内网络外部性"，因此当一个平台的规模成长起来后提供了行业壁垒，新的企业将很难再有机会进入。

2. 云犀直播的赋能平台战略

云犀直播的赋能平台战略搭建了一个高效、优质的生态，促使直播这一领域朝着专业化、产业化的方向发展。

WHY 的部分分析目前专业直播领域面临的痛点以及云犀直播赋能平台战略提出的背景及原因，WHO 的部分分析云犀直播赋能平台的受益者群体，阐述赋能平台的多边用户及特点，WHAT 的部分分析云犀直播平台为"受能者"赋予的两种强大能量，HOW 的部分分析云犀直播如何使该赋能平台高效运作，WHICH WAY 部分分析富有云犀直播特色的商业运作模式对该赋能平台的加成效果，如图 3-2-1 所示。

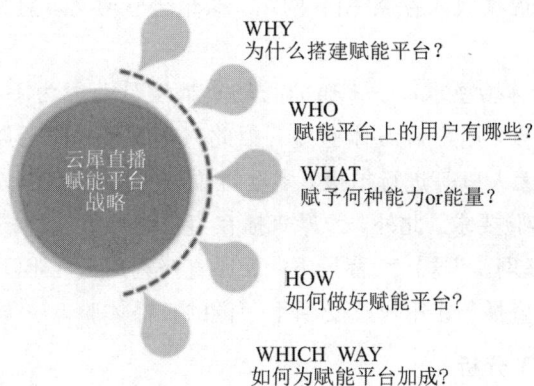

WHY
为什么搭建赋能平台？

WHO
赋能平台上的用户有哪些？

WHAT
赋予何种能力or能量？

HOW
如何做好赋能平台？

WHICH WAY
如何为赋能平台加成？

云犀直播
赋能平台
战略

图 3-2-1 云犀直播赋能平台战略框架图

3.2.2 为什么搭建赋能平台（WHY）

1. 场景时代：大势所趋

"场景"一词最初指的是戏剧、电影中的场面，而后其逐步为社会学、传播学等学科所应用。"场景"的释义逐步由单纯的空间偏向转为描述人与周围景物的关系的总和，其最为核心的要素是场所与景物等硬要素，以及与此相关联的空间与氛围等软要素。全球科技领域资深记者罗伯特·斯考伯最先提出了有别于传统媒体时代的"场景理论"，他在《即将到来的场景时代：移动、传感、数据和未来隐私》中大胆预言，移动设备、社交媒体、大数据、传感器和定位系统是移动互联网的"场景五力"，其背后的理论逻辑，即电子媒介所营造的信息环境和技术体验影响甚至决定人们的行为特点和需求特征。

依据场景理论，一家企业要把握以下原则：不再是简单地执着于产品研发，而应专注洞察新的场景可能；不再是拘泥于自我本位诉求，而是激发用户主动传播分享；不再是红海竞争性流量获取，而是新品类独占新场景红利。

2. 用户需求：日趋多元

在上面提到的原则的指引下，云犀直播抓住了用户的不同需求（以企业直播需求为例进行分析）：用户直播服务需求定制化。企业用户对于直播都有其特殊需求，在直播的同时，不同企业突出差异化来积累自己的客户，他们对品牌信息、营销宣传等方面的要求不尽相同，所以云犀直播针对不同的行业提供不同的直播解决方案。

（1）云犀直播为企业打造专属直播间，企业品牌信息完全自主化，积累品牌粉丝。

（2）云犀直播根据直播需求配置不同的营销功能，引爆直播活动的快速传播，扩大企业影响力。

（3）企业直播界面的广告位可自主选择，既可以为企业产品导流，也可以赚取广告费用。

用户对直播的需求"无限性"。一家企业从开业典礼、项目路演、论坛峰会、企业年会、员工培训、区域会议等都可以通过直播的方式展现。云犀直播提供的直播视频不仅可以永存云端，还可以将直播视频嵌入各类 App 网站、微信公众号等。直播活动可以涉及一家企业的整个发展历程。

用户对直播的观看体验要求高。普通的秀场直播工具一般为手机、电脑，直播视角单一，画质低并且卡顿严重，用户观看体验差，因此兴趣很低。而云犀直播采用专业摄影团队、专业高清摄像机、无人机等进行拍摄，多个机位随时切换，直播画面高清且多视角，符合用户对直播观看的体验要求。此外，云犀直播在直播领域里独辟蹊径，抓住用户需求，专注于企业直播。在"互联网＋"这一大背景下，云犀直播利用云犀 BOX 及其先进的技术，抓住企业需求，赋能企业直播，让用户感受到不一样的直播体验。

3. 宽处着眼：PEST 分析

云犀直播的赋能平台战略是当前企业直播行业背景下的产物。本案例通过 PEST(Political Economic Social Technological)模型找出了当前直播行业中的痛点和机会，从而探究赋能平台战略背后的意义。

(1) 政治与法律环境识别(Political)。2017 年，国家出台了直播平台管理的相关法案，打击了直播平台中的低俗违法内容，这对传统直播行业有不小的冲击。斗鱼、映客等传统直播平台花费大量资源筛选不良视频，此时，以高质量直播为特点的云犀直播迎来了蓬勃发展期。同时，近年来，国家对高新技术产业的扶持力度不断加大，云犀直播产业中涉及流媒体等高新技术，云犀直播的发展带动了国家相关技术的发展。云犀直播在国家技术补贴的基础上发展得更加迅猛。

(2) 经济环境识别(Economic)。随着直播行业的发展，企业和用户对高质量直播的认可度逐步提高，对于专业化直播服务的需求逐渐被唤醒。新的行业痛点出现了，有直播需求的企业由于信息不透明找不到合适的直播团队为其提供专业的直播服务，同时有专业设备和技术的直播团队却因为找不到足够的企业直播而难以生存。此时，企业直播行业亟需一个可以整合直播服务供需资源的平台。基于此背景，云犀直播为企业整合直播资源提供了一站式直播营销服务。

(3) 社会环境识别(Social)。随着直播行业和数字营销的发展，企业直播的应用领域正在逐渐扩大，如婚礼直播、演唱会直播和教育类直播等。每个行业的企业用户对于直播都有其特殊需求。在需求多元化的环境下，只有提供多元化企业直播服务的平台才能占领更大的市场份额。云犀直播根据市场和用户需求来提供满足多元化诉求的服务。以云犀直播为例，目前，云犀 BOX 系列、云犀 MAX、云犀 MIX 智能直播机已在活动直播、会展直播、教培直播、门店直播等多种细分场景适配。

(4) 科技环境识别(Technological)。虽然企业直播的需求越来越大，但是企业直播基础服务模块的发展程度一直停滞不前，因此一家提供企业直播基础服务的赋能平台成为时代需求。由于企业直播对直播服务的技术要求会更高一些，企业直播操作流程比传统直播更加复杂。例如，传统的企业直播操作十分复杂，由视频采集卡传到 PC，再由直播软件 OBS 或 Xsplit 推流到移动网卡，最后到云服务器。又如，传统的企业直播模式不仅要求直播团队需要掌握流媒体技术并且操作十分烦琐，这与智能硬件横行和注重用户体验的大背景严重不符。云犀直播顺应时代需求，在直播智能化、专业化的时代趋势下，云犀直播着力提升自身实力,用科技驱动市场发展。

4. 精准出击:行业痛点

目前,市面上的网络直播主要依赖解码器。解码器是一种能将数字音视频数据流解码还原成模拟音视频信号的硬件/软件设备。但是目前的网络直播适配的解码器普遍具有价格贵、质量低、操作难以及携带不易的缺点。此外,因为直播者依靠其他 C 端平台的后台,视频播放起来经常不稳定,甚至卡顿,这给消费者带来不好的使用体验。目前直播的传播方式往往通过眼球经济吸引消费者,这样直接导致观看内容缺少门槛。传统企业直播为了谋取更多经济利益而直接面向所有公众开放的方式忽略了定向传播的需求,如图3-2-2所示。更有甚者,企业在寻找摄影团队的过程中由于信息不对称等原因,很多时候容易造成双方利益的受损。

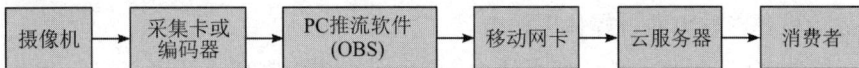

摄像机 → 采集卡或编码器 → PC推流软件(OBS) → 移动网卡 → 云服务器 → 消费者

图 3-2-2 传统企业直播模式示意图

3.2.3 赋能平台上的用户有哪些(WHO)

1. 目标客户群定向锁定:定位"高质量"直播制作者

云犀直播在寻找"赋能对象"时,就将目光锁在"高质量内容"直播制作者群体。这样精准的对象定位,使得云犀直播在硬件开发以及后台服务完善、创新上具有非常强的针对性。除此之外,2017 年,高质量直播出现巨大蓝海市场,对于专业直播团队以及企业、高校等来讲,机遇不断涌现,对专业直播设备、强大后台服务的需求也更加迫切,在这样的背景下,云犀直播的软硬件产品和服务能够最大程度为客户"赋能",赋予其迎接专业化直播时代到来的能力。因为内容生产方对直播团队的要求已经从原来完整地呈现整个场景到现在转化为让整个场景给观众带来极致体验。云犀直播以"软硬件+赋能"平台模式服务于客户,着力于提供高质量的软硬件和平台化服务。云犀直播与摄影器材代理商、社交网络平台(如微博等)进行合作,在上下游进行资源整合,为直播制作群体赋予以"最简洁的操作呈现最专业的直播"能力。这样的高品质和好服务自然也征服了直播制作者,使其愿意主动寻求云犀直播为其"赋能"。

2. 精准客户定向出击:瞄准六大细分"受能"群体

(1)自由摄影团队。常见的自由摄影团队或是在校学生,或是自由职业者,他们通过兴趣聚集起来,在网络或社交平台上接单进而提供拍摄服务。然而在媒体形式不断发展的新时代,单纯依靠照片形式已无法动态化、即时化呈现当下的最美场景。基于这种情况,"高质量直播"能最大程度为其赋予"发现美、记录美"的能力;在内心"工匠精神"的驱使下,自由摄影团队不断追求更完美的画面呈现,这就对直播设备、后台剪辑等功能有了更高的要求。如此一来,自由摄影团队对云犀直播的高质量设备、高品质服务便产生了强烈需求以及高度黏性。

（2）专业直播团队。专业直播团队在开展业务的过程中始终以"专业"为最高准则，他们对直播画面对比度、码率、帧率、稳定性、格式兼容性等方面有着格外严格的要求，传统的视频编码器以及"电脑＋OBS＋采集卡"的采集方式无法很好地满足其生产高质量内容的需求。而云犀直播正是经历了从"专业直播团队"到"赋能者"的转型，企业可以最真切的感受这类群体的需求，而需求决定供给，云犀直播得以设身处地地开发专业直播团队所需要的功能，改进硬件设备、提升服务质量。

（3）自媒体运营团队。自媒体（We Media）又称"公民媒体"或"个人媒体"，是指私人化、平民化、普泛化、自助化的传播者，以现代化、电子化的手段，向不特定的大多数或者特定的个人传递规范性及非规范性信息的新媒体总称。从这个定义切入，"云犀BOX"为自媒体团队提供了"数字科技设备"，使其能够通过直播的方式与全球相连，简单易学的操作授予每位普通大众拥有输出"高质量内容"自媒体的能力。通过云犀直播的产品及服务，你、我、他都可以成为极具影响力的自媒体工作者。

（4）高校党宣部、社团组织、新媒体中心。由于高校党宣部或社团组织负责人并非专业拍摄人员，复杂的编码器转流对其而言实现难度过大，此时"云犀BOX"的出现完美解决了"高速增长的直播需求"和"难与之匹配的操作技能掌握"之间的矛盾。"云犀BOX"以其简单的触屏操作、"傻瓜式"的直播流程，让非专业人员也能够轻松做好直播。

（5）企业内部公关部、宣传部。分析当下环境可以发现，26～30岁人群已经成长为各行各业的中坚力量，而企业直播是对行业内容及时传达的重要途径，因此该部分人群对企业直播内容需求量巨大，是企业直播的主体用户。此外，企业新产品的发布、项目路演以及行业峰会等需求不断涌现，持续推动云犀直播的发展。云犀直播赋予企业开展"新型营销"的能力。

（6）教育机构。作为互联网发展下出现的一种新型教育形态，在线教育具有巨大的发展潜能，而在消费升级带动的内容升级大背景下，用户乐于为有价值的内容付费，此时云犀直播的高级功能可以最大程度满足用户对内容质量的要求，如"云犀BOX pro"可以使主、子画面迅速切换，子画面可随时缩放、移动，这就为教育等领域的应用场景提供了极大的便利。

3. 多元场景兼容并包：专业直播领域"精耕细作"

一般来说，泛娱乐类直播平台（如花椒、映客和YY等）服务的是个体消费者，其流量是核心竞争力，此类平台通过推广获得行业地位。而云犀直播主要服务的是企业级用户，以提供商务互动直播解决方案来满足各行业需求的直播应用场景。比如，婚礼庆典；高校校园；企业、政府、教育培训；赛事娱乐；峰会论坛等多个直播适用行业。云犀直播的应用场景分析如下：

（1）婚礼庆典。大多数新人在结婚时拍个视频已成为必不可少的环节，他们都有想收到更多红包的想法，然而单纯地拍视频并不能解决这个问题，用拍视频同样的价格或者略高的价格提供直播服务，亲朋好友可以通过扫码来观看直播，或者可以通过分享到朋友圈的链接观看直播。例如，当女方收拾东西要从自己家要离开的时候，分离的场面难免感人，亲朋好友可以在这个时候直接给新娘子发红包，随着婚庆司仪的煽情主持，随着亲朋好友的相互感染，红包数量将不断累积，洋溢着喜庆氛围。

（2）高校校园。校园广播让高校学生们感觉是在听一个"固定版收音机"，云犀直播经过对学生们的咨询可知，他们对于了解广播的后台有很大的兴趣；学校也想将活动进行宣传，扩大知名度，所以云犀直播借助互联网完全突破了空间、地域的限制，使得培训活动安排更灵活。云犀直播解决了线下培训所面临的学校布局分散，校际、区、市、省际培训交流活动困难的实际难题，由此扩大了高校教育的宣传散播面。云犀直播为校园全媒体运营者、校园广播电台部门等提供从直播、短视频剪辑、内容分发到媒体资源扶持的一体化服务，兼容微博、微信、企鹅号、QQ 校园公众空间、今日头条等高校主流媒体，全面赋能高校全媒体运营及网络文化建设。

（3）企业、政府、教育培训。当一家企业、政府或教育机构要对不同地点的员工或学生进行培训或者线上会议时，云犀直播可以为其提供很好的直播服务。"云犀 BOX"提供的技术支持，不论是画质、音质，还是传播时效都是有保障的。例如，云犀直播为宜昌市宣传活动助力，为了让所有党员在家门口就能参与到宣讲活动中来，云犀直播将宣讲活动搬上了网络直播平台，这受到了与会人员的一致欢迎。

（4）赛事娱乐。云犀直播的快剪业务可将正在直播的内容实时剪辑成短视频，并及时传输到视频平台，保证了此类活动实时的传播性。此外，云犀直播利用智能语音识别功能，让字幕及时呈现；多平台同时直播，可以最大规模地曝光活动。

（5）峰会论坛。峰会论坛是企业最常见的一种线下推广方式。这种高投入、高成本的线下活动很难达到理想的效果。一方面是由于场地有限，容纳的观众少。另一方面是现场互动形式不够，参与度低。传统的峰会论坛，常常只是通过幻灯片进行演示或者通过媒体来整理信息并在网站公布。但云犀直播平台可以在活动中，采用视频抽奖、实时互动、红包打赏等交互方式丰富活动，增强互动，让场内和场外的观众都能参与活动，吸引更多潜在客户的关注，企业自然而然地直播在活动中实现最大化的营销目的。

3.2.4　赋予何种能力 or 能量（WHAT）

1. 赋能平台战略："让天下没有难做的直播"

"赋能"最早是积极心理学中的一个概念，旨在通过言行、态度、环境的改变给予他人积极能量。后来，这一名词被广泛应用于商业和管理学，其思想出发点是企业由上而下地释放权力，尤其是员工自主工作的权力，使员工在从事自己的工作时能够行使更多的控制权。在数字技术的支撑下，互联网以全新的传播模式颠覆了传统社会组织治理方式，赋予了社会生产元素（尤其是作为生产主体的人）以更多、更强的能力。"互联网＋"与"物联网"等概念的核心要旨就是"赋能"，即凭借互联网平台效应和技术的传播将原本相对独立的生产元素加以优化整合，在相互关联、持续互动的场景中形成新质生产力，进而形成系统的生产与传播链条。

云犀直播在"互联网＋赋能"的大背景下，奉行的"赋能平台"战略主要体现在两个方面：技术赋能和渠道赋能。技术赋能指的是云犀直播对传统直播行业的硬件编码器和后台服务器做了集成并且增加交互界面给受能者(直播团队)提供了便利。渠道赋能指的是云犀直播通过互联网平台整合企业直播需求和直播团队的服务供给,形成平台效应。

值得注意的是,技术赋能和渠道赋能有明显的先后顺序,云犀直播在落实这两个方面的赋能时体现了高瞻远瞩的战略思维。云犀直播第一步实现的是技术赋能,通过售卖硬件迅速打开市场积累用户,再迅速搭建B2B平台让用户形成平台效应实现渠道赋能。这与传统的先有平台后有用户平台思维有明显区别,通过售卖硬件获取用户在保持企业盈利的同时,避免了平台运营初期需要大量资金来吸引用户的困境。

2. 授人以"渔":让受能者有拍摄高质量直播的能力

1) 视频直播,技术赋能

当今时代是"科技改变未来"的时代,直播行业正处在变革阶段。从长视频到短视频、从信息流到AI技术、从广告变现到内容付费,这赋予了直播行业新的可能。技术的发展(尤其是AI)打开了直播行业新的想象空间。对于以PGC(Professional Generated Content,专业生产内容)模式为主的直播行业而言,也在AI、信息流等技术的加持下,在内容生产模式上进阶,帮助专业的内容创作者上位,内容的品质可持续生长,内容的形态也不断变化。云犀直播抓住外部机遇,制定了"产品专业化"和"服务多元化"双线战略,用强大的技术赋能媒体团队。产品方面,从"云犀BOX 2.0"到"云犀BOX pro",云犀直播的硬件功能不断完善,致力于让"受能者"(直播团队)使用最专业的设备、最简洁的操作来完成直播工作;服务方面,从"基础版"到"高级版",再到"高级订制版",云犀直播的后台功能持续优化,致力于满足不同的直播需求,为"受能者"赋予制作"完美直播"的能力。

云犀直播在技术方面的第一步跨越是将传统的"编码器"升级转化为"云犀BOX2.0"。在企业成立初期,作为"执行者"身份,云犀直播依靠传统的视频编码器实现直播的线下线上转化。在业务开展过程中,云犀直播通过内容生产者以及内容消费者的回馈,发现了诸如格式不兼容等一系列问题,这成为云犀直播转型的关键导火索:从硬件"需求方"到"供给方",从"受能者"到"赋能者"。

云犀直播通过大量聘请技术人才,加大科研投入,实现了从传统编码器到"云犀BOX2.0"的硬件升级。"云犀BOX2.0"为"受能者"提供简单而专业的解决方案,集视频采集、编码、推流于一体,无须电脑、手机配合,让"受能者"实现一键直播。

在内容升级背景下,用户对直播内容的质量要求不断提升,这就要求直播团队应用更加专业的设备呈现不同的场景。基于"受能者"的这一需求,云犀直播的技术团队持续发力,研制出了更专业、更强大的"云犀BOX pro",其内置系统更完善、音质画质更臻美、视觉呈现更立体,赋予"受能者"用最简单的操作方式提供高质量直播的极致体验。"云犀BOX Pro"集便携性与专业性于一体,支持多路信号同时输入,可通过触屏切换直播机位,操作方便快捷,内置导播软件支持画中画、水印、滚动字幕等功能,让直播团队玩转各种导播场景。

在后台增值功能上,云犀直播不断进行市场调查,在最大程度上满足了不同层次的客户对后台功能的需求,完成了后台功能板块从"基础版"到"高级版",再到"专属定制版"的不断演进。

2）即时云剪，效率赋能

由于媒体行业对"即时性"的要求，信息素材的原始处理是否高效便成了衡量该媒体是否成功的标准之一。然而传统的原始视频信息处理流程过于繁杂，其通常的做法是通过摄影机录完全程，再将素材通过视频剪辑软件进行后期处理，最终成型。这种流程一来耗费了大量人力和物力，增加了中间成本；二来由于处理速度受限，无法即时、高效地满足新闻报道、媒体宣传的需求。

为解决这一痛点，云犀直播通过强大的云处理技术实现效率赋能，为客户提供包括直播片段实时剪辑、朋友圈 10 s 精修片、30 s 多场景精修片、60 s 精彩回顾精修片、180 s 全程回顾精修片等多项服务，实现了拍摄和剪辑同步进行，从而使媒体平台能够实时发布新闻、推送等。这个维度的赋能可以说是解决了最直接的痛点。从心理学的角度来看，信息传播的滞后使观看者的兴趣度和信任度大大下降，而云犀直播的"云剪辑"则通过效率赋能帮助媒体最高效地推送信息，可以吸引更多关注。

3. 授人以"鱼"：助力拍摄者找到订单，拓展渠道

1）数字营销，渠道赋能

近年来，营销方式随着科技变化和技术发展不断进化，营销渠道也发生着潜移默化的变化。当下的营销不再依赖单个平台，生活中到处充满个性化信息，在客户眼中"谁最懂我的心，我就跟谁玩"。云犀直播通过提供直播分发与推流、公关稿发布、微博大 V 转发、线下广告位投放、数据报告等一系列的数字化营销服务，为企业提供更多渠道选择，更好地满足不同客户的需求。

数字营销赋能的核心是基于从"以商品为核心"到"以内容为核心"的消费洞察重构，充分利用互联网爆发渠道力量。

从营销形式上看，云犀直播为客户提供的营销方案由传统的"单向营销"向"互动营销"转变，新营销方案建立在买卖互动的基础上，突出内容和资源整合的优势。

（1）通过建立需求资源发布社群以及直播执行社群开展"动态营销"。以全国各地高校社群为例，互动使高校内宣传部成员聚在一起互相认同，情感需求就得以满足，对此类新型宣传推广方式——直播就更为认可，进而为直播团队带来更广阔的市场。

（2）以数据为中心，利用定量方式研究、判定营销方式及效果。以往的营销推广方式以定性描述为主，缺乏有效的衡量方式。依托大数据分析和云计算技术，云犀直播通过后台数据报告服务使企业的营销策略更精准地吸引消费者，在恰当的时间、地点，凭借恰当的渠道，向用户呈现恰当的直播内容。

从营销阵地上看，云犀直播借助互联网生态接入各大平台、新媒体，实现"全网营销"。随着科学技术的发展以及传统媒体资源因供应有限和需求旺盛导致价格提高，实力较弱的直播团队难以依靠自身的力量在媒体行业脱颖而出，赢得关注。为解决这一痛点，云犀直播通过渠道拓展、借助互联网生态将直播内容推至微博、微信（或是高校社群）、企业社群，将网络营销、关系营销等营销方式加以整合，全面掌控多方渠道，以此来赋能营销。

2）供需平台，信息赋能

云犀直播通过整合双向资源，将整个云犀直播的体系多种媒介通道和媒介形式全面打通，通过群体划分、群体结构导航实现更精准地双向信息导入。直播团队购买"云犀BOX"后可以免费登记入驻云犀社群，有直播需求的企业可以在云犀直播的平台上寻找直播团队提供直播服务。云犀直播的平台实现了企业直播的供需信息整合，内容生产方可以将自己的原生内容和创意信息接入云犀资源库，直播执行团队可以更精确地获得需求信息，双方联合生产内容。

（1）信用评级，技术认证。云犀直播平台与各类B2B平台采用类似信用评级的形式让企业在选择直播团队时更有目的性，同时也促进直播团队提升服务质量。云犀直播平台会记录直播团队每一次直播，还邀请企业对直播团队的各方面进行评价。考虑到企业直播需要直播团队具有取景、构图、灯光等专业知识，所以云犀直播在直播团队登记入驻平台时会对设备、人员等各方面进行技术评估，对专业水平到达一定程度的团队给予技术认证的标示。此举措增加了平台的专业性，让企业在选择直播团队时可以更加清晰地了解直播团队的技术水平，同时促进摄影团队提升自身技术水平。

（2）资源整合，智能推荐。云犀直播的平台根据企业需要直播的时间、地点、类型为企业推荐最合适的直播团队。云犀直播将直播团队的擅长领域、工作年限、地域等特征进行标签化处理，通过智能推荐算法，与企业的需求信息相匹配帮助企业快速找到最合适的直播团队。

（3）在线招标，化繁为简。企业较大的订单通常会采取招标的方式寻找合作伙伴，云犀直播的平台开发了在线招标功能，再结合信用评级和技术认证制度可以最大程度地简化流程。在云犀直播的平台中注册的企业可以发布需求，符合要求的直播团队可以向企业投标。在线招标功能使得企业直播的市场透明程度大大提高，规范了企业直播行业的市场秩序。

3.2.5　如何做好赋能平台（HOW）

1．多维赋能，帮助平台吸引用户

对于平台而言，如何吸引并留住用户一直是核心问题。云犀直播通过四大赋能（WHAT部分提到）为用户提供直播基础技术和增值服务来提升直播制作效率，从而留住用户。云犀直播将多项服务集成在其核心产品"云犀BOX"上，为直播团队赋能并积攒了大量用户，同时推广"云犀盒子"带来的硬件售卖收入和后台增值服务年费避免了平台搭建初期的资金链断裂的风险。当用户达到一定量级后，云犀直播仍深耕企业的增值模块（如后台服务、云剪辑等），让用户切实地感受到平台的价值，从而留住用户。此外，云犀直播还采用高校KOL、品牌攀附等手段赋能企业营销，在不断提升企业知名度的同时也打响了自身品牌。云犀直播不仅能够保持原有客户的忠诚度，还能够吸引潜在客户加入云犀直播社群。因此，云犀直播做好赋能平台的前提是提升多维度的赋能质量，积累用户，提升用户黏性，达到规模效应。

2．优化平台，提升双边资源价值

顺利实现赋能同样离不开成熟高效的平台运作模式。企业直播是高度依赖后台服务的

产业，用户在线化十分明显。通俗地讲，用户的资源整合相对容易，用户行为在后台容易被记录。在这样的产业背景下，平台将对赋能发挥两大作用。

（1）平台是用户资源集聚的媒介。当用户上升到一定量级后，平台可以帮助企业更好地管理用户，并通过整合用户资源产生新的价值。要让赋能平台更好地服务客户关键在于制定更有效的平台管理规则，促进社会化协同模式的完善。云犀直播凭借其庞大的摄影师资源和与各大有企业直播需求企业的合作关系形成了云拍摄生态。云犀直播平台还通过直播团队和直播需求的对接，从而实现了信息赋能。

（2）在线化平台是积攒用户数据的重要途径。在智能商业的背景下，用户数据是重要的生产资料，它可以帮助企业提高服务质量、提升服务效率。云犀直播通过平台积攒用户数据，并引进数据分析技术使赋能更加高效。云犀直播的云拍摄平台中的智能云剪辑（自动根据场景剪辑视频）、人工智能字幕（根据视频自动生成字幕），直播团队智能推荐等都让云犀直播更好地发挥在企业直播行业中的赋能作用。

3. 用户至上，更优服务留住人心

赋能即基础服务，为用户提供更好地服务是赋能平台的核心理念。无论是为直播团队提供直播技术支持，还是挖掘直播需求，其核心都是帮助直播团队实现高效直播。云犀直播负责人李先生提到："云犀直播的核心准则是为用户提供更好的服务，赋能的内容取决于用户的需求。"企业直播发展的初期，无数直播团队围于企业直播硬件繁琐、人机交互性差，为此云犀直播研发出了新一代软硬件一体化的企业直播工具——"云犀盒子"；企业直播的质量受限于无法进行后期处理，云犀直播便推出了云剪辑功能让直播剪辑成为可能；由于企业直播需求具有低频性和分散性，企业直播行业供需信息不透明，云犀直播搭建云拍摄平台来整合供需资源。

通过用户回访了 27 个隶属于企业、政府、学校的直播团队和自由直播团队后统计数据发现，云犀直播无论是在技术可靠性、产品实用性，还是在客服服务上都得到了业界的一致好评。客户满意度问卷调查结果如图 3-2-3 所示。

总体满意度高达94.5%　产品实用性得到了93.2%用户的认可　客户服务满意度高达95.7%　技术可靠性得到了92.1%用户的认可

图 3-2-3　客户满意度问卷调查结果

3.2.6　如何为赋能平台加成（WHICH WAY）

1. 组织模式：内部激励与使命凝聚

在企业发展过程中，没有一种结构能适合所有的任务类型或所有的环境条件；无论什么样的任务和环境，没有一种结构能够在所有绩效方面都表现出色。一方面，企业要在短期的效果和效率之间寻求平衡；另一方面，企业还要考虑长期效果所需要的适应性。云犀直播根据外部环境变化和自身发展战略，选择并设计有效的内部组织战略。这是云犀直播保证企业稳定发展的基础。

1）内部激励策略

（1）情感承诺。情感承诺是指员工卷入组织、参与组织社会交往的程度。情感承诺是个体对组织的情感反应，是一种肯定性的心理倾向。情感承诺是组织给予员工的一个构面，云犀直播给予其员工一种情感承诺，为他们勾画未来企业的蓝图，让他们对企业的未来充满了信心，从而产生相应动力，工作效率越高，越有激情。

（2）工作满意。云犀直播为员工创造舒适、自由的工作环境，并营造温暖的工作氛围。云犀直播的员工在工作时，可以感受到如"家"般的温暖，从而让他们更乐意在云犀直播工作，在潜移默化中培养起员工对云犀直播的情感，让他们"舍不得"离开云犀直播，并愿意尽自己最大的能力为云犀直播尽自己的一份力。云犀直播还对不同员工进行个人能力分析。根据员工不同的能力，云犀直播为他们匹配相适应的工作，这样不仅发挥了员工最大能力，也让他们对自身工作产生极大的兴趣，这也是云犀直播能稳定发展的一个重要原因。

（3）激励制度。云犀直播制定了合理的工作激励制度，每月都会对企业员工的工作进行测评，并对工作优秀的员工给予相应的奖励。云犀直播的激励制度激励了员工更加认真、高效地工作，从而使得整个企业的工作质量和工作效率越来越高。

2）企业文化和使命

云犀直播的企业文化为：简单、卓越、服务、协作。"简单"是指云犀直播的操作简单；"卓越"是指云犀直播的内容、后台服务、硬件设施卓越，云犀直播的用户产生满意感；"服务"是指硬件升级、后台服务方面，云犀直播的服务能力和态度赢得用户的赞赏，让用户愿意使用云犀直播；"协作"主要针对的是云犀直播企业的部分沟通和团队合作方面，云犀直播的各个团队积极协作、互通有无。云犀直播的企业文化不仅写进了企业的员工手册，云犀直播还要求每一位员工都能把企业文化牢记于心。

同时，云犀直播的员工都有共同的目标，即"让视频创作更简单"，云犀直播所有的员工都朝着这个共同的目标前行，共同的目标让他们更加团结一致，更有前进的动力。

3）组织结构

云犀直播成立初期团队中仅有两三个人直播，但随着直播市场规模扩大，直播行业竞争越来越激烈，云犀直播着力于扩大自己的优势。在直播大环境下，云犀直播一直在寻求差异化竞争。云犀直播转型升级，进行产品变更。与此同时，云犀直播还吸纳优秀的技术人才、市场营销人员（如校园团队、UI 团队）、财务人员、人力资源人才、行政人才等，合理有序的组织结构，让云犀直播面对任何阻扰都临危不乱、井井有条。

2. 营销模式：关键意见领袖营销战略与品牌攀附

在互联网经济的发展下，网络直播平台迅速兴起，直播行业竞争越发激烈，从而加大了各平台间对于优质内容和传播渠道的争夺力度。云犀直播作为网络直播平台的一员，在营销战略上审时度势，更深入透彻地看到了未来直播行业发展的趋势，通过和各高校及企业团体合作，从"婚礼直播"转型为"云犀直播"，实践了"硬件＋软件"一体化企业团体直播新模式，从而站上了行业前沿。

1) 跨界合作，打造网络直播生态一体化模式

不同于传统网络直播平台的是，云犀直播突破单一线上发布视频内容模式，采用与索尼、佳能等摄影器材代理商进行跨界合作的新模式。云犀直播提供"云犀 BOX"软件，摄影器材代理商提供相应的摄像硬件，实现"软件＋硬件"的网络直播生态一体化模式。有别于传统网络直播单一线上视频平台模式，云犀直播的用户可通过购买这一套器材，从而获得高自由度的直播体验，即用户可不受时间和空间的限制，登录直播界面，利用相应器材，进行高质量直播。云犀直播既具有传统电视直播的实时性，又兼具便捷性和高性价比，从而成为各大企业、团体、高校的标配。

2) 品牌宣传，提高知名度

提升品牌价值，构建良好的品牌形象对于网络直播平台的市场营销方面来说是至关重要的。好的品牌是一个企业成功营销的一半，而好的营销同样也可以塑造品牌形象。

关键意见领袖(Key Opinion Leader，KOL)营销战略，即与 ABC(A－人工智能，B－大数据，C－云计算)类领域中有较大知名度的业界领袖人士，达成密切合作关系，通过各意见领袖在各界的影响力，来帮助云犀直播更好地进行品牌宣传。云犀直播打破了简单的平面传输式宣传，提高了宣传的互动性、立体化，让用户有主动谈论云犀直播的冲动。云犀直播不仅采用线上营销战略，还通过参加线下定向交流会和展览会，利用此类会的知名度，提高品牌的宣传度。

3) 市场开拓，专注校园流量提升

云犀直播通过 C 端平台(如腾讯校园、微博校园、二更校园等)作为媒介，和各大高校宣传部门(内容生产者)建立联系，对校园内的公开课、大型活动、比赛项目等进行无条件地直播服务，这既帮助了各高校教学活动获得更好的宣传，也因此获得更多流量，实现互利共赢。

同时，基于腾讯、微博等平台不具备直播硬件的特点，仅依靠平台力量无法实现大型活动的专业直播，然而微博校园拥有丰富的高校资源，双方优势互补，云犀直播通过直播的形式将平台资源转化为线上流量。

目前，云犀直播正在启动的校园联盟计划，旨在对接各大高校党宣部、新媒体中心。例如，云犀直播从浙江省辐射到周边地方联盟，构建起"云犀高校社群"，将关键意见领袖的一呼百应效果发挥到最大化。

此外，针对校园市场，云犀直播也开展了"校园大使培养计划"，通过激励战略促进有资源的、活跃的"校园大使"带动所在地区各高校相关活动直播的积极性，通过情怀营销打动高校各新媒体中心，在潜移默化中将更多高校组织纳入云犀社群中。

4) 多维度代理商模式，打破领域壁垒

从细分市场来看，对于教育机构、中小学、医院等相对封闭、行业壁垒高的领域，企业

难以直接介入。在此情况下，云犀直播通过第三方代理商打入相关市场，通过代理商这一媒介建立起云犀直播与教育机构、中小学、医院等市场沟通的桥梁，从而达成密切合作关系。在担任媒介的过程中，代理商可从中获取一定收益，同时起到促进为云犀直播产品销售作用。

5）提高用户忠诚度，培养忠实粉丝

云犀直播积极开拓直播新功能，如云剪辑、人工智能剪辑、语音字幕识别、航拍、后台商业广告条、打赏、红包等。云犀直播不同于传统直播平台单，通过更加全面的功能服务，提高用户直播体验感，以其高质量的服务不断吸引新粉。

云犀直播的后台工作者全天在线解决技术问题，保证用户直播在任何时刻均能正常进行、旨在提供高标准的服务，以高品质的售后服务，获得更多用户的认可。此外，云犀直播给每一位使用直播的用户提供背书保障，通过这一系列无忧的保障服务，让用户可以更加放心地进行直播。云犀直播因为提供背书保障服务还增加了用户黏性。

众所周知，用户忠诚度是建立在用户对产品的认同度上，对自己选择的自我认同上。想要提高用户的忠诚度，首先要做的就是提高用户对云犀直播这个产品的认同度。云犀直播通过上述所讲的高品质服务、创新性的直播功能，无忧的直播保障，提高用户使用云犀直播产品的满意度和体验感，从而增加了用户对云犀直播的认同度，进而让用户因使用了云犀直播的产品而产生优越感。

3. 盈利模式："硬件为基，服务加成"

目前，云犀直播的收入来源以智能硬件售卖收入、租金收入为主，后台增值高级服务（如广告条、公众号关注功能、直播预告片、往期回顾等）会员年费（5980rmb）、月费（998rmb）以及云拍摄服务为辅，同时沉淀内容资源，获得付费观看分成。同时，为满足云犀直播营销需求，云犀直播正在积极部署定制开发功能，运用云犀直播技术、设备，将直播嵌入行业网站、企业门户网站、App 等，以此收取相关产品及技术服务费用。

此外，云犀直播的"云拍摄"品牌业务正在积极实施。例如，云犀直播与异地第三方企业谈好合作后，通过派单给已购买设备的且离第三方需求最近的直播团队，使该直播团队执行现场直播服务业务，进而赚取中间差价。从投资前景角度来看，这一领域的天花板较高，市场规模巨大，前景广阔。

4. 运作模式：打造多维合作新生态

在"直播产业化"探索的风口浪尖时期，云犀直播及时抓住机遇，通过打造"多维合作新生态"为客户赋能，引领直播行业"产业化"进程。

云犀直播作为典型的赋能平台企业，通过企业合作、高校联盟 KOL 模式整合上游内容生产者资源，建立"需求资源发布社群"。与此同时，云犀直播通过售卖"云犀 BOX"为契机整合下游资源，将产品购买者纳入"直播执行社群"，在企业或者高校方直播需求产生并发布之后，云犀直播通过大数据分析以及意愿问询等方式综合各项指标后筛选出执行相应直播的"最佳团队"，通过调派分散在全国各地的"直播执行社群"内的直播团队以满足新闻、媒体工作、产品发布等的"及时性"要求，为其赋予"实现自身价值"的能力。

　　赛事举办方、高校、公司宣传公关部等企业需求发布者基于不同场景产生直播需求后，云犀直播赋能平台及时捕捉需求，并在直播执行社群中将需求信息提供给直播制作方（如专业直播团队、自媒体团队、高校社团组织等），直播制作方运用"云犀BOX"高效地执行现场服务及视频处理的同时，直播内容便已经同步至云犀直播后台，云犀直播将优质内容推流至C端平台，最终云犀直播通过"观看流量统计""观看人群地区分布"等后台处理技术搜集C端观看者对直播内容的反馈信息，如图3-2-4所示。

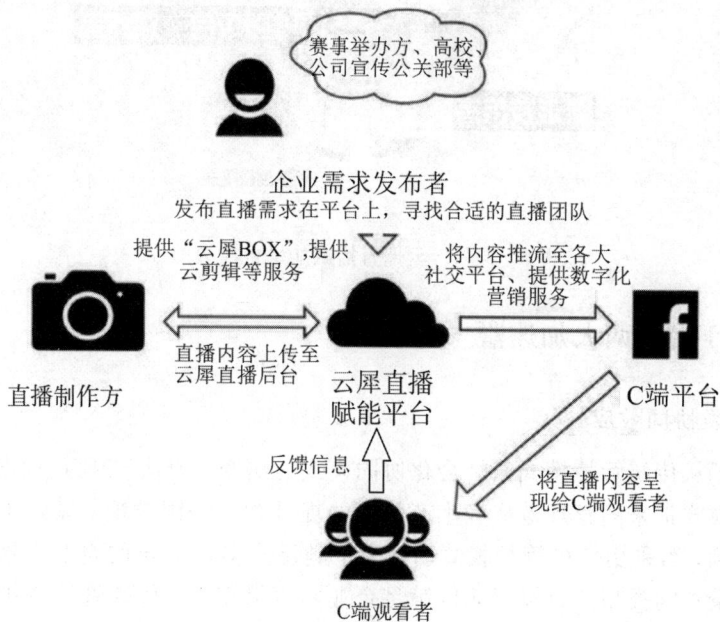

图3-2-4　云犀直播生态示意图

◐ 3.3　赋能平台的双螺旋模型

3.3.1　内在机理

　　"赋能平台战略"的核心在于赋能与平台的双螺旋模型。一方面，赋能帮助平台吸引用户，云犀直播通过集聚技术资源、生产经验和产业资源，搭建基础区块，依托这一基础区块（即平台）的共享输出，对平台供需双边用户进行"技术赋能、效率赋能、信息赋能、营销赋能"，为平台的搭建积累足够多的用户。另一方面，平台作为供需双边用户资源与信息集聚的媒介，当用户上升到一定量级后，平台可以通过整合用户资源发挥在线化平台的数据智能优势，构建供需沟通渠道来帮助企业和直播团队高效地获取供需信息，构建推广营销渠道来帮助企业与制作方提升影响力，构建数据反馈渠道使企业能够提供更优质的直播内容，促进直播产业生态更高效地运转。云犀直播赋能平台模型图详见图3-3-1。

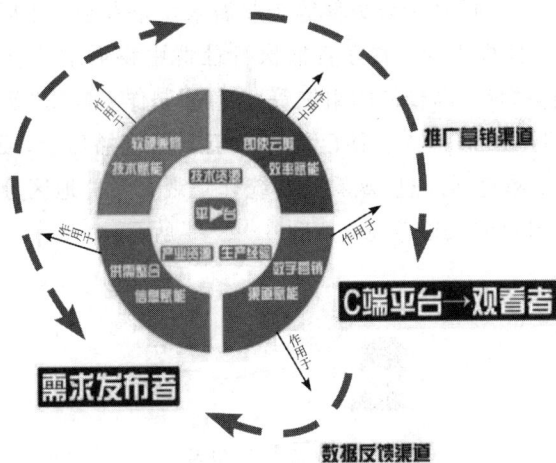

图 3 - 3 - 1　云犀直播赋能平台模型图

3.3.2　赋能平台的两大加速器

1. 赋能引发协同效应

赋能促进了从传统管控模式向社会化协同模式的演变，即从 B2B2C 向 S2B2C 的演变。由社会化协同模式带来的管理效率和生产效率的提升就是协同效应。以云犀直播所在的企业直播行业为例，当采用传统管控模式时，为了满足众多多元化的企业直播团队，云犀直播必须雇佣大量不同类型的直播团队以满足企业的直播需求。传统管控模式不仅产生了大量的管理成本，还严重限制了直播团队的创造力，无法满足多样化的市场需求。反之，云犀直播为直播团队提供直播硬件、后台服务、云剪辑、云储存等企业直播基础区块，通过赋能以社会化协同模式满足市场企业直播的需求。云犀直播以社会化协同模式革新企业直播行业，巩固了其在直播市场中的核心地位。

2. 平台引发规模效应

平台在发展的过程中会积攒大量用户，大量用户聚集会导致规模效应，进一步提升行业生产效率。云犀直播从 2015 年进入企业直播市场以来，已经服务了超过 5 万个摄影团队，规模效应促进了云犀直播更快速地发展。首先，随着用户量级的扩大，云犀直播提供直播基础服务的边际成本大幅降低，提升了其在行业中的竞争力。然后，随着越来越多的直播团队和有摄影需求的团队入驻云犀直播平台，平台整合供需资源产生价值，并吸引了更多的用户入驻平台。最后，云犀直播赋能平台的规模效应还体现在数据智能上。

3.3.3　赋能平台产生的原因

1. 需求场景多元化

直播活动可以覆盖一家企业的整个发展历程。一家企业的开业典礼、项目路演、行业论坛峰会、企业年会、员工培训、跨区域会议等都可以通过直播的方式展现。随着企业直播需求日趋多样化，传统的管控模式不仅严重限制了直播团队的创造力，还会产生大量的管理成本，而赋能平台促进了其向社会化协同模式的演变，以此满足需求场景多元化。

2. 供需信息不透明

随着企业直播行业的发展，企业和用户对高质量直播的认可度提高，对于专业化直播服务的需求逐渐被唤醒。然而此时新的行业痛点出现，有直播需求的企业因信息不透明而找不到合适的直播团队为其提供专业的直播服务；同时，有专业设备和技术的直播团队却因找不到足够的、有直播需求的企业而难以生存。此时，企业直播行业亟须一个可以整合直播服务供需资源的平台。针对供需信息不透明的现象，云犀直播通过搭建高效率互动社群，整合供需资源，加速业务运转。

3. 原始模式落后性

虽然企业直播的需求越来越大，但是企业直播基础服务模块的发展一直停滞不前，一家提供企业直播基础服务的赋能平台成为时代需求。传统的企业直播操作十分复杂，由视频采集卡传到 PC，再由 OBS(直播软件)或 Xsplit 推流到移动网卡，最后到云服务器。传统的企业直播模式不仅要求直播团队需要掌握流媒体技术并且操作十分烦琐，这与智能硬件普及和注重用户体验的大背景严重不符。传统的企业直播生产方式成本过高、难度较大，而云犀直播平台通过核心技术赋能企业直播制作者，让视频制作更简单。

4. 平台模式优越性

由于"跨群网络外部性"和"群内网络外部性"的存在，赋能平台模式更容易帮助企业做大规模、形成垄断。当"跨群网络外部性"存在时，平台就具有"鸡生蛋、蛋生鸡"的属性，即只要能够设法提升一侧的用户数量，另一侧用户的数量马上也会提升。反过来，另一侧用户的数量又会提升原来那侧的用户数量，如此反复，导致平台能以极快的速度成长。平台在不断提升用户黏性的同时，实现对用户吸附的指数效应，达到平台能量的爆炸式增长。同时，云犀直播还具有"群内网络外部性"，因此当一个平台的规模成长起来后，其规模就为它提供了进入壁垒，新的企业很难再有机会进入。

3.3.4　赋能平台对比分析

1. 基于供需关系的平台分类

1）自营模式

自营模式中，平台和供给者间是雇佣和被雇佣的关系，供给者和其生产资料都隶属平台。例如，"曹操专车"是知名网约车平台，以"公车公营＋认证司机"的 B2C 形式运营，在我国网约车市场占有率排行榜中排名第七。曹操专车是典型的自营模式平台，广义上讲，曹操专车可以被认为是双边平台，因为作为网约车平台，它撮合司机和乘客进行交易，但曹操专车上的供给方(司机)均为自营，不但司机本身跟公司是雇佣关系，生产资料(汽车)也是公司所有的。曹操专车对雇佣司机实行统一培训后上岗，并注重管理乘客满意度，以解决网约车平台经常出现的服务水平参差不齐、乘客安全无保障等问题。

2）传统中介平台模式

传统中介平台模式中，平台只负责撮合供需双方的交易，平台跟供给者的关系是中介和商家。例如，"美团"是一个典型的传统平台，是一个知名生活服务平台。美团在线汇集吃、喝、玩、乐等各类商家信息，并通过团购券或优惠买单等方式促成双方交易。依赖平台的网络效应，平台上商户数量越多则会吸引更多消费者在平台上交易，还会吸引更多的商户入驻。美团依靠开放平台模式得以快速发展。然而，平台模式存在的问题也不容忽视，如平台模式同质化严重面临着激烈的行业竞争。

3）纵向赋能平台模式

纵向赋能平台模式中，赋能平台跟供给者是赋能与被赋能的关系。赋能平台不仅能作为中介撮合交易，还能通过赋能为供给者提供基础服务以提高生产质量和效率。另外，赋能平台跟生产的联系更为紧密，有助于更好地管理平台和积累数据。例如，云犀直播是典型的赋能平台。云犀直播不仅赋能企业直播拍摄者，降低运营门槛和技术门槛，还提供数字营销和云剪辑服务来提升企业直播质量。另外，云犀直播通过提供基础服务贡献了自己的价值，使得云犀直播与生产者联系更为紧密。

2. 三种平台在治理和竞争两个维度的对比分析

从治理和竞争两个维度对三种平台模式进行分析，具体内容如下。

1）平台治理维度

平台治理是以平台作为主体，对以自身为中心的生态的治理。治理是一套运行机制，包括谁参与生态系统、怎样分配价值、怎样解决纠纷等问题。

（1）对于自营平台，供给方均为平台自营，直接插手生产过程。此时，平台和供给者的关系是隶属关系或者雇佣关系。在这样的管控模式下，供给方可以得到平台的技术支持，甚至共享生产资料。

（2）对于传统平台，平台本身不参与生产过程，只是撮合双方交易，所以平台和供给方是中介和商家的关系。开放的平台模式吸引了各类商家入驻，供给多样化可以满足各种用户需求。平台的收入来源主要是交易分成和广告费用，管理成本相对自营模式较小。平台通过建立基于消费者反馈的"声誉机制"对供给方进行评价，并筛选出适合市场需求的商家。美团评分机制就是一个很好的例子，其通过消费者评价筛选出优质商家，并且激励商家不断提升用户体验。

（3）对于赋能平台，平台不仅为供给者提供需求、赋能供给者，还能降低行业门槛、提升生产效率，所以赋能平台和供给者是赋能与被赋能的关系。赋能平台的收入不仅包含传统平台的交易分成和广告收入，还有基础服务收费（如赋能收费）。赋能平台模式开放的供给体系为多元化供给提供生存空间。另外，赋能平台为供给者提供运营支撑、技术支持等基础服务，提升供给质量，提高生产效率。进一步讲，云犀直播在生产（企业直播）过程中通过提供基础服务贡献了自己的价值。这就意味着平台本身也参与到了生产的过程中，且跟产业的联系变得更为紧密。平台与生产者的紧密关系导致大量的生产数据留存在平台上。大量的生产数据帮助平台能更好地管理平台上的生产者。赋能平台可以结合生产数据和消费者反馈信息建立客观的评价制度。以云犀直播为例，直播拍摄者通过云犀直播的分发系统将直播推送至微博、微信等社交平台。由于推送过程是由云犀直播平台完成的，平台可以通过转发量、播放量等数据客观反映直播的效果，再结合消费者评价机制来建立客观的评价制度。赋能关系中，平台不像管控模式对供给者干涉过多，降低生产积极性和灵活性，也不像传统平台模式对供给者缺乏引导，赋能平台实现了传统平台和自营平台的优势互补（详见表3-3-1）。

表3-3-1　平台治理维度对比分析表

分析角度	自营平台	传统平台	赋能平台
与供给者关系	雇佣关系	中介和用户的关系	赋能与被赋能关系
供给质量	供给者可以得到技术支持和生产资料共享	缺少监督和基础服务支持，供给质量难以得到实质提升	通过赋能提供基础服务，大幅提升供给效率
供给效率	标准化生产，效率较高	供给者"单打独斗"，生产效率较低	得到平台赋能支持，效率显著提高
供给多样性	受限于封闭的分工关系，供给单一	开放模式，多样性较高	开放模式，多样性高
收入来源	供给者抽成	交易抽成，平台流量广告收费	交易抽成，赋能服务费用
管理成本	规模扩大后管理成本大大提升，造成"规模不经济"效应	平台模式下，管理成本较低	平台模式下，管理成本较低
供给质量监管评价制度	通过企业内部绩效考评对平台内供给方进行筛选，效率不高，淘汰率低	依靠消费者反馈建立口碑声誉制度，但是评价过于片面，容易产生刷单刷好评的恶性事件	结合生产数据和消费者反馈建立客观的评价制度

2）平台竞争维度

平台竞争维度主要分析的是在平台发展过程中，定位类似的平台如何进行竞争、竞争力如何、行业门槛高低等问题。

（1）对于自营平台而言，平台对供给方的控制力很强，能严格把控服务或产品的质量。高质量的产品是自营平台在竞争中最大的优势，高质量的服务或产品能够得到用户的认可，从而提升用户忠诚度。

（2）对于传统平台而言，庞大的流量是其核心优势，不仅能带来大量广告收入，还能增强供给方对平台的黏性。抢先占据市场的平台具有先入优势，赢者通吃一直是平台间竞争的规则。由于传统平台的行业门槛不高并且平台同质化严重，消费者容易在不同的平台间转移，用户忠诚度很低。例如，"美团"和"饿了么"之间不断通过打价格战以求留住消费者，这种恶性竞争反映了传统平台在竞争中的困境。

（3）对于赋能平台来说，它既具备自营平台高质量供给的优势，也具备开放供给体系的网络效应。供给者既依赖平台的基础服务，又依赖平台的流量，所以赋能平台供给方黏性很高。赋能后的供给者能生产出质量更高的产品，从而增强消费者的黏性。双重用户黏性使得赋能平台可以快速占领市场。另外，搭建赋能平台需要技术资源和开发时间，所以市场门槛很高。例如，打造类似"云犀BOX"的新一代企业直播硬件，最少需要1年时间。较高的技术门槛进一步巩固了赋能平台在市场中的地位。高门槛、高黏性使得赋能平台在竞争中更容易胜出。平台竞争维度分析如表3-3-2所示。

表3-3-2 平台竞争维度对比分析表

分析角度	自营平台	传统平台	赋能平台
先入优势	一般	较高	非常高
行业门槛	较高	一般	非常高
供给方黏性	封闭自营模式	平台消费者数量多时，对平台依赖程度高	既依赖平台赋能，又依赖平台流量
消费者黏性	产品质量高，有一定的忠诚度	平台同质化严重，消费者很容易在同类平台间转移	产品质量高，对供给监管严格，较其他平台优势明显，消费者黏性较高
核心竞争力	高质量服务或产品	依靠网络效应	赋能使生产更高效，平台使交易更便利

3.4 案例总结

云犀直播创立后仅用三年时间便成为市面上最大的"软硬件一体化"的企业直播品牌。云犀直播在企业直播行业快速崛起的成功经验可总结为以下内容。

1）赋能场景：洞察行业机遇，深耕专业直播

2017年，泛娱乐直播行业竞争激烈，随着婚礼直播、会议直播、教育直播、户外直播等应用场景的出现，专业化直播出现巨大市场。云犀直播抓住机遇，在洞察新场景中衍生出的新需求后，果断进入专业化直播市场，并以其先进的流媒体技术、智能硬件技术和战略优势迅速占领市场。此外，云犀直播进一步深入探索新场景、赋能新场景，逐步成为专业直播界的"独角兽"。

2）赋能制造："以需定产"战略，打通合作链路

当消费者对参与制造的需求和热情日益增强时，则要求"供给端"制造满足个性化需求，多品类、多选择组合，并能及时根据需求作出更新改进。云犀直播深谙信息时代的新商业模式，与需求端进行紧密互动，以其对新媒体时代直播的推流、广告位、邀请榜等需求的洞察为原动力，不断更新、优化并增添后台服务项目；以其对新闻即时性与剪辑流程复杂性矛盾的洞察为助推器，升级改造硬件产品。云犀直播将传统工业经济时代的B2C运作模式逐渐转向基于消费者需求信息产生的C2B模式，对客户需求的洞察和由此产生的快速反

应便是其赋能制造的关键，更是其制胜的法宝。

3）赋能渠道：先用户后平台，构建协同生态

云犀直播在实现赋能平台战略的过程中展现了其卓越的智慧，为互联网协同生态的构建提供了一种新思维。概括来说，云犀直播采用的是先吸引用户再搭建平台的逆向平台战略。云犀直播通过其核心服务积累用户资源，再将用户资源通过平台的方式变现，这与传统的先有平台后有用户的平台思维有着明显区别。首先，云犀直播增加对技术开发的投入，研发出了具有市场竞争力的"云犀盒子"，通过售卖硬件迅速打开市场、积累用户。然后，云犀直播迅速搭建 B2B 平台。最后，云犀直播通过整合 B 端用户资源形成平台效应，打通信息流通渠道，提高资源对接效率。云犀直播通过硬件获取用户在保持企业盈利的同时，避免了平台运营初期需要烧钱吸引用户的困境，进而凭借已经积累起的用户资源为 B 端内容生产者与媒体团队、直播执行团队等构建协同生态。

4）赋能营销：与品牌捆绑宣传，全网互动式营销

在商品经济越发繁荣和信息技术不断发展的背景下，人们的生活方式和消费习惯已经发生了巨大的改变。追求自我价值、渴望被认同、注重消费体验逐渐成为主流，消费方式呈现分散化、多元化、个性化的特征。对企业来说，传统的单向营销已经无法有效地满足需求的异质性，因此云犀直播以客户为中心，根据客户的目标定位、行为特征和活动习惯采取不同的营销方式。例如，云犀直播对高校采取先试用后租用（或购买）战略，对企业采取线上线下合作推广、联名活动的方式助力企业自身营销实现。通过全网互动式营销，云犀直播致力于先做好客户关系管理，再不断提升客户忠诚度。云犀直播主要借用传播力度广、有较大影响力的品牌，通过和他们的密切合作关系，云犀直播将其和其他有影响力的品牌捆绑起来，借助该品牌的粉丝量和宣传力度来扩大云犀直播的知名度。

案例点评

平台在经济体系中占据愈发重要的地位。过去十年，全世界市值最高的企业大多是平台型企业，如苹果、亚马逊、谷歌、阿里巴巴、腾讯等。

就公司来说，它的市场价值最终取决于它的社会价值。换言之，公司为这个社会创造的价值越高，其市值可能会越高。平台之所以受到投资者和创业者的青睐，就是因为它是在互联网时代最能发挥互联网优势、为社会创造价值的一种方式，其特点就是赋能，为多方利益相关者提供更为简约、高效的方式。赋能对象可以是特定的人或机构，也可能是他们之间的互动关系。

现如今有各种各样的平台，如针对商务活动的亚马逊、阿里巴巴，针对信息的搜索和沟通的谷歌、Facebook。而本案例分析的是云犀直播。它的发展历程是非常典型的平台型企业的发展历程，从一个特定的场景出发，然后逐步超越这个场景。更重要的是，云犀直播退到"幕后"，成为一个"赋能者"，然后转变为一个"平台"，此时它的赋能功能与平台身份是相互强化的。

本案例很好地展示了云犀直播通过技术的升级、产品的创新为直播用户创造价值。正因如此，云犀直播吸引了越来越多的用户，而且云犀直播以客户视角、站进"场景"中，发现

了更大的价值空间，进一步升级成为一个特定领域的平台。

　　总而言之，本案例既分析了微观的、特定的平台型企业的发展过程，又生动形象地展示了平台与赋能、场景、用户等关键要素的关系，因此本案例具有很强的示范意义和启示作用。

点评人：程兆谦（浙江工商大学副教授）

案例四　都特国际的精准营销新零售模式①

大数据时代催生了很多的营销方式。企业应将数据作为变革营销策略的风向标。从营销的角度看，大数据技术的核心是挖掘、洞察、预测，全方位了解消费者的特征，掌握消费者的需求，强化与消费者的互动，最终提供符合消费者需要的商品与服务。如何有效地整合庞大的用户信息和消费数据，利用大数据技术实现精准营销，打造新型的营销模式是传统零售企业急需解决的问题。新零售背景下，大数据赋能精准营销是大势所趋。

2019 年以来，进口葡萄酒行业发生了巨大的变化，如成本上升、产品更新换代、消费升级、行业架构调整等问题接连不断。在面临巨大压力的情况下，企业纷纷寻找应变之策。传统进口葡萄酒零售企业也面临着线下渠道资源发达、但其成本较高，线上渠道的发展逐步加速、但其体验不足等"零售"通病。"数据驱动"理念成为线上渠道与线下渠道深度融合的指引。如何整合消费者信息，挖掘潜在顾客，洞察消费者需求，实施精准营销，打造新型零售模式，成为传统进口葡萄酒零售企业急需解决的问题。面对新趋势与新机遇，作为一家进口葡萄酒零售企业的宁波都特国际贸易有限公司勇于尝试和改变，借助新零售和大数据赋能精准营销，将互联网、大数据、VR 技术以及用户画像技术带入线下零售模式中，实行新零售模式和数字营销模式。

4.1　认识都特国际

4.1.1　公司简介

宁波都特国际贸易有限公司（以下简称"都特国际"）是一家专门从事高品质原瓶进口葡萄酒的品牌运营连锁企业。都特国际是浙江省侨联推荐，宁波市侨联牵线搭桥，并在宁波落户的华侨企业。都特国际运营包括法国、智利、西班牙、澳大利亚等国家 20 多个品牌，

---

① 该案例获得 2019 年浙江省大学生经济管理案例竞赛一等奖。作者：张俊杰、郭艳、孙爱国、吴冰清、赵馨。指导教师：崔娜。

上百款产品，并在西班牙、法国、美国、智利等地设立了国外采购办事处。都特国际还拥有强大的仓储物流配送中心和专业的销售精英团队。

经过多年经营，都特国际致力于推广葡萄酒文化，坚信葡萄酒的经销并不是单一的传递产品，而是使更多的葡萄酒爱好者可以分享到葡萄酒的喜悦。都特国际以"都特国际盈利模式"和"都特国际供应链F2C零利润采销共享平台"得到众多合作伙伴的认可，快速建立起强大的连锁加盟零售终端网络，其经销网点达1000多个。目前，都特国际旗下特许连锁加盟品牌——"都特国际酒庄（酒窖、门店）"在我国的实体加盟店已超过600家。

4.1.2　发展历程

都特国际发展历程如图4-1-1所示。

图 4-1-1　都特国际发展历程

1. 创立期：发轫之初，务实诚信（2011年～2012年）

随着经济全球化的进程不断加快，"地球村"的概念日渐加强，越来越多的商人加入全球化商品流通领域。都特国际的总经理季向阳以"国际贸易＋实体体验"模式在浙江省各地推广中外商品交流的"都特"理念；他以西班牙商人的诚信理念为创业主旨，与浙江省多家优质企业进行合作；他用时间验证来获得客户的认可，让消费者爱上物美价廉的进口商品。都特国际的进口葡萄酒采取了西班牙优质产区葡萄酒的酿造工艺，确保了葡萄酒质量，同时也确保了进口葡萄酒的价格亲民，真正做到了物美价廉，赢得了消费者的青睐。

2. 成长期：借助电商，茁壮发展（2013年～2014年）

都特国际在经过一年的创立期后，借助电商平台开拓了销售渠道和营销模式。通过与电子商务品牌的融合发展，都特国际开设了网上店铺，实现了线上购物，让消费者可以用更加快速、便捷的方式购买到自己满意的葡萄酒。都特国际与电商合作的营销模式，突破了传统销售在时间和空间上的限制，为购买葡萄酒的消费者提供了便利的途径。

3. 瓶颈期：面对瓶颈，寻求突破（2015年～2017年）

在经过创立期、成长期的火爆后，都特国际在发展过程中暴露了一些问题，如营销推广不到位，无法准确地得到顾客的体验感受等。这些问题在一定程度上限制了都特国际的进一步发展。都特国际在销售进口葡萄酒的情况下，缺乏收集消费者对葡萄酒的偏好信息，导致都特国际的发展遇到了瓶颈。虽然该时期销售数额有所增加，但是无法精准地获得消费者的售后体验，无法准确得知消费者对葡萄酒的具体偏好信息。

都特国际在传统营销的基础上增加了精准营销新零售模式，通过大数据技术，收集消费者的体验，分析消费者的偏好，重视消费者体验，从多方面寻求探索才逐渐突破了公司发展中的瓶颈期。

4. 发展期：拥抱新零售，谋取发展（2017 年以后）

在发展期中，都精国际通过大数据、云计算等技术收集消费者在消费葡萄酒后对服务体验的感受，通过收集得出消费者的偏好，促进企业更好、更快的发展。例如，都特国际通过线上线下与物流结合的方式，以推广葡萄酒文化为主，让更多的人认识到都特国际的葡萄酒品牌理念。都特国际还设立了具有专业葡萄酒鉴评和供应链能力的葡萄酒新零售品牌，开设了线下葡萄酒文化体验中心、葡萄酒体验零售区、小酌休闲区，建立了葡萄酒文化社区，实现线上线下交流互动。同时，都精国际也支持消费者在 App 内一键下单，即可送货。都特国际借助新零售和大数据助推精准营销，推广进口葡萄酒产品，让更多的人可以了解葡萄酒文化。

目前，都特国际正在积极地发展自己，进一步完善基础设施，不断推出精准营销新零售模式以满足消费者需求，不断地自我完善，打造一个成功的进口葡萄酒企业。

4.1.3 公司产品和营销现状

目前，都特国际与 8 个酒庄进行合作，主要有六大类产品，分别为红葡萄酒、白葡萄酒、桃红葡萄酒、格拉莫纳冰葡萄酒、卡特起泡酒和拿破仑白兰地系列。

结合 4P(Price、Place、Product、Promotion)营销理论，进口葡萄酒市场营销存在的问题主要有以下几点：

1. 价格(Price)现状

由于受到"醉驾入刑""禁酒令"以及限制"三公消费"等国家政策的影响，进口葡萄酒的销售曾一度遭遇滑铁卢。然而随着人们越来越重视健康消费，加上商家营销战略的调整，进口葡萄酒的价格开始趋于理性，葡萄酒销售进入一个新的发展期。通过对酒仙网、也买酒、1919 酒类直供、京东、淘宝等网络上针对葡萄酒的搜索发现，葡萄酒的单瓶售价主要集中在以下区间：20～50 元之间占 60%左右；50～120 元之间占 15%左右；120～300 元之间占 10%左右；其余价格占 15%左右。从这些数据可以看出：葡萄酒主要消费的价格区间集中在中低价位，符合百姓的日常消费需求，说明销售更加趋向理性。因此，都精国际不仅制定出合理的销售价格，还横向比较竞争对手的定价策略以便抢占市场份额。

2. 渠道(Place)现状

进口葡萄酒主要的营销渠道有以下几种。

(1)专卖店和品牌连锁系统。专卖店是目前葡萄酒销售的主要渠道之一。对于大部分经销商而言，往往会选择直营或者加盟专卖店的方式，如建设成直营的酒窖、加盟进口葡萄酒连锁品牌等。品牌连锁系统可以整体输出品牌形象，给消费者提供一个专业的场所，同时能够储存、批发兼零售进口葡萄酒，消费者也可以现场品尝葡萄酒，进而了解和学习葡萄酒知识和文化。

（2）大型卖场和连锁商超系统。大型卖场和连锁商超系统是一个非常传统的进口葡萄酒线下销售渠道，也是主要销售渠道之一。它为进口葡萄酒提供一个较为广阔的展示平台和活动特价专区，并且可以让经销商公司的促销人员驻场，促销人员可以直接面向消费者促销推荐。大型卖场和连锁商超系统渠道有大量的人流量，可以使品牌曝光度得到显著提升，但其进驻费用较高，包含进场费、条码费、地堆费、促销费等。

（3）电子商务系统。尽管很多进口商担心在网上销售存在风险，如网络低价破坏产品价格体系，或是网络假冒伪劣产品影响企业信誉，但是葡萄酒行业开启电商之路已是大势所趋，如酒仙网、也买酒、挖酒网、酒美网、1919 酒类直供等均为全国大型知名的平台。同时，地方上也大量出现了类似的平台，如郑州的酒便利、石家庄的酒快供、哈尔滨的小酒喔等专业葡萄酒销售平台。

（4）其他系统。进口葡萄酒的销售渠道有很多。除上述三种主要销售渠道外，还有餐饮渠道、娱乐渠道、个人团购渠道、展会渠道等。餐饮和娱乐渠道属于终端渠道，属于较适合普通大众的渠道，这种终端的客流量比较大，消费者较多，但目前餐饮渠道多数允许顾客自带酒水，而娱乐渠道多数以啤酒和洋酒为主，对进口葡萄酒的销售尚未形成较大规模的拉动。个人团购渠道曾经被誉为葡萄酒行业赖以生存的生命线，但其因国家颁布的各项禁酒政策受到很大的冲击。通过展会渠道去购买葡萄酒的客户相对于普通客户来说会更专业，往往有明确的目标。一般来说，展会渠道会有一定的成交率，但展会天数有限（一般为3 天），而且企业需要支出较多的参展费用。

3. 产品（Product）现状

不同的国家、不同的产区、不同的气候、不同的土壤、不同的葡萄品种、不同的酿造工艺、不同的储存方式等，加上悠久的酿酒历史，因此造就了葡萄酒的产品和种类多样性。随着近几年来的 OEM（Original Equipment Manufacturer）产品的开发和盛行，海外酒商越来越看好中国市场的发展潜力，频繁地步入中国市场寻求商机合作，为中国带来了数以万计的进口葡萄酒，消费者的选择自主权进一步提升，消费者可以尝试不同产品的机会不断加大。但是，结合目前购买者的消费水平，主要的消费葡萄酒的价格区间在 30～80 元之间，这导致了该价位区间的产品同质化现象严重，消费者在选择的时候还不能很好地区分产品质量，这就给进口商提出了要求，一定要在上游资源上把握更多、更好的酒庄酒产品，增加自己的核心产品，提供优质的、性价比高的产品给消费者，才能进一步扩大产品的市场占有率。

4. 推广（Promotion）现状

目前，进口葡萄酒在宣传和推广上，使用的方法和行为比较集中，有实力的进口商会在电视上投放广告，或在区域市场投放广告，举办品鉴会，带领经销商出国游，市场促销，终端卖场进驻促销员，参加展会、答谢会，组织论坛活动、赞助活动等一系列活动，以提升企业品牌形象，巩固合作经销商的信心和忠诚度，但是费用投入还是巨大的。中型进口商还是在参加展会中增加曝光度并以积累目标客户为主，偶尔组织品鉴会，保证现有合作客户的黏性基础上稳步增加潜在客户，费用支出相对少了很多。小型进口商主要是裸价操作，基本上没有什么促销手段。电商平台主要是通过自主网站和移动 App 的活动页面进行推送和宣传，定期向会员手机推送相应的促销信息，如线上满减折扣、线上满赠促销、特价产品倾销、定期活动节日促销等，但线上的运营与维护成本和线下的管理成本相对较高。这些促销行为都是为了在保持现有合作客户的基础上增加其复购率和忠诚度，不断开发新客户，逐步提升销售业绩。

4.2　传统进口葡萄酒零售企业精准营销业务问题

4.2.1　进口葡萄酒行业营销新趋势

在新零售模式下，实体店转型的主要趋势不再是简单的线上与线下的组合，而是现实世界和信息世界的融合。在过去，这两个世界可谓是相互独立的。在实体店里，我们只需要做好服务，卖好商品就行。而在今天，"新零售"的目标不再是简单地销售产品，更多的是把互联网平台体系与实体门店的 IT 体系打通，从而变成另外一个全新的世界。所以这个时候的"新零售"作为实体店的升级，由线上转向线下进行高度的融合，实现了真正的转型。

在这样的大背景下，进口葡萄酒行业的营销有四个趋势，如图 4-2-1 所示。

（1）营销方式逐渐从依赖实体零售店的销售式营销走向数字化营销。

（2）营销对象的颗粒度逐步从客群细分走向个体。

（3）营销的驱动因素逐步从粗放式人力决策营销走向数据驱动型营销。

（4）四是营销的收益逐步从进口葡萄酒零售企业单方收益变为营销参与方多方收益。

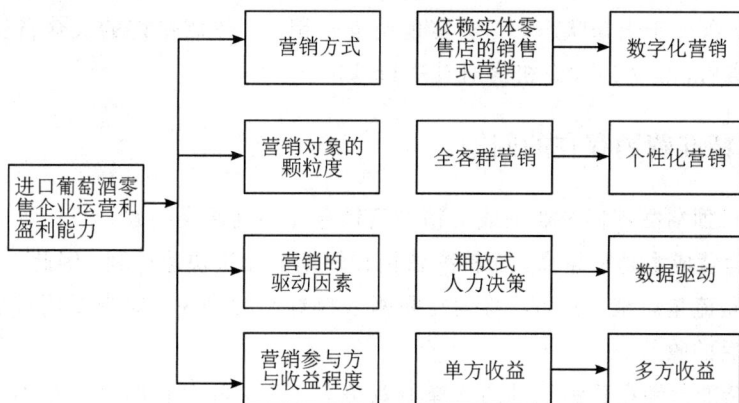

图 4-2-1　进口葡萄酒零售企业营销业务发展方向

新零售背景下，一些传统的线下进口葡萄酒零售企业开始向新零售和数字化转型。线下进口葡萄酒实体店转型的主要趋势不再是简单的线上与线下的组合，而是借助大数据和人工智能实现线上和线下深度融合（如图 4-2-2 所示）。而随着消费者对于进口葡萄酒的健康诉求越来越高，对主打"健康""养生""文化"的进口葡萄酒也更加青睐。未来的进口葡萄酒行业不应把目标消费者定位得太宽泛，而应利用大数据及用户画像进行精准营销。

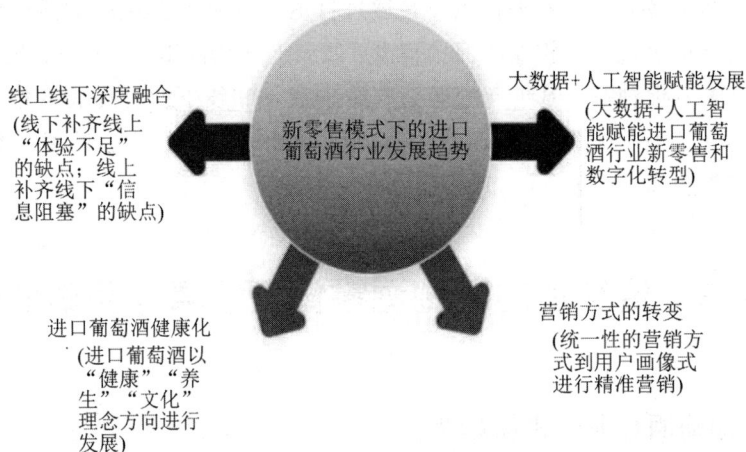

图 4-2-2　新零售模式下的进口葡萄酒行业发展趋势

4.2.2　线下实体店精准营销存在的问题

传统进口葡萄酒零售企业实体店的营销活动主要依赖人力资源，且其营销覆盖对象主要是商圈附近购买进口葡萄酒的顾客。实体店增加客流量的主要方式是依靠等客上门，吆喝拉客，促销打折等。这些方式不以顾客需求为导向，不了解消费者的消费习惯和购买偏好。实体店精准营销存在下列两类问题。

（1）营销依赖销售人员等人力资源，无法实现可复制的精准。实体店的精准营销基本依赖销售人员的经验判断消费者对进口葡萄酒的需求，随后提供合适的产品，存在人力经验判断错误等弊端。

（2）营销对象处于未知状态，无法实现精准营销。实体店接待的大众营销对象非常被动，消费者到店后，实体店才有机会对其进行营销。

4.2.3　线上精准营销存在的问题

传统的进口葡萄酒零售企业的线上精准营销存在下列两类问题。

（1）线上运营成本越来越高，而精准营销在短期内无法快速盈利。因此，非常多的线上营销思维依然是流量思维，但随着移动互联网人口红利的丧失，应当要用长远的目光去看待精准营销背后的收益。

（2）线上精准营销在营销工具的选择上竞争力不强，并存在网络信息不对称和网上交易不安全等风险。

4.2.4　都特国际精准营销存在的问题

1. 葡萄酒价格偏差较大

目前我国的葡萄酒价格基本比较稳定，我国消费者对葡萄酒的认知相对较少，对葡萄酒的品鉴能力也有限，且葡萄酒的价格完全取决于市场的调节和经销商的自主行为，这也导致进口葡萄酒市场出现了卖家随意定价，买家仅凭价格来预估品质的现象。进口葡萄酒市场没有形成有效的标准和机制。不少国内进口商低价购入国外较差的葡萄酒，再以成倍的高价卖出来赚取差价。这些行为导致整个进口葡萄酒市场的毛利率较高，产品的价值与价格相差较大。

2. 渠道控制不足

对于进口葡萄酒来说，生产商和消费者之间的中间商过多，导致葡萄酒流通成本增加，使得零售终端价格虚高。另外，由于葡萄酒流通成本过高，导致渠道成员的利润得不到有效的保障，再加上渠道结构过长使得企业对渠道成员的控制不足，导致渠道成员忠诚度不高。很多商家利润微薄，难以维持企业的经营，进口葡萄酒行业已不复往日的暴利时代。电子商务的兴起使得葡萄酒的价格更加透明。

3. 缺乏品牌效应

除了拉菲、奔富、卡斯特、香奈、黄尾袋鼠等几个全球有名的品牌外，我国进口葡萄酒的市场中还有来自全球各地的其他葡萄酒品牌。目前，我国进口的葡萄酒产品多达几十，乃至上百万种。多数进口葡萄酒产品的知名度不高，其质量也存在较大的差别。由于进口葡萄酒的利润空间较大，假冒伪劣的进口葡萄酒较多，导致多数消费者对进口葡萄酒存在误解。例如，当法国拉菲公司公开质疑中国市场的拉菲葡萄酒销量数据有问题时，中国葡萄酒消费者对进口葡萄酒的信任再度降低。

4. 促销手段单一

在许多媒体上，可以看到各式各样的葡萄酒广告，人们听得多了某些品牌，自然会对这些品牌有印象，但怎样能够购买这些产品，消费者却无从知晓。一些进口葡萄酒经营者没有真正理解中国酒业市场及中国的酒文化特点，生搬硬套国外的推广方式，脱离产品的文化背景，缺乏渠道的规划，陷入传统的中国酒式的市场推广及招商模式，资本运作的持久力也难以维持。

5. 线上到线下的障碍

从线上到线下的整个环节中，消费者通过移动客户端获得这个产品的相关信息。其中从线上到线下的过程中不仅是实际距离的障碍，消费者可以通过互联网端看到产品信息，但却很难真正从实体店体验到这个产品，难以了解葡萄酒的颜色、口味、气味等。此外，有可能会出现线上和线下信息不对等的相关问题，如线下的产品不能及时地在线上进行推送，消费者无法通过线上找寻这款葡萄酒的最新款，但其实这款葡萄酒的最新款已在线下开始供应。

6. 缺乏数据分析与数据挖掘

与传统进口葡萄酒零售企业相同，都特国际为消费者提供了线上和线下两大类渠道。线上渠道包括微博、微信、论坛、线上商城等，而线下渠道有不同定位的实体店和体验店等。每一天，不同渠道、不同类型的终端都发生着大量的交易，但这些大量的交易数据只实现了基础的采集，分析与挖掘数据的过程却没有完成。目前，进口葡萄酒零售企业因渠道割裂严重、数据孤岛等问题，还停留在线上线下渠道数据整合、服务联动的层面，由此带来的资源浪费非常明显。

7. 缺少大数据精准推送

传统进口葡萄酒零售商和实体店的关联较弱，这导致进口零售商对消费者的识别度低，无法进行分析与判定消费者的消费习惯和消费偏好，无法对消费者进行精准的用户画像，从而无法对消费者精准营销，这也降低了零售商的营销效率。传统进口萄葡酒零售商不能及时了解到消费者的需求，而消费者也不能及时找到自己所需要的产品。

8. 缺少用户体验

随着电子商务的快速发展，传统进口葡萄酒零售商的线上渠道的发展逐步加速，但存在体验不足的"零售"通病。"新零售"的出现，重新构建了人、货、场的关系，即基于消费者需求研发产品，创造线上、线下不同环节的体验式的消费场景化。

4.3 D-D-D 精准营销新零售模式的构建及实施

为了解决传统进口葡萄酒零售商面临的线下渠道资源发达、但成本高，线上渠道的发展逐步加速、但体验不足，以及进口葡萄酒行业面临的其他困境，都特国际打造了 D-D-D 精准营销新零售模式，即数据化挖掘与整合（data-integrate）、数据洞察与分析（discover）、营销设计与实施（design）。

都特国际基于大数据和新零售的 D-D-D 精准营销新零售模式主要是通过三个阶段来实现的，如图 4-3-1 所示。数据挖掘与整合主要是挖掘企业日常经营管理数据、消费者存在于企业客户管理系统的数据、线上浏览数据、其他各类社交数据等，企业对这些数据进行聚合与整合，标准化地为营销部门提供可使用的可视化数据。数据洞察与分析主要是对可视化的消费者数据从多个维度进行分类，赋予不同的数据标签，以此为依据绘制出消费者的微观和宏观画像，洞察消费者的需求。营销设计与实施主要是通过前期数据分析结合新零售，实现对潜在消费者、来访消费者、会员消费者的分类洞察，对不同类型的消费者进行个性化广告内容以及需求的推送；借助场景营销和服务营销提高消费者对于进口葡萄酒购买体验；针对不同类型的消费者进行精准的产品定位、产品定价和个性化定制；针对不同的群体对销售渠道的需求。

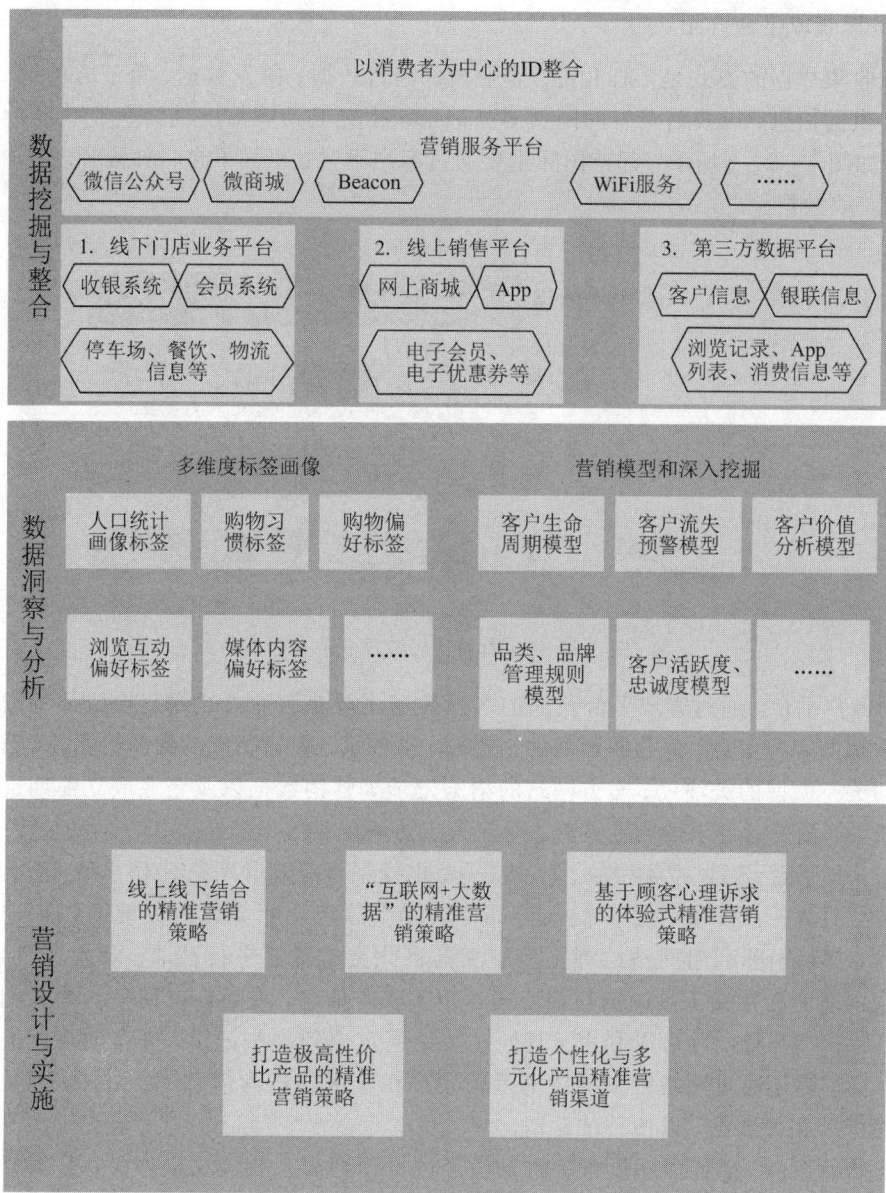

图 4-3-1 都特国际的 D-D-D 精准营销新零售模式

4.3.1 初始阶段:数据挖掘与整合

都特国际对消费者数据挖掘与整合主要分为以下两部分。

(1)获取大量数据。针对不同来源的数据采用不同的数据获取方式,海量的数据为后期分析、整理奠定基础。

(2)整合大量数据。通过数据的整合及标准化处理,将原来静止的、孤立的、片段化的数据整合成动态的、相互关联的用户数据链,这便于企业在后续营销活动中有针对性地开展精准营销活动。

1. 数据获取平台介绍

企业收集数据的方式是多样化的。企业内部销售数据、研发数据、第三方的调查报告、合作者提供的信息，以及消费者的网页浏览记录，社交工具等都已成为企业获取数据的有效渠道。如图4-3-2所示，都特国际主要通过客户平台、工具平台、产品平台、合作伙伴4个渠道获取数据。

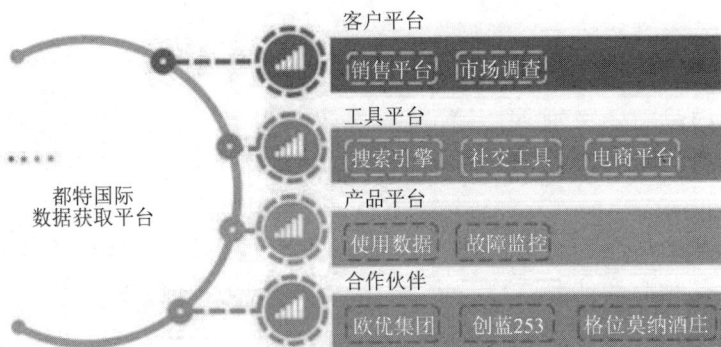

图4-3-2　都特国际数据获取平台

（1）客户平台。通过客户平台获取的客户数据主要来自企业内部，包括都特国际销售平台所掌握的客户信息、葡萄酒产品的销售额、销售量、葡萄酒产品的畅销度等，营销部门所掌握的关于微博的关注度、官方网站的浏览记录等营销数据以及企业成立前期进行的市场的分析，如消费者需求的问卷调查、专业人士访谈记录等。

（2）工具平台。通过搜索引擎、社交工具、电商平台等互联网工具对潜在消费者进行数据收集。当消费者在搜索引擎中键入与都特国际产品定位相契合的关键词（如"进口葡萄酒"等）时，都特国际利用网站的浏览检测工具将此类信息流进行截取，录入客户数据库。而当大众消费者在社交工具浏览与都特国际相关联的信息，或者在电商平台购买相关的进口红酒产品时，都特国际可以利用工具通过关键词定位到这些记录，并自动将此类信息流截取。都特国际还通过网络爬虫等技术追踪用户在全网的行为信息，根据关联规则，收集其行为偏好等相关数据，以便精准营销。

（3）产品平台。都特国际致力于研发生产进口葡萄酒及相关文创产品，其零售实体店亦体现在购买产品时所填写的资料能自主向公司反馈数据。都特国际会进行顾客回访收集数据。一方面是葡萄酒评价的数据，从侧面反映出消费者需求及习惯；另一方面是异常情况的数据，对葡萄酒进行实时监控，及时解决产品出现的问题。

（4）合作伙伴。战略合作伙伴的数据也是都特国际数据库的重要部分，如欧优集团、格拉莫纳酒庄、创蓝253等。都特国际主要通过销售平台（如天猫、京东等）中的数据了解消费者需求的特征。此外，微博、微信朋友圈等社交平台也是都特国际收集进口葡萄酒产品数据常用的渠道。

2. 数据的挖掘利用

建立数据库的目的是更好地构建用户画像。都特国际对数据库进行处理后，得出了构建用户画像的三种类型的信息。

（1）基本人口属性，包含了自然属性、社会属性，如年龄、性别，职业、收入、人生阶段等。

（2）行为偏好，这个数据主要是用户在浏览页面时的行为来推断出来的，如个人偏好等。

（3）能力属性，通俗地说，就是消费者购买产品时产生的数据，如购买的商品平均单价、退货率以及评价反馈等。都特国际挖掘数据可用六种方法对客户进行准确定位（如图4-3-3所示）。

图4-3-3　都特国际的挖掘数据方法

都特国际的数据处理可分为原始数据层处理和事实层数据处理两大过程。

（1）原始数据层处理。都特国际收集消费者的浏览记录结合，确定年龄、性别、收入等基本信息，结合线上线下的消费行为、微博等社交平台数据，采用数据挖掘的方法，对数据进行处理，使得用户数据得以标识和匹配，尽可能多地提取出相似的消费者的年龄分布、性别比例，消费者行为偏好等事实层数据。

（2）事实层数据处理。在对事实层数据处理的过程中，都特国际采取的主要方法是建模。通过对事实层数据进行建模分析，利用特征、偏差分析等方法，可以对用户的偏好作出预测，从而对没有收集到的客户信息进行挖掘，得到人口属性、产品购买偏好和用户关联关系等数据，以便更好地开展营销活动（如图4-3-4所示）。

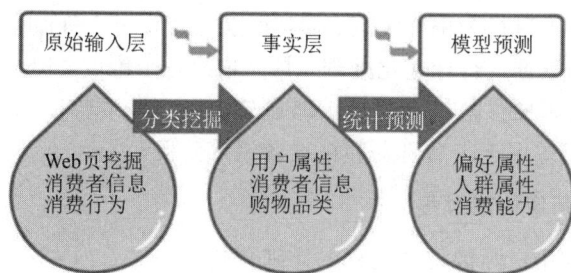

图4-3-4　都特国际数据处理过程

经过以上两层的数据处理，都特国际将大量、杂乱的原始数据转化为构建用户画像所必需的基础型信息。

4.3.2 中间阶段：数据洞察与分析

数据洞察与分析是精准营销的重要环节，主要是围绕消费者数据，弄清消费者的属性、需求与特点，并利用大数据技术进行用户画像。用户画像让企业从追踪消费行为升级到抓住消费者内心。消费者行为受到个人、文化、社会、心理等众多因素的影响，更准确地了解消费者，才能更精准地策划营销活动。

1. 用户画像的构建和利用

都特国际探索的大数据精准营销是个动态循环的过程。都特国际探索的大数据精准营销是指在实施前、实施中和实施后不断地实现更精准的大数据精准营销。用户画像是大数据精准营销实现的最重要的基础性部分。如图 4-3-5 所示，用户画像构建过程可分为以下四个步骤。

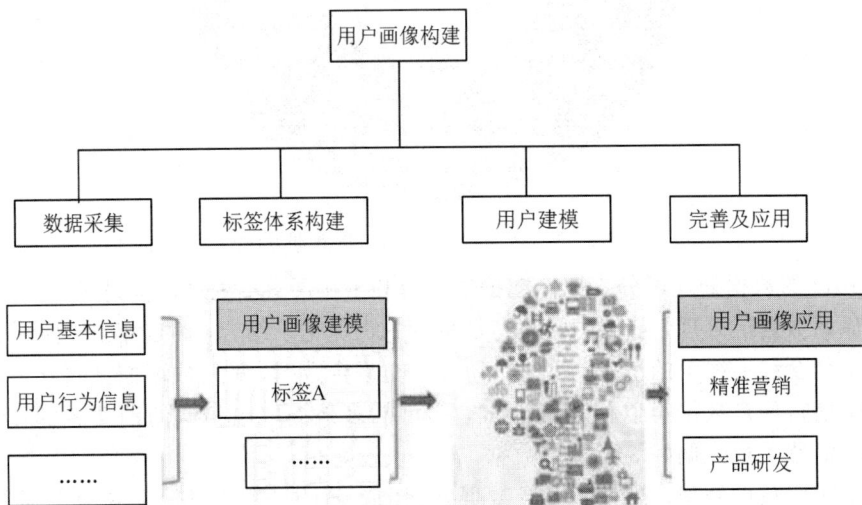

图 4-3-5　用户画像构建过程

（1）分析宏观环境，数据采集，对消费者分层，确定目标人群。

（2）初步确定构建用户画像的几个维度指标。例如，海尔公司在构建用户画像时，采用了人口统计属性维度、人口行为偏好维度、用户购买维度、用户价值维度等维度指标。

（3）对数据库中的数据进行标签化处理，具体描绘各个维度，构建出初始的用户画像。

（4）运用初始用户画像参与精准营销策略制定，在实践中验证和完善用户画像。完善后的用户画像将被广泛应用于产品研发和精准营销等阶段。

2. 都特国际用户画像构建过程

以下是对都特国际用户画像构建过程的详细分析。

（1）确定目标人群。都特国际通过收集大量的二手资料，访谈业内人士，了解到关于进口葡萄酒的国家政策、消费升级的宏观环境，明确免税、"十三五"政策已成为进口葡萄酒行业的新风向。深受西方文化影响，都特国际将目标人群定位为追求高质量生活水平的中高端收入人群，包括理论型消费者、时尚型和健康型消费者。

（2）确定维度指标。都特国际依据前期所掌握的信息，确定了公司的目标人群，并为目标设定了人口属性、行为偏好、能力属性三个维度指标。

（3）用户画像标签化。用户画像是标签的集合，是标签体系所构建的特征空间中的向量特征。简单来说，用户画像标签化的过程就是对以上步骤所得到的用户属性、人群属性、消费能力等信息进行标签化的过程。该过程是数据库处理数据的另一种延续。例如，都特国际和创蓝 253 合作，将初步数据处理获得的事实层数据进行建模分析，得到模型标签，如人群属性、产品购买偏好和消费能力等；然后进行营销模型预测，利用模型预测层的结果，对不同的群体，建立营销模型，分析出消费者的活跃度、忠诚度等营销需求因素，便于都特国际进行产品的开发和完善。至今，都特国际已有超过 10 亿的营销数据 ID 沉淀，并构建了包含广告标签、用户标签、产品标签、消费标签等标签体系。

（4）用户画像的应用和完善。用户信息刻画的维度随着业务的需求的增加以及数据的获取与挖掘的深入不断得到完善。因此用户画像的构建不是一蹴而就的，而是在应用中不断进行修改完善的。

4.3.3　完成阶段：营销设计与实施

1. 线上线下结合的精准营销策略

1）社交媒体互动精准营销

随着社交媒体的快速崛起，越来越多的社交工具进入了我们的生活和工作中。以社交媒体为载体的各种营销模式也如雨后春笋般诞生，逐渐成为商家重要的新型营销平台。与此同时，消费者的需求也在新环境下呈现出了多样性、碎片化的特点，各品牌如何高效地利用社交媒体去分析和了解受众的需求，如何在新环境下选择正确的营销战略从而达到既定的目标，在新环境下对各品牌的营销提出了新的要求，而社交媒体下的精准营销已成为营销中不可或缺的战略选择。都特国际利用微博、微信和论坛等社交媒体在传播上的优势来收集不同受众的数据资料并进行分析，更好地确立自己的目标受众，进而确立自身品牌的精准营销策略（如图 4 - 3 - 6 所示）。

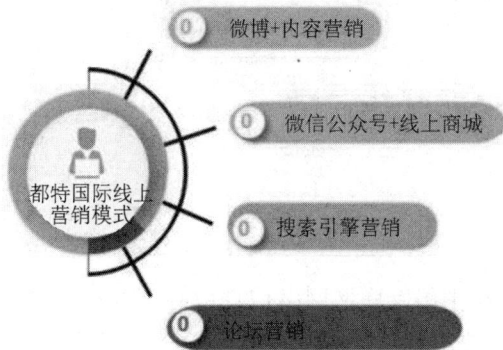

图 4 - 3 - 6　都特国际线上营销模式

（1）微博＋内容营销。都特国际通过微博，将具有相同兴趣的人汇聚在了一起，使得促销的目标更加明确，促销的目的更容易达成。都特国际在微博上建立账号，利用矩阵和链式传播系统进行品牌传播、建立公共关系和用户互动等（如图 4-3-7 所示）。都特国际将平台拟人化处理，以讲故事的方式坚持原创内容的产出，在微博上抓住当周或当天的热点，并持续跟进，保持话题热度。都特国际关注业内相关微博账号，保持互动，提高品牌曝光率，增强与消费者的互动。

图 4-3-7　都特国际官方微博图

（2）微信公众号＋线上商城。都特国际开设了微信公众号，设置了各种新品推荐和优惠活动，还增加了微商城和本公司的详细介绍。都特国际的微信公众号时常发布最新葡萄酒的资料，还会定期更新一些关于葡萄酒文化的文章，如图 4-3-8 所示。

图 4-3-8　微信公众号

（3）搜索引擎营销。据中国互联网网络信息中心（CNNIC）调查结果显示，搜索引擎是83.4％的用户得知新网站的主要途径。第十三次 CNNIC 调查结果显示：85％的网民在搜索结果页面的第一页作为他们所需要的网站，而排在第三页之后的网站被访问的概率不超过4％。由此可知，当企业出现在搜索引擎的前十位时，企业才有可能被其潜在消费者了解到，而通过购买关键词广告是实现提高搜索结果出现频次的重要途径。百度、Google 等主要搜索网站都提供关键词搜索广告服务。都特国际根据用户画像，分析潜在用户的心理，挑选与进口葡萄酒行业，葡萄酒文化行业相关的关键词（如都特国际，进口葡萄酒、西班牙葡萄酒）进行竞价排名。例如，当消费者想要了解进口葡萄酒时，在百度输入关键词后，在搜索界面便会出现关于都特国际的相关信息。"进口葡萄酒都特"在百度搜索界面如图4-3-9 所示。

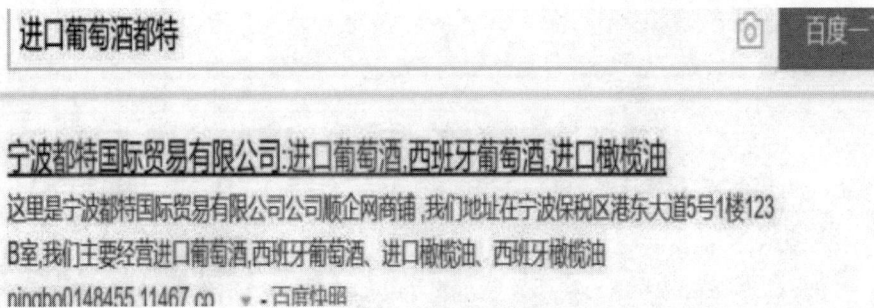

图 4-3-9　百度搜索界面

（4）论坛营销。都特国际和当当网联名合作了都特国际葡萄酒文化交流论坛。在这个论坛中，葡萄酒爱好者可以互相交流，讨论自己对于葡萄酒的爱好，以及自己有趣的葡萄酒品鉴方法，还可以推荐葡萄酒相关的书籍。该论坛可以很好地宣传都特国际的葡萄酒品牌，还可以帮助都特国际了解消费者的爱好和习惯，为精准营销打下基础。

2）实体店精准营销

都特国际在线下实体店采取跨界营销模式，如图 4-3-10 所示。针对不同的消费者需求，让消费者在线下实体店获得更好的体验，从而产生对葡萄酒兴趣和热爱。

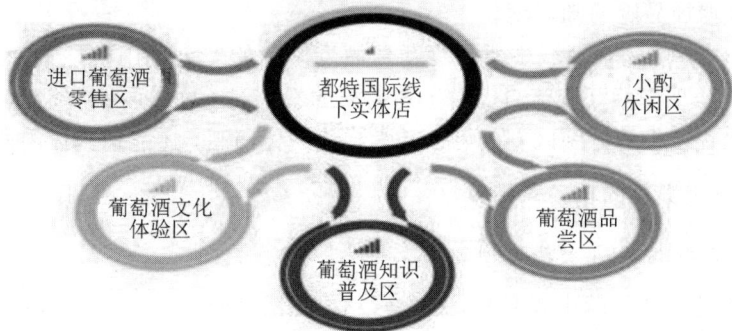

图 4-3-10　线下实体店五种体验区

（1）进口葡萄酒零售区。都特国际线下实体店将葡萄酒按种类、年份、颜色、味道、价位等进行分列放置；根据葡萄酒产地、年份、品种进行特定的组合；根据消费者需要推荐合适的葡萄酒，使消费者能一目了然。此外，都特国际线下实体店在场景营销上利用暖色调配上棕色木架来营造浓郁的西班牙风味。

（2）葡萄酒文化体验区。该体验区按照西班牙风格装修，提供西式风情、酒庄、美食三方面的体验。为了让广大消费者能有更好地体验感受，都特国际还专门从西班牙邀请了专业的米其林星级厨师来现场制作别具特色的西式餐点,让消费者尝到真正的西班牙美食。

(3)葡萄酒知识普及区。如图4-3-11所示,针对初次接触葡萄酒或是对其有兴趣的消费者群体,都特国际不定期邀请西班牙讲师来讲解葡萄酒知识和文化。除此之外,都特国际还聘请西班牙调酒师现场讲授关于调酒知识、调酒技巧以及葡萄酒饮用方法等。通过以上的活动不仅能提高消费者体验度,还能培养消费者对葡萄酒的兴趣。

图4-3-11 葡萄酒知识普及区

(4)葡萄酒品尝区。这个区域主要是都特国际为消费者提供葡萄酒让他们品尝的地方,特别是在有新品上市的时候,该区域会有专业的特调红酒师对其进行多种搭配。设立葡萄酒品尝区主要是为了让消费者能够找到属于自己心仪的那款酒,抓住消费者的偏好,同时做到精准营销,增加品牌的知名度。

(5)小酌休闲区。这个区域主要是为葡萄酒爱好者的一个休闲的地方。消费者在这个休闲的地方可以坐下来相互交流自己对于葡萄酒的看法,还可以向朋友推荐自己喜欢的葡萄酒品牌。消费者在小酌休闲区不仅可以品尝到优质葡萄酒,还能达到休闲放松的目的。

2. 互联网+大数据的精准营销策略

1)都特国际精准营销体系模型

随着互联网竞争变得越来越激烈,精准营销成为网络营销的下一个发力点。与此同时,精准营销仍面临着诸多难题,如何将企业内外部的数据融合以产生所需要的信息、如何让现有数据指导企业行为等针对上述难题,都特国际建立了一套基于用户画像的精准营销体系,如图4-3-12所示。

(1)市场调研和数据收取。通过收集大量的文献资料,访谈业内人士,充分了解国家政策,调研经济宏观环境,分析消费者的进口葡萄酒需求和进口葡萄酒行业的特征,再通过线上线下的平台收集数据,都特国际初步将目标人群定位为追求高质量生活的中高端收入人群,包括葡萄酒文化认知度高的懂酒人群、商务人士、私企老板和企业白领等新富人群、外国友人、中老年保健人群等消费型客户。

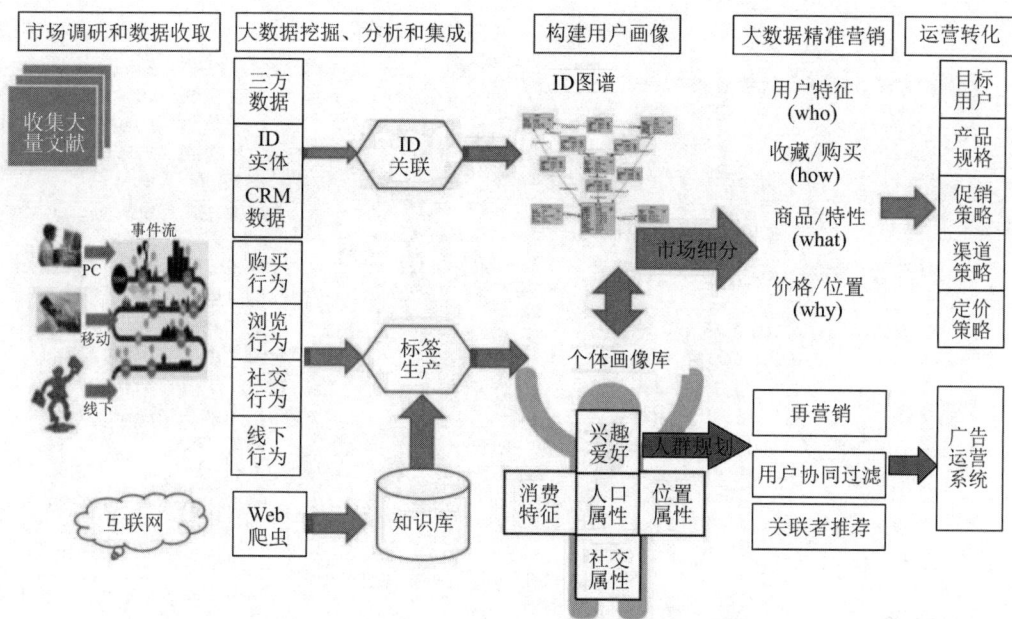

图 4-3-12　基于用户画像的精准营销体系

（2）大数据挖掘、分析和集成。都特国际通过客户、搜索引擎、产品等多种渠道全方面地获取客户的自然属性（如性别、年龄等）、社会属性、兴趣属性、能力属性，然后通过 CRM（Customer Relationship Management）等技术对数据进行数据集成，数据清理，数据储存从而形成数据库，为用户画像的构建提供坚实基础。

（3）构建用户画像。都特国际根据目标人群的信息，设立构建基础的维度，应用数据库对目标人群进行标签化的描述。都特国际构建用户画像并将其应用于指导精准营销策略的制定，指导精准营销活动的开展。

（4）大数据精准营销。都特国际以用户画像为工具进行市场细分，基于"4P"精准营销理论，提出了精准的产品策略，以满足消费者需求。都特国际建立多途径沟通渠道，形成良好的双向互动。都特国际重视线上线下结合的研发，为消费者提供便利。

（5）运营转化。确定用户画像后，都特国际精准地实行目标用户、产品规格、促销策略、渠道策略、定价策略运营策划。

2）大数据挖掘分析客户画像

通过数据处理、大数据分析以及消费者行为的问卷调查，都特国际得到了精准的用户画像模型（如图 4-3-13 所示）。例如，都特国际将基础目标人群中高端人群以职业属性为标准进行分层，如大学教授、互联网精英、金融精英等。以构建大学教授这一目标人群为例，都特国际从人口属性、行为偏好、能力属性三方面对围绕在这类人群的数据进行标签化处理。通过对其线下活动路径、线上朋友圈、微博等社交平台，搜索引擎线上活动路径的整理，形成标签，如学校、学生、严谨、受教育程度高等。通过上千个这样标签的描述，最终形成大学教授这一目标人群的用户画像。针对不同的目标人群都特国际构建了不同的用户画像，从而形成用户画像数据库。

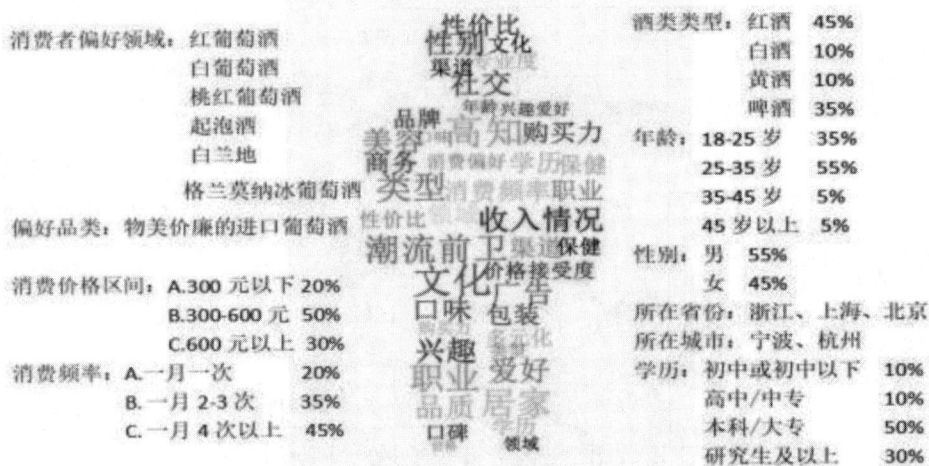

图 4 - 3 - 13　用户画像模型

3）都特国际会员精准营销系统

都特国际的会员精准营销系统重在收取消费者信息，利用线上线下结合收集信息，从而数据分析、划分市场、实行精准营销，提高消费者的忠诚度如图 4 - 3 - 14 所示。

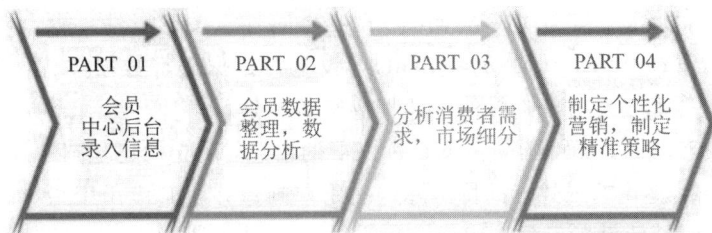

图 4 - 3 - 14　都特国际的会员精准营销系统的构建过程

（1）录入信息。都特国际不仅可以通过线上平台将注册会员信息录入系统，还可以通过门店里的人脸识别系统精准地找出消费者的个人信息。都特国际开发了店铺的人脸识别交互屏，通过人脸识别技术采集数据建立会员系统，并通过该系统向会员发放福利、红包、优惠券和礼品，大大提高了会员对品牌的忠诚度。

（2）数据分析。都特国际和创蓝523会员平台合作不仅释放了呼叫中心的压力，还发展了大量会员，加强了客户黏性。更重要的是，该合作搜集了大量的消费者信息和购买行为数据，这是精准营销的重要基础条件。面对庞大的会员客户群，都特国际通过会员数据分析模型，评估客户需求，进而定制个性化的精准营销方案。按照购买频次、购买金额、最近一次购买时间三个基本维度分类，都特国际对待不同类别的客户设置了不同的售后策略。

（3）市场细分。都特国际做精准营销的关键在于从数据中总结出信息，分析背后的消费行为逻辑。从数据分析可得：一次性购买多箱葡萄酒会员的复购率远远高于购买 1 盒会员的复购率。

（4）制定精准营销策略。在精准营销策略中，都特国际深入分析会员的生理需求和心理需求，创蓝253会员中心向会员提供呼叫中心热线、精准营销回访，面对面与消费者互动，让消费者能够及时解决所遇到的问题，让消费者更好地了解葡萄酒产品进而选择购买。都特国际应用先进的信息技术建立了会员积分体系，都特国际实施会员营销的核心是数据挖掘一定要与行为分析相结合。都特国际基于会员数据库，从数据挖掘中总结出信息；找出提升消费者体验的方法，以此作为精准营销的行动方向。

3. 基于消费者心理诉求的体验式精准营销策略

都特国际洞察消费者需求，贴近实际，研究消费者的生活形态及价值观，分析消费者生活习惯和消费行为，真实再现消费者的生活场景，勾画消费者的理想生活场景，将产品嵌入场景中，打动消费者，激发消费欲望。都特国际分别从感官、情感、思考和行动四个方面实施体验式精准营销策略，使得消费者获得独特的体验与感受。

1）感官体验策略

感官体验就是通过各种感觉来建立感官上的体验，促使消费者产生美学的愉悦、兴奋和满足。感官体验是基础体验。都特国际利用感官体验来吸引消费者，主要从视觉、味觉、嗅觉、触觉和听觉等方面来打造感官体验。

（1）视觉体验。都特国际为了给消费者营造出一种亲切、和谐、舒适的消费环境，从店面装修、葡萄酒陈设方式、酒杯样式、菜品搭配等方面展现浓郁的西班牙风格。都特国际在店面外观设计凸显西班牙文化风格，以红棕色为基调，在入口处摆放两个酒桶，让消费者在走进来的过程中就感受到浓郁西班牙文化（如图4-3-15所示）。都特国际在进口葡萄酒的销售包装上采用两层，外层是原木包装，内层采用深色的瓶身，酒标采用的是具有欧式风格的酒庄建筑标识。都特国际的其他产品的包装也是都经过精心设计的，瓶标图案大多采用能够体现公司文化的图片。这些设计均与目标消费者的审美观念相契合，并传递出沉稳、厚重的历史感，充分展现了"百年都特，传奇品质"的企业文化，体现出都特国际独有的文化，给消费者以优质、信赖之感，达到吸引消费者的目的。

图4-3-15　都特国际的视觉体验示意图

虚拟现实能很好地营造场景，给人身临其境的效果。都特国际运用VR技术，将葡萄酒的整个制作过程展现给消费者，让消费者深入其中，消费者可以更细致地了解葡萄酒的整个生产制作过程。VR技术可以让消费者在虚拟现实中感受种植葡萄的土地的细腻以及酿造过程的烦琐，拉近都特国际和消费者之间的距离，最大限度地还原都特国际背后葡萄园和酒庄的独特魅力。

（2）味觉体验。与白酒、啤酒的豪饮文化不同，葡萄酒的消费文化讲究的是品饮。通过味觉的鉴赏，消费者能够知道葡萄酒的品质。都特国际还会举办品酒会，让消费者进行现场品尝，届时会邀请著名调酒师根据不同消费者的偏好需求调制不同的口味，以味觉刺激消费者神经，从而调动消费者情绪，感受现场氛围，增强体验感。在佐餐中有一条重要的讲究，即"白酒配白肉，红酒配红肉"。在合适的配餐中才能将葡萄酒的口味特点展现出来，给消费者一个完整的葡萄酒品鉴体验。

（3）嗅觉体验。在品酒会上，都特国际会请专业的品酒师，对消费者进行指导，教消费者如何闻香。品酒师将酒倒入杯中后，带领消费者进行初次闻香，然后是摇杯再次闻香。这一系列体验行为让消费者感受到品酒的乐趣，让消费者更好地感受到葡萄酒独特的气味，沉浸在葡萄酒浓郁的香气中，从而得到一次与众不同的嗅觉体验。

（4）触觉体验。根据产品特征的不同，葡萄酒的最佳饮用温度也有所区别。在鉴品会上，都特国际会让品鉴者通过酒杯触摸葡萄酒温度，感受不同的酒温。为了让葡萄酒充分展示其特色，给品鉴者带来最大程度的乐趣，调酒师在品酒会时特别注意葡萄酒的温度，给品鉴者更好地品酒体验感。独特设计的瓶身通过不同的触感给消费者直达心底的感受，如底部深凹的经典瓶身、细小的直瓶形，还有用作纪念意义的 S 型独特瓶身，都给消费者一种触觉的不同体验感。

（5）听觉体验。品酒不只是视觉、嗅觉和味觉的享受，还有听觉的享受。由于噪声会影响消费者感官的感受，所以都特国际在品酒会上会保持场地的安静，给品鉴者一个安静舒适的环境。在醒酒的过程中，酒杯在摇晃过程中会产生碰撞的声音，刺激品鉴者的听觉。

2）情感体验策略

情感体验营销是一种人性化的营销，讲究以情动人。都特国际尽可能地满足消费者的情感和心理需求，通过情感交流使得消费者提高了对都特国际品牌的认知。从某种意义上说，营销人员并不是产品或服务的推销者，而是美好情感体验的缔造者。在情感体验中，营销人员的服务态度的好坏和专业素质水平的高低有着非常重要的影响。

（1）门店服务。如图 4-3-16 所示，在面对消费者时，都特国际要求员工倾听消费者声音，记得消费者名字，学会赞美，给足消费者面子并且一定要建立好消费者的资料，方便

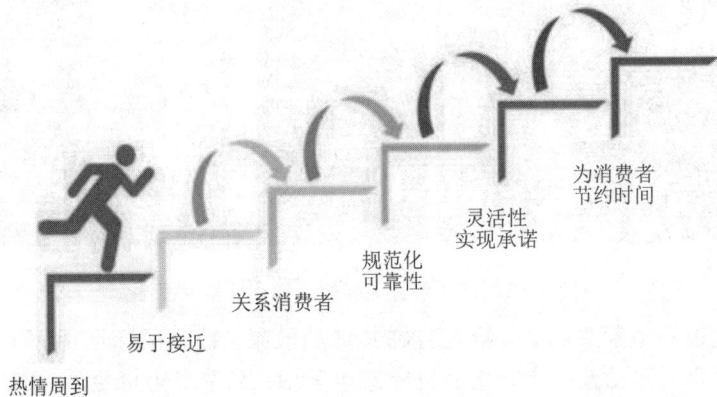

图 4-3-16　服务流程

了解和更好地提供服务，给消费者一种亲友间的真实关怀和家的温暖。在特殊的节假日内，都特国际在各地举办纪念活动时会现场赠送礼品，品尝新产品的服务，这些活动不仅可以宣传产品和品牌形象，还能有效的拉近都特国际和消费者之间的关系。不仅如此，服务环境也很重要，是影响服务质量的一个关键因素，"良好的服务环境"能给消费者舒适的购物体验。

（2）售后服务。都特国际设立了专门的售后服务部门，在消费者购买结束之后，适时进行电话沟通或者邮件沟通，了解他们对都特国际的看法，以及购物的体验满意度。根据消费者反映适时调整销售策略，并且将消费者数据输入自己的资料库，积累一段时间后对消费者的偏好度进行分析。此外，都特国际根据售后沟通反映情况进而挑选有价值的消费者回店享受葡萄酒交流会。他们可以在现场提出看法，收获小礼品，并且得到选购葡萄酒的优惠折扣。这为都特国际建立了良好的口碑，提升了都特国际的品牌形象。

（3）人员培训。都特国际十分重视对销售人员及相关人员的培训。都特国际聘请国内外资深营销专家对员工进行系统、规范的培训，保证培训的实务性和可操作性，并对员工有针对性的进行专业强化训练，全面提高营销人员的整体素质，给消费者更专业的服务体验。

都特国际不仅要求营销人员进行服务培训，还要求其对产品有专业的知识储备。都特国际员工出色的专业技能不仅仅能够增强消费者的信心和安全感，同时也影响能够服务质量。在消费者购买产品的过程中，给消费者提供专业的知识介绍，使消费者对产品有更深的了解，从而带给消费者温情又不失专业的服务体验。不仅如此，都特国际还要求员工控制一定要不良情绪，不要贬低竞争对手，否则会使消费者对你的人品产生怀疑。中国有句古话："说明非者 乃是非之人。"所以不在消费者面前贬低我们的竞争对手，有助于在消费者心里树立良好的品牌形象。

3）思考体验策略

思考体验是诉求于智力让消费者获得认知和解决问题的体验。葡萄酒具有丰富的品饮文化，从葡萄酒的诞生到现在已有上万年的历史。在漫长的发展过程中，有关葡萄酒的知识、技术不断发展丰富，虽然国内越来越多的消费者已经加入到了葡萄酒消费的行列，但他们对葡萄酒的知识和文化知之甚少，因而对消费者进行葡萄酒文化的传播是十分必要的。如今，消费者消费葡萄酒不仅是消费葡萄酒本身，也是在消费葡萄酒文化。对此现象，都特国际采用多种方式向消费者宣传和普及葡萄酒知识（如图 4 - 3 - 17 所示）。

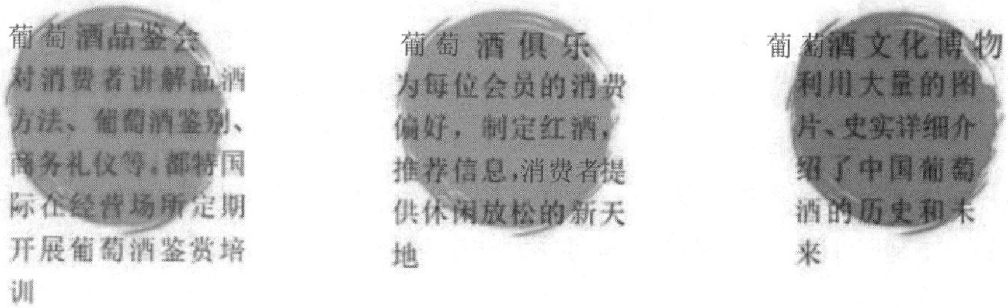

图 4 - 3 - 17　思考体验

（1）葡萄酒品鉴会。都特国际聘请西班牙品酒专家作为首席品酒顾问，每年在各地组织数场品酒会，向消费者讲解品酒方法、葡萄酒鉴别方法、商务礼仪等。都特国际在经营场所内会定期开展葡萄酒鉴赏培训，在目标消费者经常出入的场合（如高级酒店、俱乐部等）开品酒会、经理培训班开设葡萄知识培训课程等。

（2）都特国际俱乐部。针对国内消费者对葡萄酒文化的向往的状态，以及为消费者提供高档的具有文化内涵的兴趣组织的初衷，都特国际建立了都特国际俱乐部，这是与实体店销售脱离开来的俱乐部。都特国际会在官网和微博上招募兴趣相投的会员，会员享受独享的会员福利。所有的会员信息都会存入都特国际俱乐部，工作人员会定期发送优惠促销信息的邮件，并为会员提供葡萄酒精品课程预告，品酒会预告，葡萄酒庄园旅游报名信息等通知。都特国际也会根据每位会员的消费偏好，制定葡萄酒推荐信息。

（3）葡萄酒文化博物馆。都特国际的官方网站设有葡萄酒文化的专栏，消费者可以从中详细了解到葡萄酒的历史、分类、酿造、饮用及葡萄酒保健的相关知识，还可以免费领取一次参观葡萄酒文化博物馆的入场券。在葡萄酒文化博物馆中，消费者可亲手触摸一下历史上曾用过的酿酒工具，了解一下葡萄酒上百年的发展历史，见识一下西班牙的地下大酒窖。通过旅游参观，让消费者既能感受到葡萄酒悠久的历史，又能领略到其健康、自然、时尚现代气息。在参观过程中，都特国际利用大量的图片、视频详细介绍了中国葡萄酒的历史和未来，同时还投入大量资金新媒体上做相应的介绍，并取得了非常好的效果。都特国际通过葡萄酒博物馆的参观体验，不仅在消费者中有效地传播了葡萄酒知识，同时也大大提升了都特国际企业的知名度和美誉度。

4）行动体验策略

行动体验是消费者的积极性与主动性被调动起来从而乐于参与的体验，通过参与给消费者留下难忘的印象。都特国际具有丰富的葡萄酒文化，仅通过宣传与培训对很多消费者难以达到理想的效果，因而都特国际通过举办品酒会、庄园参观活动来吸引消费者参与。通过消费者的参与，都特国际为其带来更多的感性认识，以此来增强其切身体验，从而培养其对葡萄酒及企业产品的兴趣。

都特国际采用多种方式吸引消费者的参与，如图4-3-18所示。都特国际开辟西班牙酒庄与葡萄酒文化博物馆旅游以此带动消费者认识葡萄酒、了解都特国际，体验葡萄酒文化。酒庄内除了有一大片葡萄酒园之外，还有欧式酒吧、葡萄酒长廊、专业葡萄酒品尝室。消费者在这里既可以欣赏到田园风光，放松疲劳的心情，又可在专业人士的指导下，在园内采摘葡萄并将其酿成美酒，让消费者在行动中体验葡萄酒知识与文化的乐趣。

除了酒庄旅游外，都特国际还举办各种活动，如都特国际文化之旅有奖竞答活动、酒庄公主的评选活动、葡萄酿酒接力赛、酒琴演奏、花式调酒比赛、品酒对抗赛、葡萄大胃王比赛等。这些活动吸引了众多消费者的参与，让消费者在行动与欢乐中走近葡萄酒，接受都特国际的品牌。

都特国际文化之旅"有奖竞答活动、酒庄公主的评选活动、葡萄酿酒接力赛、酒琴演奏、花式调酒比赛、品酒对抗赛、葡萄大胃王比赛以及各种各样的互动游戏，让消费者在行动与欢乐中走近葡萄酒"

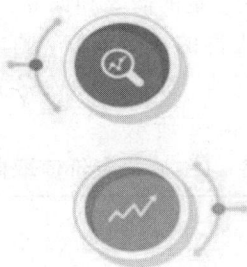

消费者可在园内采摘葡萄并亲自将其酿成美酒，从中体验葡萄酒知识与文化

图 4-3-18　行动体验

4. 打造极高性价比产品的精准营销策略

1）产品差异性

产品差异化是指同一产业内不同企业的同类产品由于质量、性能、式样、销售服务、信息提供和消费者偏好等方面的差异导致产品间替代关系不完全性的状况，或者说是特定企业的产品具有与同行业其他企业相区别的特点。差异化能使消费者对该企业产品产生偏好，使得企业在竞争中占据有利地位。都特国际的产品差异化策略主要体现在品质和文化方面。

（1）品质差异化。品质差异化主要体现在五个方面：

① 葡萄品质优良。西班牙是世界上葡萄种植面积最大的国家，地势以高原为主，间有山脉，保证了土壤一定的干燥程度，更有利于葡萄的生长。此外，西班牙的气候干爽、日照充分，有助于葡萄平稳地成熟并能维持一个相对平衡的甜酸度。

② 酿造工艺精良。西班牙葡萄酒起源于公元前一千年，在一代又一代的革新中不断突破现有技术，还原葡萄本身的味道，因此葡萄酒的香型完全以自然的水果香味为主。

③ 储藏条件良好。温度、湿度是葡萄酒储藏的重要因素，都特配备酒窖与智能酒柜，无论环境温度如何变化，都可保持葡萄酒的稳定，同时均匀疏散空气防止滋生细菌；

④ 葡萄酒全部原装进口。都特国际销售的葡萄酒均来源西班牙、法国等优质产区，保证优质的供货源，所有葡萄酒 100% 原装进口，为优质的产品提供了强有力的保障，这是其他酒店无法比拟的优势。

⑤ 西班牙葡萄酒有着严格的等级标准。都特国际进口的葡萄酒均来自西班牙法定产区及优质法定产区，所以都特国际进口的葡萄酒品质上等。

（2）文化差异化。在西班牙这个国家的广袤原野上，大多数仍是没有棚架、没有系绑、自然野放、恣意生长的葡萄园。众所周知，西班牙人和法国人一样，他们天性都比较浪漫和懒散。但与法国人不同的是，西班牙人在酿酒时也把生活中的散漫之气带了进去。在酿酒厂，一款酒酿好后，常常被置于酒窖中一放就是几十年，期间无人过问。虽说疏于管理，可是这种"弃养"方式却备受上天照顾，葡萄酒不仅没有氧化酸败，反而更加柔和、醇厚、芬芳。整个西班牙所酿造的葡萄酒色泽鲜艳，像热情奔放的女郎。

2）精准产品定位

精准营销要求产品与用户的需求是一一匹配的，这就要求企业对每一款产品必须进行精准定位。产品定位是在产品设计推广的过程中，通过广告宣传或其他营销手段使得本产品在消费者心中确立一个具体的形象的过程，在目标客户的心目中为产品创造一定的特色，赋予一定的形象，以适应消费者一定的需要和偏好。都特国际通过大数据、用户画像等技术确定目标用户，分析比较不同人群的消费偏好、国内市场整体销量，根据类别精准定位，消费者价值取向分类进行精准营销。都特国际根据葡萄酒产品特性和消费者价值取向的分类，进行精准产品定位如表 4-3-1 所示。

表 4-3-1　消费者价值取向分类

消费者分类	消费特性	价值取向
葡萄酒文化认知极高的懂酒人群	品质、文化	进口评分酒、庄园酒
经常在星级酒店和高档餐饮消费的商务人群	重品牌和广告效应、偏好高价酒	进口庄园酒、品牌年份酒
私企老板、企业白领等新富人群	高知、高收、喜欢交际、追求时尚、注重生活品质	广告推广力度大的品牌和定位、包装高档的酒
55 岁以上的中老年保健人群	注重自身保健和健康、看重价格因素	中低端葡萄酒和地方品牌葡萄酒

3）精准产品定价

有的人购物是需求，然而多数人购物是欲望，这是在细分市场中进行定价的一个很关键因素。精准的消费者定位在一定程度上决定了产品定价。根据客户的心理预期来制定价格更能被消费者接受。都特国际的目标群体包括商务人士、企业白领、葡萄酒爱好者、老人、大学生，精准产品定价如表 4-3-2 所示。

表 4-3-2　都特国际的目标群体

目标群体	人群特点	接受档次	推荐酒品
商务人士	拥有极高的消费认知	高档酒	骊歌雷亚红葡萄酒、赛萨纳葡萄酒
企业白领（以女性为主）	注重口碑传播、美容、广告	中高档酒	赛萨纳桃红葡萄酒、乐卡红葡萄酒
葡萄酒爱好者	注重文化品位	中高档酒	赛萨纳红葡萄酒、玛茜亚珍藏红葡萄酒
老人	保健	中档酒	卡特红葡萄酒、玛尔格斯红葡萄酒
大学生	追求潮流	中低档酒	玛尔格斯白葡萄酒

4）个性化定制

为了给消费者提供优质的用户体验，更好地满足消费者需求，都特国际的合作厂商与资深设计团队共同设计研发，使得各个系列造型不同，配色简约大方。

（1）瓶型：标准瓶型和凹凸的瓶型，一方面针对商务人士的严谨，适合较为严肃的场合，另一方面针对年轻人多元化的个性，富有活力、青春洋溢。

（2）材质：有色玻璃和透明玻璃。这样既能防止光线对部分葡萄酒酒质的破坏，也可以满足部分消费者喜欢直接看到实物真实颜色的需求。

（3）瓶贴：两种类型的瓶贴。一类是典雅型，富有艺术气息，突出品牌文化，符合进口葡萄酒的定位；另一类是个性化瓶贴，结合时尚元素，吸引消费者眼球。

（4）外包装：纸质和松木质。外包装突出优雅、简约、高品位的特点。

5. 打造个性化与多元化产品精准营销渠道

"互联网＋"背景下，企业在开拓营销渠道时，可以建立高效的个性化兼顾多元化产品精准营销渠道，即以缩短产品与消费者之间的渠道层级为原则，提高产品供需双方之间的信息沟通，增强产品终端市场消费者的消费体验。精准营销渠道建设成效的好坏很大程度上取决于产品营销系统运作的效率。对于不同产品，根据不同的消费者渠道，选取不同的营销渠道。对于青睐于网络购物的消费者，企业可以通过个性设计网站，增强网站吸引力、便捷性和易操作性，吸引这类消费者网络购物动机。对于不适合通过网络渠道营销的产品，企业应基于互联网营销的有利条件，扩大声势，基于一定市场影响力，结合线下营销来共同推进，融合线上和线下多元化营销渠道来带动营销规模，提升市场影响力。

1）线上线下全渠道营销体系模型

随着消费场景的多元化，消费者对于场景的选择也更加不确定，打通线上线下全渠道销售是大势所趋。特别是作为主力消费人群的 80、90 后，他们既钟情于线上消费的商品丰富、价格实惠、送货上门，但也同样乐于享受线下消费的即到即买、现场体验、质量可靠以及完善的服务。都特国际构建了线上线下全渠道销售体系，通过对接 PC 端、移动端和门店端，真正打通了线上线下双向数据，实现了全渠道客户、商品、进销存、营销、订单、服务等数据的无缝式对接，布局全渠道的运营管理，为其创新发展提供数据依据，同时为消费者提供一致的购物体验。

针对不同的群体对销售渠道的需求，都特国际选取不同的营销渠道（如图 4-3-19 所示）。对于偏爱网络消费的客户群体，消费者可以从微博、微信、论坛、电商等线上方式完成订单，通过数据分析使线下实体店抢单分配，并通过即时配送满足消费者 1 小时以内送达的需求。消费者也可以去区域自提点提取，减少配送成本。对于偏爱线下实体店消费的客户群体，消费者可以去线下零售店、俱乐部、体验店、无人销售柜购买产品。

2）积极探索无人零售渠道

随着消费结构优化以及消费升级，传统零售模式面临新的发展契机。基于线上线下平台融合形成的全渠道的商业模式，打造了提升消费者购物体验的环境。智能化、数字化技术的融入，无人零售或将改变零售渠道的模式成为未来发展趋势。

都特国际在新零售渠道方面不断加大投入力度，积极探索无人零售渠道。都特国际将无人智能酒柜植入酒饮消费场景，即"线下无人零售＋线上下单"，打造都特国际智能酒柜App，以创新的前置仓模式，打造最贴近进口葡萄酒消费者的新零售平台。消费者通过都特国际智能酒柜 App 可以查看无人智能酒柜内红酒情况、就近的智能酒柜摆放点以及查看最近的智能无人酒柜的距离等。消费者通过 App 下单，即可在就近智能无人酒柜处取走葡萄酒。

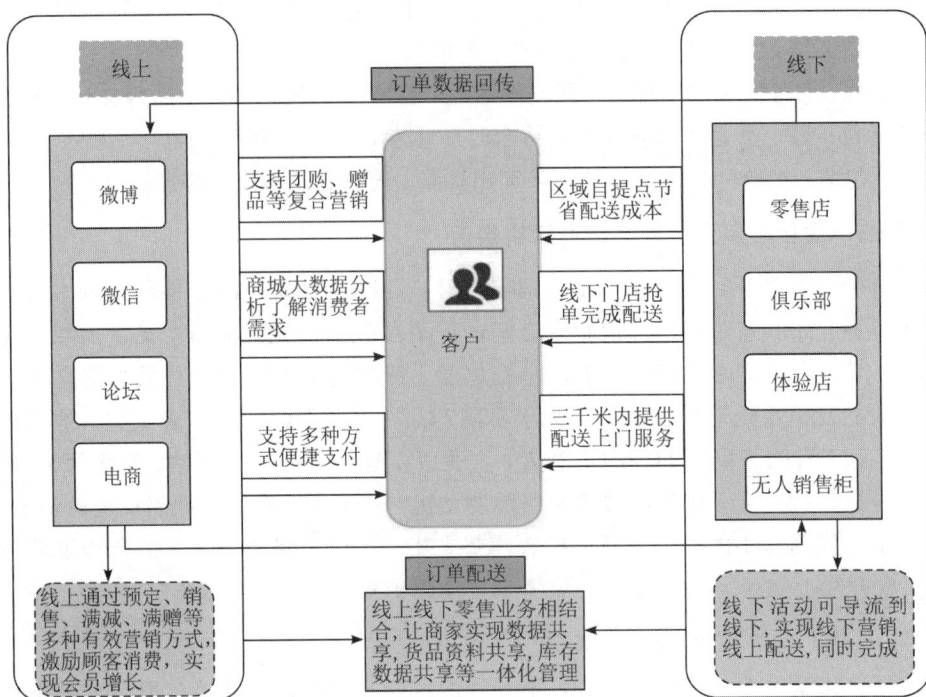

图 4 - 3 - 19 都特国际线上线下全渠道销售体系

4.4 案例总结

通过对都特国际的精准营销新零售模式深入研究与分析，并对其精准营销模式、精准营销策略，以及成功的精准营销经验总结出如下结论。

1. 打破数据孤岛深挖数据营销价值

传统零售企业拥有大量的存量客户的会员信息、交易记录等数据，但是这些数据是零散的、孤立的、互不关联的，也就是数据孤岛。如何将这些线上和线下数据进行整合、通过一个共同项将不同来源的数据打通，聚合形成数据链，变成消费者唯一的标签成为大数据在精准营销应用过程中的关键。都特国际通过数据的挖掘、整合及标准化，将原来静止的、孤立的、片段化的数据整合成动态的、相互关联的用户数据链，以便企业在后续营销活动中有针对性地展开精准营销。

2. 深度掌握客户属性与需求

通过数据洞察与分析可以获取消费者数据，弄清消费者的属性、需求与特点，利用大数据技术进行客户画像。都特国际构建了基于用户画像的精准营销体系，利用大数据挖掘技术分析用户画像，让企业从追踪消费行为升级到抓住消费者内心。分析消费者行为受到的文化、社会、心理等众多因素的影响，因此需要更准确地了解消费者，并针对数据深度分析更精准地策划营销活动。

3. 打造精准的产品定位

都特国际通过大数据、用户画像等确定目标用户，分析比较不同阶段人群的消费偏好、国内市场整体销量，根据类别精准定位进行精准营销。除此之外，为了给消费者提供优质的用户体验，更好地满足消费者的不同需求，都特国际的合作厂商与资深设计团队共同设计瓶身。各个系列的瓶身造型不同，配色简约大方，以设计配合产品。

4. 场景化营销提升品牌体验价值

与线上消费相比，场景化营销正成为实体商业的最大优势。都特国际以外界场景和内心感受两个方面来触发消费者的购物体验，正是这种购物体验驱使他们成为进口葡萄酒的爱好者、葡萄酒文化的追随与传播者、都特国际的忠实消费者。都特国际通过打造实体店氛围、VR 技术以及人工智能等手段从感官、情感、思考和行动四个方面实施营销策略，使得消费者获得独特的葡萄酒体验与感受。

5. 打造线上线下全渠道精准营销

在"互联网＋"背景下，企业在开拓营销渠道时，可以建立个性化和多元化产品精准营销渠道，即以缩短产品与消费者之间的渠道层级为原则，提高产品供需双方之间的信息沟通，增强产品终端市场消费者的消费体验。根据不同的消费者渠道，都特国际选取不同的营销渠道。基于大数据分析技术，针对不同群体对销售渠道的需求，都特国际选取不同的营销渠道来打造线上线下全渠道精准营销。

案例点评

大数据时代催生了营销方式的变革。企业必须要对数据敏感，将其作为变革营销策略的风向标。从营销角度来看，大数据技术的核心是挖掘、洞察、预测，全方位了解消费者的特征，掌握消费者的需求，强化与消费者的互动，最终提供符合消费者需要的商品与服务。如何有效地将庞大的用户信息、消费数据进行整合，并利用大数据技术实现精准营销，打造新型的营销模式，成为传统零售企业急需解决的问题。在新零售背景下，大数据赋能精准营销是大势所趋。

2019 年以来，进口葡萄酒行业发生了巨大的变化。成本上升、产品更新换代、消费升级、行业架构调整等问题接连不断，行业内企业纷纷在面临巨大压力的情况下寻找应变之策。传统进口葡萄酒零售企业面临着线下渠道资源发达、但成本高，线上渠道的发展逐步加速、但体验不足的"零售"通病。"数据驱动"理念成为线上渠道与线下渠道深层次融合的指引。如何整合消费者信息、挖掘潜在顾客、洞察消费者需求、实施精准营销，打造新型零售模式，成为传统进口葡萄酒零售企业急需解决的问题。

面对新趋势与新机遇，宁波都特国际贸易有限公司作为一家进口葡萄酒零售企业勇于尝试和改变，借助新零售和大数据赋能精准营销，实现了新零售模式和数字营销模式的互联，利用大数据技术、VR 技术以及用户画像技术带入线下零售模式中实现精准营销。

本案例通过文献查阅、实地调研、问卷调查、深度访谈等研究方法探究了都特国际借助新零售模式和大数据技术进行精准营销的具体做法，并总结出了都特国际的精准营销新模式(D-D-D)，即数据化整合与挖掘(data-integrate)、数据洞察与分析(discover)、精准营销策略与实施(design)。

在此基础上，本案例还提出了精准营销策略，分别是线上线下结合的精准营销策略、"互联网＋大数据"的精准营销策略、基于消费者心理诉求的体验式精准营销策略、打造极高性价比产品的精准营销策略和打造个性化与多元化产品的精准营销渠道策略。

本案例提出了针对传统进口葡萄酒零售企业新零售转型的启示，即打破数据孤岛，深挖数据营销的价值，深度掌握消费者的属性和需求去理解、尊重消费者并用数字化营销反哺消费者。都特国际通过线上线下营销全渠道数据支撑提高运营效益和消费者体验，基于大数据和精准营销体系打造精准的产品定位，以数字场景化营销提升品牌的体验价值以及建立高效的个性化和多元化产品精准营销渠道。

本案例助力传统零售企业做好大数据的精准营销，赋能企业营销数字化转型，重点从洞察消费心理、提升消费者体验、改善运营效率、再造智慧门店、重塑供应网络五大方面全面转型突破，借助数字化新兴技术，实现零售业务模式的颠覆式重构和智慧零售转型。

点评人：崔娜(宁波职业技术学院讲师)

案例五　新零售助力优衣库转型升级[①]

在移动互联网时代，O2O(Online To Offline)商业模式开始全面爆发。不管是传统行业的从业者，还是互联网的创业者，他们都纷纷涌进 O2O 领域。随着科技进步，消费者的消费水平日益提高，消费理念也发生了变化，消费者不仅对产品的品质有要求，更追求消费过程中的体验与感受。O2O 商业模式渐渐出现疲态，服装零售行业更是首当其冲，不少零售企业在转型过程中，存在盲目跟随、定位不明确、发展不平衡、产品品质无法保证等问题。部分企业不能把握时代发展的规律，对新零售时代的企业运营还很模糊，缺少在方法论上的借鉴。在市场巨变环境下，迅销公司的优衣库(UNIQLO)服装品牌表现优异，创下了骄人的销售成绩。2017 年上半年，优衣库在中国大陆的业务表现甚佳，加之控制成本、开支占收益比率改善，最终获得收益大幅增长，受到了业内各界广泛的关注。

5.1　优衣库公司概述

2016 年 10 月，马云在云栖大会演讲中第一次提出了"新零售"一词。阿里巴巴不再提"电子商务"。假设电子商务是摆渡的船，只从河岸这一头搬到另一头，取而代之的是发展新零售，由此引起了业内外相关人士的广泛关注，专家学者对新零售进行了深入交流研究，并认为简单的 O2O 商业模式已经不能满足企业蒸蒸日上的发展势头，大数据的出现与发展将带来新零售时代。大数据重新定义了人、货、场的关系，使得消费者的体验产生质的变化。

近年来，零售业的原有边界正在不断被打破，线上线下及物流呈现融合发展态势。零售企业纷纷开拓线上渠道，电商企业则开始探索线下模式。

5.1.1　公司介绍

作为迅销集团旗下的日本服装品牌，优衣库以"低价良品、品质保证"的经营理念，摒

---

① 该案例获得 2017 年浙江省大学生经济管理案例竞赛一等奖。作者：王丹、姚旭青、吕萍、楼舒浩。指导教师：余维臻。

弃了不必要的装潢装饰，采用了超市型的自助购物方式，以合理可信的价格为顾客提供商品。优衣库以 SPA(Specialty retailer of Prirate label Apparel，自有品牌服装专业零售商)模式在日本经济低迷时期取得了惊人的业绩，而今已成为国际知名服装品牌。

目前，迅销公司旗下多个品牌在日本、中国、英国、韩国、新加坡、法国、俄罗斯和美国等国家拥有 2000 多家店铺。迅销集团将中国市场视为未来最重要的全球战略市场。迅销集团旗下品牌——优衣库自建立以来就始终保持着快速攀升的经营业绩，并创造出了诸多服饰零售业的奇迹，成为全球时尚界独具魅力的休闲服饰品牌。

2002 年，优衣库开始进入中国市场。2017 年 5 月，中国的优衣库店铺已经超过了 500 家。中国已经成为优衣库最大的海外市场。然而，优衣库最初进入中国市场时发展并不是很顺利。2006 年，优衣库在中国开始采取本土化战略，并顺应线上销售发展。优衣库在中国实行了 O2O 商业模式，在 2016 年的"双十一"购物节中，优衣库以 2.6 亿元的销售额排名全类目中服饰企业榜单第一。这标志着作为中国快时尚的领军品牌，优衣库在线上市场取得了胜利。

5.1.2 优衣库营销模式分析

1. 优衣库的产品革新

优衣库的产品定位是"人们优质的生活必需品"，满足人们的物质需求为主，服务中低产阶级的广大消费者。其目标是在看似简单的款式中展现新意、美丽和动感，通过面料的技术创新与面料的合理使用来提高服装的附加值，打造"低价格、高品质"的营销理念。优衣库产品革新过程如图 5-1-1 所示。

图 5-1-1 优衣库产品革新过程

2. 优衣库的 SPA 模式

优衣库现已建立起成熟的集商品策划、生产、流通、销售于一体的 SPA 模式(如图

5-1-2 所示)。该模式完全由同一个企业经营管理,从而有效减少企业价值的效率流失、在库存积等弊端。优衣库的 SPA 模式大大简化了产品的流通环节,使企业能够迅速对市场作出反应。

图 5-1-2 优衣库的 SPA 模式

3. 优衣库的 O2O 模式

为了进一步驱动我国服装零售业发展,产生了一种将网络和实体相互融合的商业模式——O2O 模式。

网络零售的优势在于交易双方信息对称带来的低成本,交易场所突破物理空间的高效率,以及由海量数据带来的高附加值。实体零售的优势在于可以提供面对面的客户消费体验服务,拥有零售管理经验和完善的售后服务体系,掌握渠道展示、仓储物流等资源。O2O 模式使得传统的"企业→批发商→零售商→消费者"模式被打破,形成了"企业→消费者"模式,实现了现代电子商务模式与传统营销方式的创新融合。在云栖大会上,马云首次提出了"C2B+F 模式"。C2B+F 模式是指消费者(Consumer)到企业(Business)加上金融服务(Financial Services)的商业模式。C2B+F 模式是交易平台创新型"商品零售交割模式"。

目前,服装企业在新零售上比较有代表性的是优衣库。优衣库以门店消费作为核心,新零售模式作为一种为线下门店服务的工具,为实体店导流来提高其销售额。其具体表现如下:

(1)优衣库 App 上所展示的优惠券、二维码都是专门为门店设计的,只能在实体店内才能扫描使用,实现从优衣库 App 直接引流到门店。

(2)优衣库店内商品和优惠券的二维码也是专门为优衣库 App 设计,只能用优衣库 App 才能扫描识别,从而将线下门店里的消费人群吸引到线上,提高了优衣库 App 下载量和使用率。

基于优衣库 App 的优质功能,这些优衣库 App 的使用者又会成为门店更忠实的消费者,从而形成良性循环(如图 5-1-3 所示)。

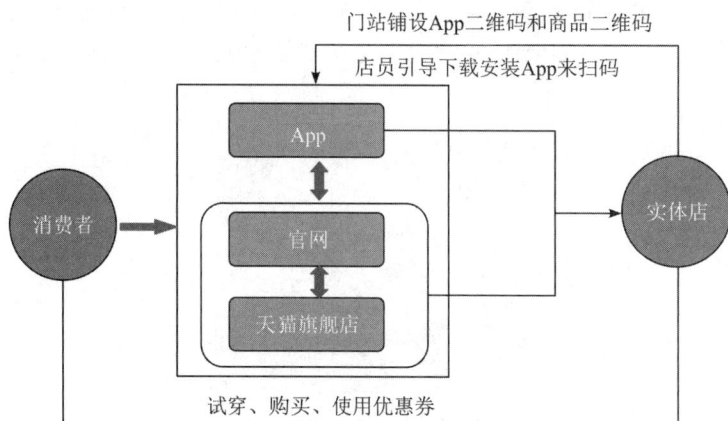

图 5-1-3 优衣库的 O2O 模式

5.1.3 优衣库现状分析

1. 宏观环境分析

1) 传统经营模式发展增速放缓

据中华商业信息中心统计数据可知,我国服装零售价同比增速在 2008 年至 2011 年间不断上涨,并于 2011 年出现拐点,此后增速逐年放缓。而服装零售量的同比增速要比零售价早一年出现拐点;服装零售额在 2011 年前尚能维持在 20% 的同比增速,2011 年后该项数据也持续下降,2013 年的零售额同比增速仅为 11.6%,增速同比放缓 6.4 个百分点,为近年来的最低值。2014 年至 2016 年,互联网的大力发展,传统经营模式增速持续走低。

据国家统计局的数据显示,我国服装零售业企业的收入和利润增速在 2008 年至 2012年间均呈现明显放缓态势,由 2008 年的 48% 的增速下降到目前的 25% 上下的水平。不过,在 2011 年后出现了成本增速下滑、收入增速持平、利润增速出现反转上升的势头。2012 年之后成本、收入、利润都呈平缓上升趋势。

我国服装零售业所依赖的传统实体零售模式正在遭遇前所未有的挫折,"开店+提价"的扩张策略失效。以 13 家在中国 A 股上市的服装类公司为参照,服装企业的销售门店平均增速已经从 37%(2008 年)的年增长下降到 4%(2013 年)的年增长。2014 年上半年,这一数据已经下降为 -2%,这 13 家公司中有 8 家都出现了门店数量负增长现象。2015 年至 2016年,增速持续下降。我国服装零售业亟须模式创新来改变行业颓势。

2) 新技术为新零售发展提供支持

零售业每一次的升级和进步,其背后的本质是销售效率的提升和技术的飞跃。建立在消费升级的基础之上的新零售概念在中产阶级的快速兴起,即消费者对于个性化的追求,对于服务的特殊要求会倒逼零售的整体升级。在人口红利逐渐消失、电商渗透率逼近天花板时,阿里巴巴提出了新零售的概念:企业将以用户数据为核心的电商和以体验为核心的传统零售商融合发展，来满足消费者的需求。而大数据的收集与运用是新零售的根基，消费变革的起点一定是在离消费者最近的地方，其中最关键的一环是要提升自身的数据能力，真正实现以用户体验为中心的经营模式。随着新技术的发展与应用，中国零售行业将创新出更多的新玩法，这才是新零售的真正意义。

新零售远非线上和线下融合这么简单。单单将新零售看作是线上与线下的融合就有些脱离了它本身的内涵与意义，新技术的应用、商业逻辑的重构、用户体验的全新升级都是新零售的内涵。阿里巴巴的淘咖啡、无人便利店都在为我们展示着新技术应用到新零售后，给人们的购物体验带来的翻天覆地的变化。例如，人脸支付可以获得全新的支付体验；智能收款系统可以减少人力成本的支出；由工厂直供的商品供应模式让商品供应实现真正意义地去中间化，从而减少了商品供应过程中的物流成本和人工成本。

新技术的应用带来的用户体验的提升、商业模式的整合所带来的零售行业效率的提升、零售行业的整合带来的新发展动力都将成为新零售的推动力量，为新零售发展提供支持，从而让新零售成为互联网时代的全新风口。

2. 微观环境分析

从优衣库的实践中可以发现，零售业正步入消费需求急剧变化的新时代。消费主体、消费者行为以及消费观念等发生了"颠覆式"变化，对服装行业带来了强大的冲击。进入 21 世纪后，消费主体逐渐趋于优化，高收入人群占比增大。从消费行为来看，互联网的"迁移者"（70 后、80 后）及"原住民"（90 后、00 后）对网络零售的依赖不言而喻，他们对实体零售的场景化、休闲化需求并存；从消费观念来看，"新消费群体"消费的从众心理逐渐淡化，而时尚、绿色的品质化消费及定制化、DIY 的个性化消费趋势日益明显。消费者消费维度也发生了质的转变，体验式消费渐占据主导地位。

1）消费者主体分析

根据阿里研究院和波士顿咨询公司于 2015 年 12 月联合发布的数据可知，富裕人群（家庭可支配月收入在人民币 24000 元以上）和上层中产（家庭可支配月收入为人民币 12500～24000 元）的家庭数量逐年上升。这两个阶层的家庭数量占中国家庭总数的比重在 2010 年和 2015 年分别是 7％和 17％，这一比例在 2020 年达到了 30％（如表 5 - 1 - 1 所示）。这两类家庭的消费额差距是巨大的，富裕人群和上层中产的家庭月消费总额是准中产与低收入的 16 倍之多。

表 5 - 1 - 1　富裕人群、上层中产占家庭总数的比重

阶层	准中产与低收入	新兴中产	中产阶级	上层中产	富裕人群
2010 年	55％	26％	12％	5.8％	1.2％
2015 年	33％	27.2％	22.8％	13.6％	3.40％
2020 年	20％	23％	27％	22.5％	7.50％

（数据来源：中华商业信息中心）

我们把生于 1980 年、1990 年、2000 年的中国人称为"新世代"。据阿里研究院和波士顿咨询公司调查显示，富裕人群、上层中产和"新世代"群体将成为消费的主力军，这类人群非常注重消费体验和购买效率。因此，集线上营销效率和线下体验优势于一体的"店商＋电商"的新零售模式将广受欢迎。

2）消费者行为分析

互联网商用的发展促使消费者主权地位的提高，网络营销系统巨大的信息处理能力为消费者挑选商品提供了前所未有的选择空间。消费者行为也随之发生了以下变化。

（1）消费者选择商品趋于理性化。网络营销系统巨大的信息处理能力为消费者挑选商品提供了前所未有的选择空间，消费者会利用在网上得到的信息对商品进行反复比较，以决定是否购买消费者选择商品更加理性。

（2）消费者积极主动，更加内行和自信。由于消费者能接触到更多的信息和有更多的选择机会，他们不再被动地接受他人的观点和信息，不再消极地购买和消费，而要求积极掌握主动权。

除了能够满足购物需求外，消费者在购买商品的同时还期望得到许多信息，并得到在传统商店没有的乐趣。人们在现实消费过程中出现了两种追求的趋势：一种是工作压力较大的消费者以方便购买为目标，他们追求的是尽量节省时间和劳动成本；另一种是由于劳动生产率的提高，自由支配时间增多，他们希望通过消费来寻找生活的乐趣。今后，这两种消费追求将会在较长的时间内并存。

影响消费者做出消费追求行为的因素主要有以下三点：

（1）产品价值因素。由于消费水平的提高，消费者不仅考虑产品或服务的功能，还追求产品的附加价值。同时，消费者强调物有所值，不盲目地追求品牌和档次，其特征集中表现为"交叉购买"和注意价值导向。

（2）个性化需求因素。个性化已逐渐成为现代人性格的一大特征。目前，许多消费者已进入明显的个性化消费阶段，过去那种"忠诚度同质化"的状况正逐渐淡化，使网络消费需求呈现出差异性。

（3）产品价格因素。从消费的角度来说，价格不是决定消费者购买商品的唯一因素，但却是消费者购买商品时肯定要考虑的因素。网上购物之所以具有生命力，重要原因之一是网上销售的商品价格普遍较低。尽管经营者都倾向于以各种差别化来减弱消费者对价格的敏感度，避免恶性竞争，但价格始终会对消费者产生重要影响。消费者可以通过网络来与厂商讨价还价，因此产品的定价逐步由企业定价转变为消费者引导定价。

3）消费者体验维度转变

中国正步入消费需求急剧变化的新时代，随着消费者的消费观念从传统的"物质"消费逐渐转向"体验"消费，便捷、有趣、个性化的消费体验能够促使消费者的购买。消费者追求的不仅是优质的产品服务，还注重消费过程中的情感体验，因此能否给消费者提供独特且有趣的产品和服务成为企业能否在接下来的竞争中处于领先地位的关键。根据阿里研究院发布的新消费指数《品质消费指数报告》可知，2016 年，阿里零售平台高端消费达到 1.2 万亿元人民币,占总消费的比例明显上升,且未来的品质消费还呈现出原创、智能、绿色、精致、全球化及体验化趋势。中国消费升级趋势将日益放大网络零售和实体零售的劣势,使消费者体验价值维度发生变化。未来,两者唯有深度融合才能更好地迎合消费升级趋势的挑战。

由图5-1-4可以看出,消费者的消费行为已经改变。在电商消费时代,消费者通常是先购买,再体验。消费者通过线上下单,等到商品真正到达消费者手中时,消费者才会真正体验到这款商品的好坏。而随着新零售时代的来临,这种消费模式发生了很大的改变,其中最为根本的一点就是先体验,再购买。消费者在看中一款商品之后可以借助新工具(如VR、AR等)进行线上体验,或是在线下的实体店进行体验,根据体验效果再下单购买。

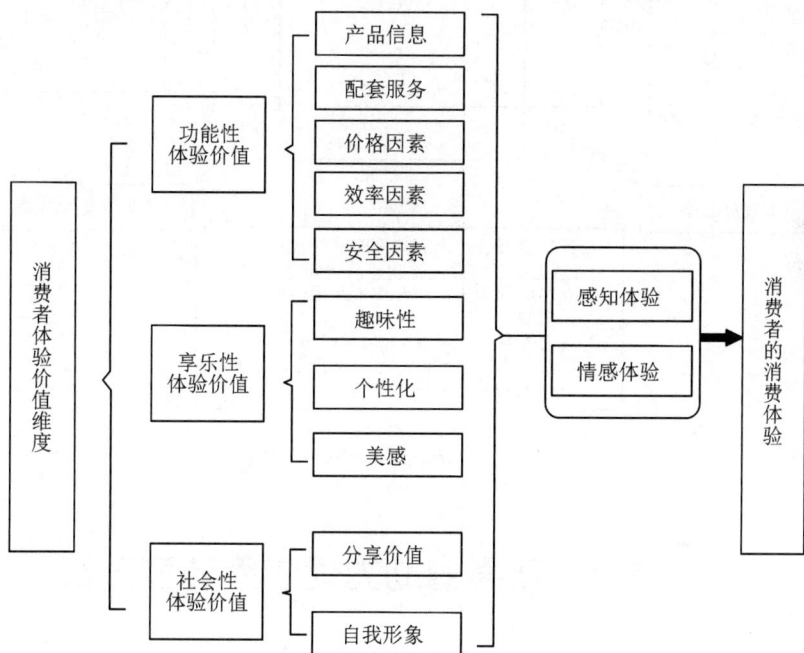

图5-1-4　消费者体验价值维度

按照这种逻辑,新零售企业真正提供给用户的将不单是购物的方便、快捷,还应包含真实、品质等元素。新模式的出现也昭示着以体验带消费的时代正在来临,这种新模式的形成正是基于当下消费升级的大环境下产生的。

3. 优衣库的SWOT分析

如图5-1-5所示,优衣库具有经营模式商品性价比高、服务人性化和完备的网络营销渠道等优势,但其商品价格在中国市场优势不大,且其在物流信息技术和管理水平上有待提高。在竞争条件方面,中国消费者形成了O2O消费习惯,优衣库占领了网络消费的先机,这使得优衣库有了长足发展,但服装零售行业竞争压力和网络营销的文化差异为优衣库带来了潜在的威胁。

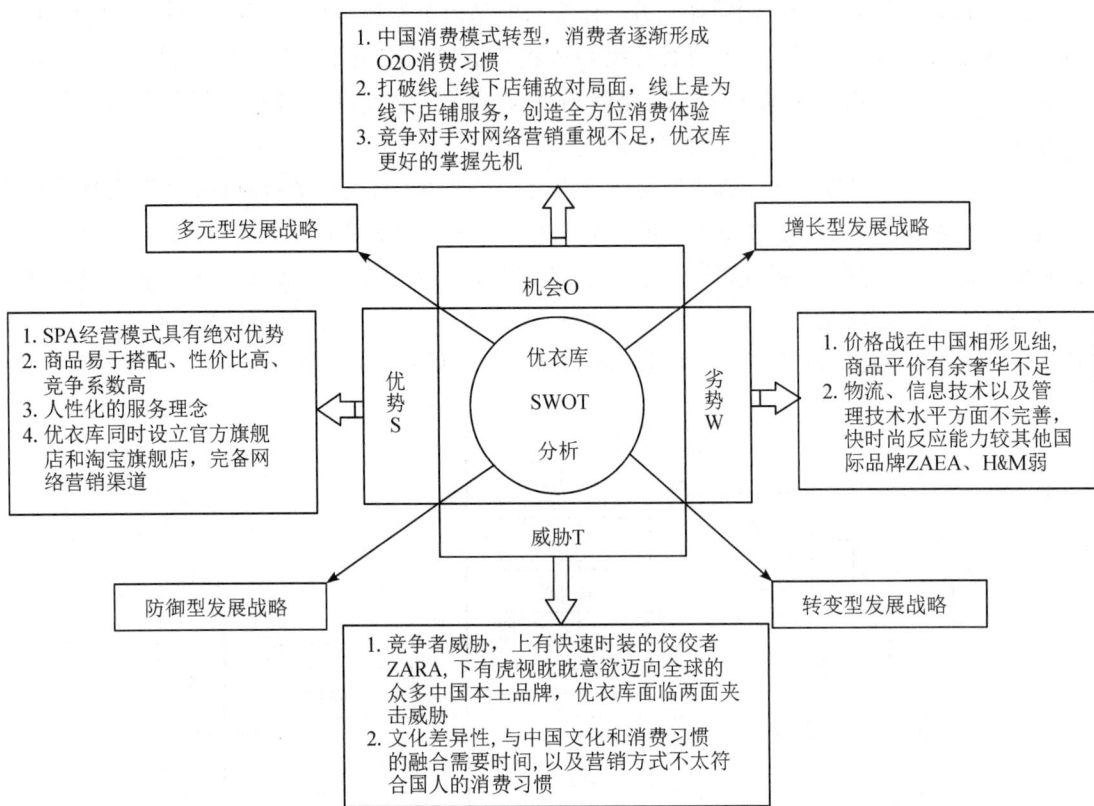

多元型发展战略

1. 中国消费模式转型，消费者逐渐形成 O2O 消费习惯
2. 打破线上线下店铺敌对局面，线上是为线下店铺服务，创造全方位消费体验
3. 竞争对手对网络营销重视不足，优衣库更好的掌握先机

增长型发展战略

1. SPA经营模式具有绝对优势
2. 商品易于搭配、性价比高、竞争系数高
3. 人性化的服务理念
4. 优衣库同时设立官方旗舰店和淘宝旗舰店，完备网络营销渠道

机会O

优势 S

优衣库 SWOT 分析

劣势 W

威胁T

1. 价格战在中国相形见绌，商品平价有余奢华不足
2. 物流、信息技术以及管理技术水平方面不完善，快时尚反应能力较其他国际品牌ZAEA、H&M弱

防御型发展战略

1. 竞争者威胁，上有快速时装的佼佼者 ZARA，下有虎视眈眈意欲迈向全球的众多中国本土品牌，优衣库面临两面夹击威胁
2. 文化差异性，与中国文化和消费习惯的融合需要时间，以及营销方式不太符合国人的消费习惯

转变型发展战略

图 5-1-5　优衣库的 SWOT 分析

5.2　新零售助力优衣库转型升级

5.2.1　优衣库的 O2O 模式战略生存之道

1. O2O 模式下的品牌逆市扩张

作为国际快时尚品牌，优衣库具有规模性的线下门店数量，完善的仓储物流系统，强势的品牌影响力等先前条件，这为快时尚品牌开展 O2O 全渠道商业模式战略布局提供了优势。

优衣库通过推广 App 来提升知名度，促使更多用户产生一种愿望：期待优衣库去自住城市开店。同时，优衣库根据用户的地理位置、日活跃度等相关数据来提供开店选址与节奏把控方面的决策参考。优衣库会通过多种方式吸引用户前往实体店购物，如 App 中提供周边店面的位置指引，其 App 提供的优惠券二维码都是专门设计的，该优惠券只能在实体店内扫描使用。优衣库实现了线上与线下同价，使得天猫店与实体店的用户可以相互转化，从而避免线上渠道的冲击，也实现了到店引流。

优衣库借助大促的时机，不断提升 App 的下载量，推动 App 成为一种增加客户到店消费黏度的工具，提供真正有价值的折扣活动在线下店直接使用。与此同时，优衣库不做网络特供款，没有会员体系，且员工不存在利益分配不均的问题，让优衣库的线上线下打通得更顺畅。

2. 革新传统连锁店模式

1）线上为线下引流

中国经济发展并不均衡，在那些电商并未成为主流商贸方式的城市里，人们还是要通过实体店消费。而企业可以通过线上的互动营销活动显著增加实体店面的销量。

正如优衣库在 O2O 模式的战略转型中，以消费者为出发点，着重建立其与消费者之间的互动关系。优衣库于 2010 年推出了一款基于 SNS（Social Networking Services，社会性网络服务）的网络社交游戏。这个游戏是将现实中的促销活动放到了网络上。在这个游戏中，消费者可以选择自己喜爱的卡通形象，并通过排队来参加优衣库的优惠券抽奖活动，如果消费者的 SNS 好友也参加该游戏，那么他们就可以一边排队一边通过 SNS 聊天，同时好友中奖的消息也会通知你。该游戏带动了优衣库线下的销售，使得优衣库的实体店超额完成了销售任务。

2）线下为线上提供支持

从优衣库的销售数据来看，门店开得越多的地方，其线上的销售数据也越多。优衣库的 O2O 模式的商业战略可以定位为线下为线上提供支持。线上的推销加上线下的体验，便是这样一个传统服装快销行业的生存之道。O2O 模式下的实体购物环境集情感化、互动性、平台化为一体，让消费者不由自主地沉浸其中。优衣库以优美舒适的购物环境、清晰开放的商品陈列布局、定位搜索技术、界面友好的 App、客户关系管理系统、灵活便捷的购买支付流程、专业热情的导购服务等在一定程度上提升了客户体验，让客户对优衣库产生更深刻的品牌认知，给线上销售提供品牌保障以及企业信任。所以优衣库的 O2O 模式下的实体店铺不仅是商品陈列和销售的场所，还是展示品牌文化和生活形态的平台，更是提供给线上支持的核心动力来源之一。优衣库正是通过线上线下的支持和引流，利用各种途径实现了初步的线上线下一体化（如图 5-2-1 所示）。

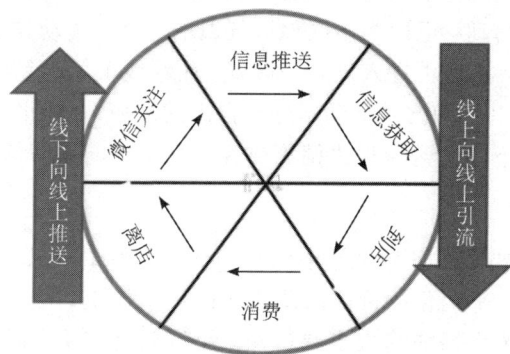

图 5-2-1　线上线下一体化

3. 数据监测支撑产品定价

线上线下资源整合不仅打通了渠道，还改变了优衣库的定价模式。大数据支撑使企业能更精准掌握消费者需求，企业可以在线上预售阶段展示样衣，根据消费者订购情况制订生产和定价计划，使每一类单品的生产数量都与销量需求精准对接，有效地减少了库存的积压。

正如优衣库在夏季卖 79 元的 UT，冬季卖 499 元的轻型羽绒衣，春秋季卖 299 元的摇粒绒外套。优衣库定价背后的制定策略得到了来自数据银行的支持（如图 5-2-2 所示）。通过收集每天每时每刻、每款每色每码、每个店铺所有的线上线下销售数据，优衣库形成了一个庞大的数据库。该数据库可以做到实时监控、分析销售数据，制定生产数量，调整营销方案。以 O2O 商业模式为例，优衣库根据收集到的数据把服装价格分为两种，一种是初上市的价格，这一价格要考虑商品的毛利率和以往类似商品的售价及销售情况；另一种是服装降价后的价格，这一价格要考虑商品销售情况，如商品滞销、商品断码等。优衣库的服装降价分为两种情况，一种是"限时特优"；另一种是"变更售价"。

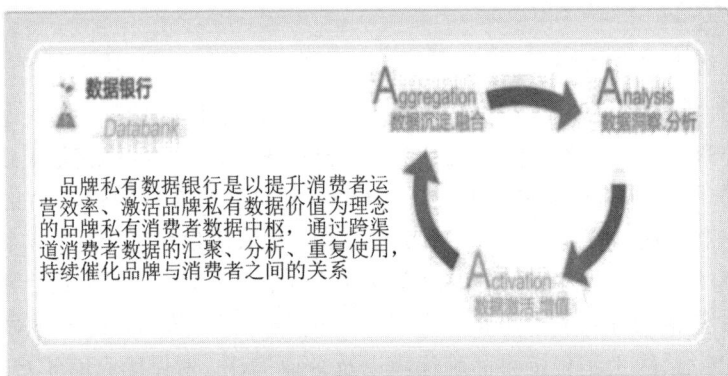

图 5-2-2　优衣库数据银行

例如，优衣库在东北地区推广的"热能使者落地活动"，让热能使者穿着 HEATTECH 保暖内衣在室外与大家拍照，消费者可以通过朋友圈分享和热能使者拍照的信息和照片。虽然只是一个很简单的活动，但因为不同地区气温的原因，活动先在北方的四个城市进行，而后随着气温逐渐低落，活动再进入华东等区域。而在线上，这个活动是持续进行的、不分地域的。但是消费者在线上，就会"自动划分出自己的区域"，从北向南陆续反馈，而这种反馈的信息又马上可以为下一个区域提供销售或者产品定价的参考信息。

4. O2O 的发展困境

2006 年，快时尚主要品牌开始进军中国市场，在中国主要城市开设零售店。快时尚品牌凭借着其潮流的设计、平民化的价格以及快速的更新周期，赢得了国内白领和青年学生的喜爱，占据了国内服装市场的绝大多数份额。经济新常态下，随着消费者消费观念的改变和环保意识的增强，快时尚在我国市场的发展遭遇到了瓶颈期，出现了盛极而衰的现象。

随着连续几年 O2O 模式的扩张发展，优衣库作为快时尚也正面临着前所未有的挑战。消费者的需求越来越多，差异化、个性化等关键词也越来越受到主流消费群体的重视，消费者对快时尚品牌的热情正在逐渐下降，越来越多的人也开始认识到快时尚质量不够好、不够个性化等弊端。而快时尚的未来，关键在于新兴国家市场的开发、品牌重定位、线上线下深度融合等。今后，无论是物流方面还是设计方面，都要做到产品差别化，增强产品个性并灵活运用 SPA 模式。这样才能牢牢抓住消费者的需求，在轻奢品牌崛起的今天，占有更多的市场份额。

5.2.2　优衣库转型升级路径与策略

1. 大数据赋能新零售的发展

近年来随着"互联网＋"战略的实施，信息技术对生产和生活的影响日益增强。依托信息技术，大数据的开发应用取得明显效果，区别于以往任何一次零售业变革的是，"新零售"通过数据与商业逻辑的深度结合，实现了消费方式逆向牵引生产变革。"大数据赋能消费者运营"，即是通过数字化转型，让优衣库能够更好地遵从最根本的消费者决策链路节点（认知→兴趣→购买→忠诚），以海量多维的数据对最相关的行为（购买、兴趣偏好、生活方式）进行诠释，最终以更高效、更精准、更智能化的方式帮助优衣库更好地运营消费者的关系。大数据赋能消费者运营让优衣库的客户资产不断增加并向积极的方向发展。

在线上平台上，活跃有 5 亿消费人群。而对快速消费品而言，最大品牌在这 5 亿人群中的渗透用户数也仅仅只有 2 千万。优衣库如何挖掘出更多的消费者，如何让产品更加受欢迎，利用大数据进行决策是一条重要路径，可以将产品开发周期和测试周期大幅度缩短。

如图 5-2-3 所示，新零售的逆向牵引是通过大数据分析对消费者所购买的商品进行充分而深入的画像，同时把产品画像与消费者画像以及"场"的类型特点充分结合。直接获取不同的店铺应该卖什么样的商品，不同的场景应该做怎样的营销等信息，从中分析某些商品畅销背后的真正原因，销售哪些商品能让自己销售额和利润最大化，以及哪些畅销品断货会带来怎样的损失，让"人、货、场"这三个零售的核心要素处在互相依存的状态中。

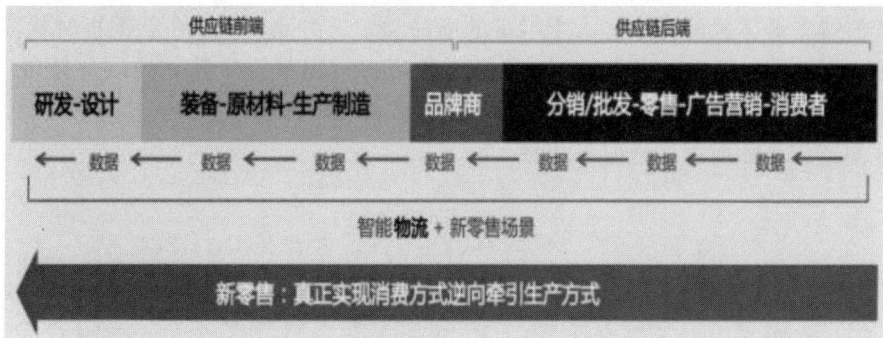

图 5-2-3　新零售实现逆向牵引

"人、货、场"是零售行业中永恒的概念，不管技术与商业模式如何变革，零售的基本要素离不开"人、货、场"三个字。优衣库对于数据智能重新定义"人、货、场"，即选对的人（外—目标客群＋内—销售人员）、选对的货（风格＋品类＋价格波段＋上市时段）、在对的场（城市＋商圈＋地址＋楼层＋场景设计＋环境布置）、在顾客售前售中售后集中发力，以达到绩效最佳（如图 5-2-4 所示）。

优衣库对拉新和复购率的重视实际上是让数据回到了一个非常本真的商业逻辑，任何

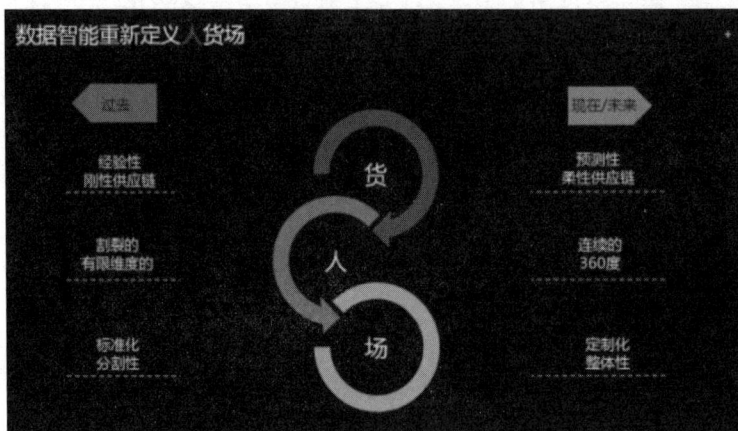

图 5-2-4　数据智能重新定义"人、货、场"

公司真正的使命就是创造顾客和留住顾客。优衣库通过数据来作支撑，用围绕消费者维度的数据重新定义"人、货、场"，同时用于检测营销结果。最终实现了这样的结果：前台客户端和后台接口端生成并且搜集了大量数据，对这些数据进行深度分析和挖掘，让数据充分指导业务，减少大量人工工作量。

大数据，归根结底是为优衣库在新零售的道路上解决了"人"的问题。当线上线下数据完全同步和打通之后，而且随着消费行为越来越多，数据越来越大，标签越来越多，用户画像会越来越趋近于真实世界的"他"。

例如，一个 27 岁的女性在每天的 6 点 45 分时，会到街角的某个奶茶店买一杯奶茶。如果你是这个店的店主，是不是可以在 6 点 43 分的时候就把奶茶做好，并发送短信告知她"您的奶茶已经做好，我们热切地等您过来把奶茶带回家！"

如图 5-2-5 所示，以往的消费者对功能的诉求远远大于对消费体验的诉求。而在新零售时代消费者对体验的诉求远大于丰富的商品功能。由此可见，在新零售时代不光要采集用户的线上数据，更需要采集线下的数据，让用户行为数据从独立的信息孤岛，真正串联起来，实现由点到面的质变。只有把用户的全渠道数据打通，才能生成用户画像，我们才能清楚地知道应该如何更好地服务用户。

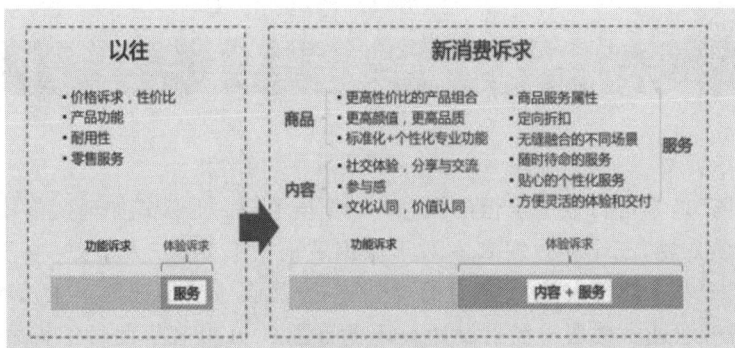

图 5-2-5　新消费诉求

2. "黑科技"驱动"人、货、场"深度融合

纵观整个零售业的历史，不难发现两个特征：一是零售业态的变迁和技术的发展息息相关；二是零售业务和技术两者相互推动相互促进，前行的速度越来越快。零售从传统的百货业，到超市、购物中心，再到电子商务、移动电商，再到今天的新零售，每一个阶段持续的时间越来越短，业务和技术的发展速度远远超过人们的想象。

同样，优衣库也遇到了零售业界普遍面临的问题：买什么、卖多少、货品如何摆放。年轻化的用户、快速迭代的潮流趋势、瞬息万变的需求。优衣库运用黑科技驱动"人、货、场"深度融合是在重构"人、货、场"三要素的基础上，为企业解决"卖什么、卖多少、怎么卖、哪里卖"这四大核心问题（如图 5-2-6 所示）。大数据黑科技为优衣库在新零售上解决了"卖什么"的问题，那么黑科技就是解决后面问题的重要因素。

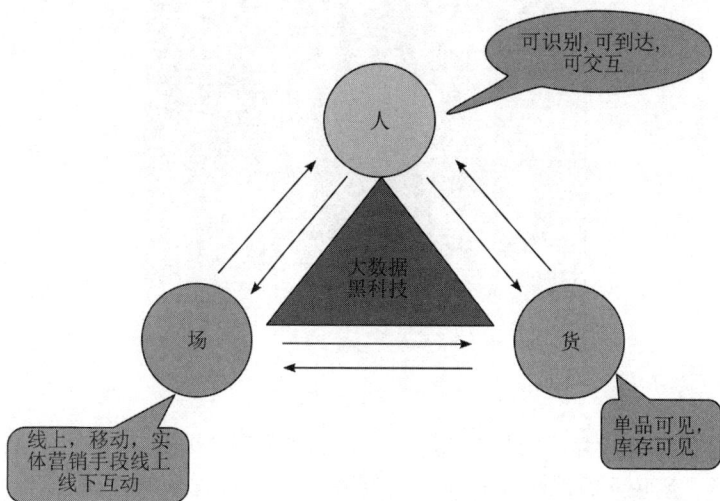

图 5-2-6　人货场的融合

1）人货融合

人货融合的核心是构建企业货物预测与决策可视化平台系统，实现商品品类管理、销售预测、动态定价、促销安排、自动补货、安全库存设定、仓与店和店与店之间的调拨、供应计划排程、物流计划制定等。人货融合的实现方法是"获取数据→分析数据→建立模型→预测未来→支持决策"。这一套方法也是重构货的方法，对商品、销量、价格、库存、订单等在不同的应用场景中产生的海量数据，结合不同业务场景和业务目标进行定性和定量分析。

2017 年 10 月，优衣库推出了一项新技术，即 3D U-Knit 立体针织技术。该技术由编织机一次性编织完成，完全没有针脚，更加贴合身体曲线，穿着更舒适，完美地诠释了这种模式，而大部分的其他行业则是需要高度标准化、高度模块化的才能达到这种水平。优衣库将要做的就是根据客户进行大规模的柔性化定制。

2）人场融合

人场融合的核心是提供全域的购物场景。人场融合的实现方法是时刻关注技术。新的场景一般都是由新技术的全新应用而产生。优衣库要打造具有新零售特色的体验必须将更多的黑科技加入其中，真正从本质上改变电商的逻辑。时下比较火爆的大数据、VR、AR、AI 技术都能够成为提供新零售全新体验的黑科技。

在 4D 试衣场景 App(如图 5 - 2 - 7 所示)上线后，优衣库使用了虚拟试衣系统，它可以直接在镜子中看到同款衣服的不同颜色上身效果。此款虚拟试衣系统包含一块 60 英寸的大显示器，平板终端以及摄像机。该系统利用特殊的条码技术自动识别用户的衣服种类和颜色，然后在这块通常作为镜子使用的大显示器上，用扩增现实技术把衣服穿在身上的效果显示出来。用户还能进行互动操作，可以照下自己试穿衣服的样子，把照片发送给亲友。

图 5 - 2 - 7　4D 试衣场景 App

眼花缭乱的"黑科技"背后的核心其实是精细化运营。刘振宇(阿里云新零售业务事业部架构师)指出："互联网的流量红利和移动互联网的流量红利都已经见顶了，现在获取一个新客，成本非常高，这就是为什么要从流量增长转到精细化运营"。刘振宇打了个通俗的比方：当用户群体不能再快速扩张的时候，想要从有限的用户群体中，把用户兜里的钱掏出来，就需要更精准地知道用户想要什么。

黑科技的加入不仅能够改变优衣库在新零售时代的运营逻辑，而且能够给用户带来电商时代感知不到的体验。这种体验不仅颠覆了原本电商的底层逻辑，而且能让线上商城变成一个智能、有机的存在。这种体验才是新零售真正能够刺激用户进行消费的地方，更是新零售应当重点发展的方向。

3) 货场融合

货场融合是为了给用户提供一种与线下实体店一样的购物体验。在新零售时代，优衣库给用户提供一种与线上商城一样的购物体验，从而消除线上和线下的差别，让用户真正获得一种不一样的购物体验。新零售之新主要就是让用户体验不到线上和线下的区别，通过两者之间的融合来减少用户在消费过程中遇到的不适和痛点，从而给当下陷入发展困境的电商找寻到新的发展路子。只有结合两者的优势来打造一个全新的事物才能从根本上解决用户在线上购物和线下消费过程中遇到的问题。

4) "人、货、场"全渠道深度融合

黑科技驱动"人、货、场"的深度融合最终是整合零售渠道，即构建 PLUS 平台(如图

5-2-8所示），从而实现全渠道策略。不同渠道将来都将在全渠道中承担不同的角色：实体店要变成体验中心、提货中心，网店要延伸到互联网商圈，移动商店把用户引导到实体店、网店，社交商店用来增加用户的黏性，连接所有渠道。当这四种渠道真正被推动起来时，在每一张订单的完成过程中，它的全渠道能够全面覆盖客户群。

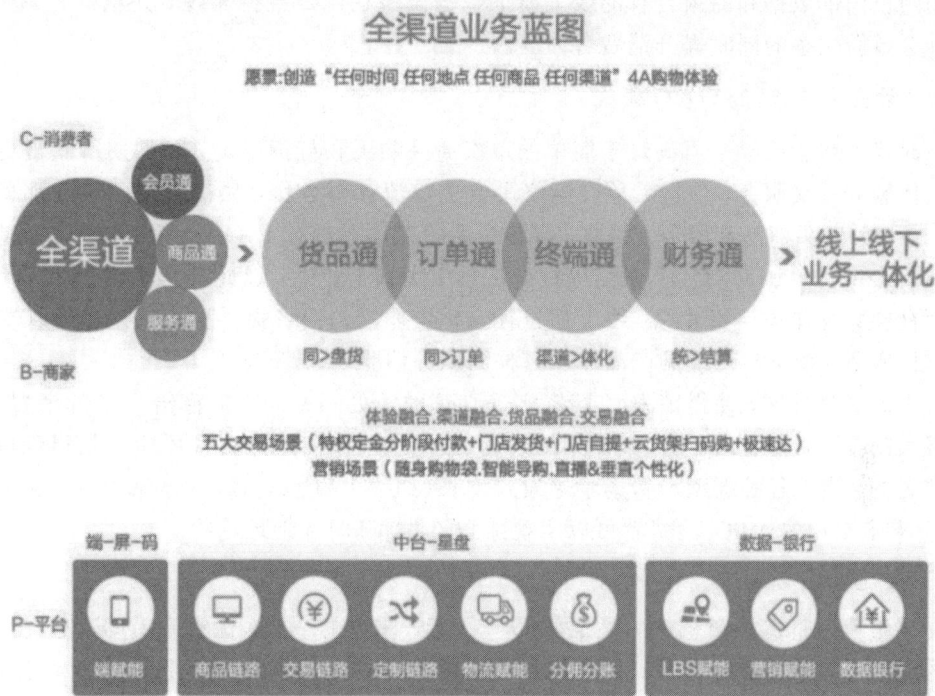

图5-2-8　优衣库零售PLUS平台

（1）一货一码，提升零售商商品管理准确度，方便进行商品溯源。基于淘系商品管理体系，门店使用零售PLUS平台可以实现对商品进行一货一码的管理，完成基于商品码的出入库、销售、盘点、结算等，提升商品信息及商品库存管理准确度。

（2）线上线下同款同价、门店智能硬件升级，提升用户消费体验。线下购物实时查询线上价格，真正做到好货不贵，同时通过门店智能硬件升级，门店服务升级，结合线下特有的真实场景体验，电子屏导购互动，为消费者提供更多样化、个性化的消费服务体验，提升门店销售转化。

（3）数据化门店运营管理。零售PLUS平台基于日常商品进销存管理和淘系数据体系，为门店运营人员在商品动销、人群热度、品牌偏好等方面提供经营指标分析服务，为零售运营人员在商品选品、品牌品类更新等方面提供更多经营决策辅助。同时提供可视化数据工作台，记录门店日常操作（如商品出入库、盘点、销售等），提供商品周转时长，售罄率，差异率等分析、人员效率统计、工作流记录等数据化指标并自动分析，为提升门店人员的日常运营效率提供数据支持。

（4）开放流量体系建设。零售PLUS系统基于开放平台为零售商在淘宝店铺、自有App、官网等流量渠道提供商品、交易、营销、库存等开放服务体系，为零售商快速建立全渠道的商品销售和运营服务。同时线下门店可以通过零售PLUS系统，完成对线上会员的识别，并承接线上会员服务，实现门店提货、门店退换货、营销卡券通用、门店周边会员信息营销投放等服务。

（5）线上线下会员体系。零售PLUS平台协同ISV（Independent Software Vendors，独立软件开发商）一起为商家提供会员整体运营方案，实现的是将线上线下会员数据打通，并且利用阿里内部数据和商家自有的线上线下数据做潜在用户挖掘实现，并精准化营销，从而提升会员转化率的同时提升消费者体验。

3. "社交＋体验"的O×O模式

新时代消费者已经不再满足于简单的单次商品购买和打折促销，而是期待获得更丰富的购买体验和社交服务。他们希望在网络平台上交流甚至合作，从信得过的亲友那里征求意见，寻找并购买商品和服务。因此，零售企业不能再单纯依靠O2O模式经营，而是将微博、Facebook、Twitter、QQ、微信等社交工具应用到企业中，以此构建一个网络平台，主动利用社会化媒体去组织客源。线上通过社会化媒体为消费者提供更多娱乐性和社交化的信息增值服务，线下从传统的产品体验延伸到服务体验。

技术的高速发展，使得消费场景将实现真正的无处不在。这也将给"人"的消费体验带来极大的提升，传统的零售场所（如街边店、大卖场等）在这种新型环境下是很难再去吸引消费者的，当下各种新型消费场景爆发式增长（如线上直播卖货，VR试衣间，无人便利店等），渠道更加多元化，消费者可以实现随心随性、随时随地地购物。

1）构建社交新平台

在零售业态打造社交新体验是走向O×O模式重要的一步。优衣库借助这些先进经验和优秀成果，为消费者提供了一种全新体验。通过这些优秀成果与线上商城产生联系，能够提升消费者体验，让消费者也进入到新零售时代。比如，优衣库通过微博推广活动让消费者参与产品预售活动，消费者通过这种亲身参与，对于商品的体验将会大大提升，后续的购买率也会因此得到提升。

图5-2-9所示为优衣库发布新牛仔时，联合微信、微博等新媒体的推广活动，也是一种线上和线下结合的方式。这种方式不仅在线上能够借助"互联网＋"时代的先进经验，而且能够在线下让消费者参与到商品生产的全过程，激励消费者尝试商品。从优衣库的营销情况来看，线上和线下逐渐互相影响。线下丰富的购物体验给线上购买提供了选取商品的感官需求。

图5-2-9　微博推广活动

2）多样化业务体验平台

优衣库向新零售转化开始于 2016 年双 11 活动，首创线上下单门店提货的方式（如图 5-2-10 所示）。在双 11 活动期间，优衣库希望通过全新业务模式的展开，不仅以优惠的价格回馈消费者，也为线上线下的消费者提供优质、创新的购物体验。

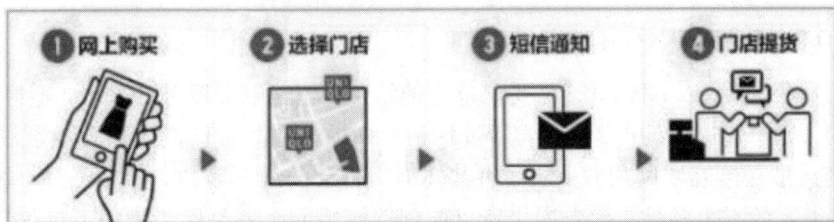

门店自提流程：
1. 在优衣库天猫官方旗舰店 uniqlo.tmall.com 下单购买有"门店自提"标记的商品；
2. 根据提示选择就近的取货门店，并提交订单完成支付（无需运费）；
3. 下单后，您将收到"提货凭证"短信；在门店将商品准备完成后，您将收到另一条"备货完成"短信，此时可以前往选定的门店提货。
4. 到店后，向店员出示"提货凭证"短信，完成提货。

① 网上购买　② 选择门店　③ 短信通知　④ 门店提货

更多有关门店自提流程的详细信息，可至优衣库天猫官方旗舰店查看了解

图 5-2-10　优衣库门店自提流程

在"2016 年双 11 消费者期待度"调查中，接近 4 万名消费者在 10 月 21 日～10 月 28 日期间通过优衣库数字平台等进行了投票，其中高达 99%的消费者希望网店/门店同步优惠，有 56%的消费者期待加快双 11 期间的收货速度。针对收货速度，其中 81%的消费者希望可以在就近的门店直接提货。

基于这些数据，优衣库依然保持线上线下同款，价格透明，对全部商品开通门店自提服务，同时提供支付宝买单来赢取抵用券的线下优惠。多样的购物体验和社交体验，在满足消费者日益增长的体验诉求的同时也帮助优衣库在"人、货、场"三要素融合的道路上跨出了重要一步。

4．开放式服务创新

未来，大部分的传统零售业将逐渐步入新零售，以新的模式和业态呈现出来。但是无论其如何发展，都是以满足日益增加的用户需求为目标。

新零售时代，线上和线下的数据直接相连，用户通过线上产生的数据和用户在线下体验产生的数据会成为一体，如线下将线上的数据利用在橱窗展示、商品推荐等方面，以直接促进交易的达成。个性化定制让消费者可以按自己的喜好展示自己，充分彰显个人品位。在表达情感方面，个性化定制产品已不再是一件单纯意义的商品，而是寄托了人的审美情趣和独特心意的特别之物。

由个性化驱动的"新零售"在改变传统销售模式的同时，也驱动着供应链模式的升级再造。这是一种倒逼式的升级，是沿着供应链的路径，从下游消费端到物流端，再到生产端，最后到采购端的渐进式升级。

（1）互联网让消费者的个性化消费行为得到了最佳释放，企业的销售方式也随之发生了变化。通过有效的大数据分析，企业进行针对性的营销，线上线下双管齐下，将大数据和个性化定制完美融合。

（2）企业直面新的商业思维并进行生产方式的转型，引发各类渠道商和供应商改变以往的模式，逐步向满足消费者需求转型。

基于这些改变，世界变得更加多元、精彩、个性化。这也正是互联网的魅力所在，科技给生活提供更多便利，在社会发展中得到前所未有的重视。

5.3 案例总结

1. 从 O2O 模式到 O×O 模式的演变

最初的零售只是"人、货、场"三要素单一的结合。随着电子商务的发展，零售商打开了线上发展的渠道。优衣库的 O2O 模式通过促销、打折、提供信息、服务预订等方式，把线下商店的消息推送给互联网用户，从而将其转换为自己的线下客户，将"人、货、场"变成一个统一的、交互的有机整体。优衣库之所以能创造辉煌的奇迹是因为做的不仅仅是 O2O 模式，更是在做 O×O 模式。该模式是一个打破时空界限的，将平面的零售逐渐立体化，让消费者拥有"服适人生"体验。优衣库通过互联网与消费者互动建立信任关系，利用消费者的从众心理，推出各种线上活动。优衣库运用新媒体技术，以用户体验为出发点结合大数据详细分析消费者的各个需求以及体验带给消费者的感受，并通过电商平台和实体店面的各种资源深度融合，实现了从 O2O 模式演变为 O×O 模式，将"人、货、场"三个要素相互融合，如图 5-3-1 所示。

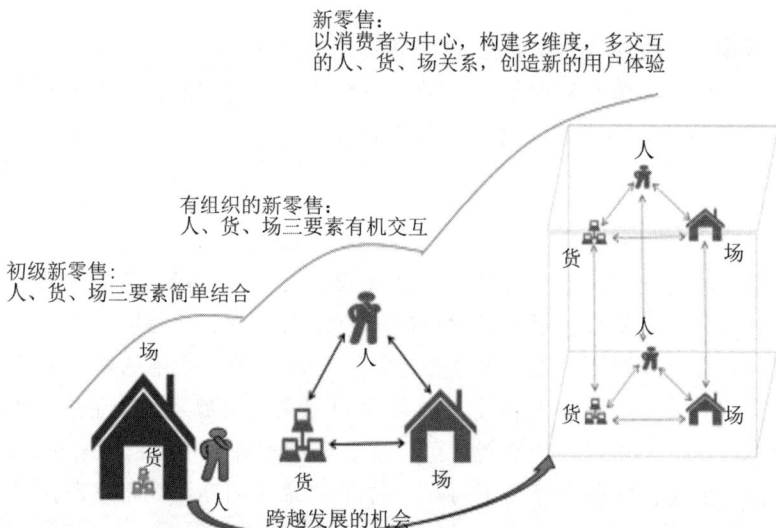

图 5-3-1 "人、货、场"三个要素相互融合

1）大数据驱动新零售的发展

依托大数据开发应用，优衣库促进"线上＋线下＋物流"深度融合，更好地满足消费者购物、娱乐、社交等方面的综合需求，快速对市场作出反应。

2）社交体验

优衣库借助"互联网＋"时代的先进经验，让用户参与到商品生产的全过程，通过优化和提升这种体验来达成消费升级的目的。此外，优衣库首创线上下单、门店提货的方式，不仅以优惠的价格回馈消费者，也为线上线下的消费者提供优质、创新的购物体验。

3）技术驱动开放性创新服务

优衣库通过互联网实行"预售"模式，让消费者的个性化消费行为得到了最佳释放。优衣库还通过有效的大数据分析，进行针对性的营销，将大数据和个性化定制完美融合，实现柔性化生产。

2. 构建新零售运行体系

基于对优衣库的深度剖析，从新技术、新人群、新体验、新业态、新体验、新渠道等维度识别新零售，构建从 O2O 到 O×O 模式的新零售运行体系，如图 5-3-2 所示。

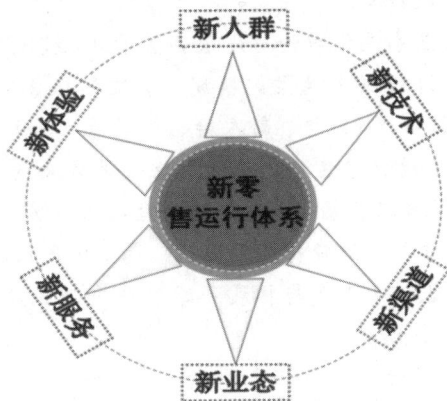

图 5-3-2　新零售运行体系

1）新业态

优衣库的 SPA 模式可以快速对市场的变化作出反应，将线上线下打通，实现多个场景融合，如线上购物、门店自提的购物方式。

2）新体验

预售模式使得优衣库在掌握消费者真实需求的基础上进行生产和供货，提高企业资源利用效率的同时，满足了消费者的个性化需求。在新零售时代，优衣库实现了以经营"货"为核心向以经营"人"为核心的转变。企业唯有通过升级购物环境、再造消费流程、丰富服务内容，才能满足消费者需求、改善运营效率、提升消费者体验。

3）新人才

优衣库的新零售模式对专业人才的培养也是一体化的。基于新人才，优衣库为消费者打造专业、贴心、便捷、高效的服务体验。

4）新渠道

优衣库通过一货一码，线上线下同款同价，数据化门店运营管理，开放流量体系建设，建立线上线下会员体系等精细化运营模式，实现了消费者的全覆盖。

案例点评

2016年10月，马云在云栖大会中首次提出了"新零售"的概念，引发了业界与学界的广泛关注。零售业的原有边界正在被不断超越与打破，线上线下及物流呈现融合发展态势。"新零售"被认为是传统零售行业转型升级的有效路径。2016年，中国的服装行业正面临转型升级的关键时期。然而不少的本土服装企业在"新零售"的转型过程中不仅没有走出困境，反而因业务大幅下滑，掀起了一波"关店潮"。在这样的背景下，优衣库的业务却逆势而上，不仅门店大量扩张，而且销售与利润也呈现大幅增长。

本案例研究团队有2位同学从大一就在"优衣库"门店以高校实习生的身份进行社会实践，其中一位同学还以店长岗位被"签约"。基于这样的背景，老师与同学组建了案例大赛的团队，希望通过梳理优衣库的发展历程，总结优衣库"新零售"转型之路，为服装企业的转型升级提供理论启发与实践借鉴。

本案例系统梳理了零售业态演化理论与发展，基于新"零售之轮"理论，以服装行业典型代表（优衣库）为研究对象进行探索性案例研究。本案例从优衣库转型升级的不同阶段，识别出新技术、新业态、新服务、新体验、新人群、新渠道六个维度构成新零售要素，构建了从O2O模式到O×O模式的新零售生态运行体系。该体系的核心价值是提升消费者体验，实现"人、货、场"深度融合与互动，不仅创造这些核心要素的物理空间的对接，而且实现核心要素产生化学反应，并引领消费行为的变化。本案例不仅深化了新零售的理论概念，也提出了可操作性的界定，进一步丰富与拓展了零售业态理论，为服装企业开展新零售模式下的转型升级提供了新方法。

本案例构建的O×O模式让消费者产生更便利、更新鲜、更个性化、更有趣的消费体验，创造与引领新的消费需求，帮助国内服装品牌更好地了解新零售背景下的消费者购买行为，指导企业采取适宜的营销策略，打造本土服装品牌。本案例的研究成果可以对国内服装企业的实践具有指导价值，还对这些服装企业的转型升级具有重要借鉴意义。

总的来说，本案例研究工作量大，调研全面扎实，支撑数据与素材翔实，案例分析规范，逻辑清晰，结构合理，研究成果具有较大的创新性。本案例是数字经济时代服装行业转型升级鲜活的典型案例。

点评人：余维臻（浙大城市学院教授）

案例六　格格家的 5A 友谊营销战略模式[①]

随着"互联网＋"逐渐融入社会生活的各个领域，越来越多的独立电商平台在市场上扎稳脚跟、取得佳绩。不同的独立电商平台有着不同的经营管理策略，其在营销层面也有不同思路的探索。在众多独立电商平台的生存策略中，有的采用的是"买手(C2C)＋网络直播"模式来吸引流量，有的则采用的是"闪购移动电商"模式来刺激顾客的消费欲望。而格格家创始人李潇表示，格格家是一家"零广告"投放的食品公司。与广告、赞助、代言遍地开花的一些电商平台相比，在"零广告"的情况下，格格家是如何在上线短短三个月的时间里打开了知名度？在独立电商平台纷纷崛起的背景下，格格家又是凭借什么实现了"零到一亿"的月销突破？接下来，让我们一起走进格格家。

6.1　走进格格家

2016 年 10 月，在这个互联网行业的资本寒冬里，互联网高端食品平台——格格家逆势获得 1 亿元 A＋轮融资，成为业内关注的焦点。自 2015 年 3 月起，格格家以"进口食品免税店"为定位上线，短短一年半的时间，格格家已获得 3 轮亿元融资，用户实现了从零到一千万的增长，月活跃用户达到 300 万，平台月销量更是突破 1 亿。2015 年末，格格家凭借其优异成绩荣获电商"奥斯卡""金麦奖""最佳跨境电商"等荣誉。在不到两年的时间里，格格家取得的成绩无疑令同时期上线的许多电商平台羡慕不已。与此同时，"零广告"投入的低调态度也令人好奇其成功背后的营销思路。

（1）品牌概述。格格家是由浙江格家网络技术有限公司（以下简称"格家网络"）开发的一款生活类手机软件。从 2015 年 3 月创立至今，格格家凭借精准的顾客定位、温情的顾企关系维护，以及不断优化的食品供应链在跨境电商的竞争中脱颖而出。在上线不到两年时间内，格格家的名号被"连获三轮融资""月销售额过亿""平台每日上线 5000SKU"等业绩打响。

（2）定位战略。格格家以"高端进口零食"为切入点，以"用互联网营销思维营销食品"

[①] 该案例获得 2017 年浙江省大学生经济管理案例竞赛一等奖。作者：朱立怡、叶可欣、李雪纯、施丽萍、邓延。指导教师：岑杰。

为战略经营理念,定位为互联网高端食品公司。格格家依靠"App+网红电商+多渠道"的输出方式来主打供应链优势,获得了市场的高度认可。

(3)管理经验。格格家背靠格家网络创始团队10余年的电商创业经验,依托格家网络强大的供应链优势,拥有从全球搜索100万种美食的能力。上线一年后,格格家凭借"零广告投入"的营销手段,获得了超过1000万活跃用户。格格家作为国内一家专注高端食品的垂直平台,无疑是一匹"黑马",其成功经验值得我们来探索。

6.1.1 发展历程

1. 起步阶段

2015年3月,格格家上线。2015年7月,在获得经纬创投天使轮融资、顺为资本领投的A轮融资之后,格格家加强了食品品类的拓展、用户运营及团队建设。2015年11月,格格家的月销售额突破1000万。2015年12月,格格家的月销售额突破2000万,半年内月销售额增长超过400%,上述真实的销售额数据使得格格家再次以优异成绩吸引了众多投资者的目光。

2. 发展阶段

格格家于2015年11月接连拿下了日本卡乐比、宇治抹茶等食品品牌的代理权,并针对时效更短的商品(如保持期30天内的ROYCE生巧克力、东京香蕉等)开通了直邮或保税区快发业务。这一特色服务一经推出便吸引了大量的投资者的目光。

2016年10月,格格家宣布获得由广发信德领投,顺为资本、平安创投跟投的A+轮1亿元融资。这笔资金主要用于人才引进和上游供应链的优化,加大引进高素质人才的力度,对现有员工技能、知识的不断升级,以及提高员工的薪资福利。

目前,格格家拥有用户近2000万,月活跃用户30万。据格格家网络负责人介绍,格格家于2016年7月实现了月销售额破亿,拥有用户千万,客单价为230元,60天内复购率达到50%以上(传统复购率仅有15%)。

3. 深耕阶段

格格家在不到一年半时间里已经完成了3轮融资,其中A轮到A+轮间隔不足6个月。2017年3月24日,格格家晒出了两周年庆成绩单。紧抓消费升级和女性经济的格格家,通过"品质产品+创新营销"的形式强势助力周年庆,以同比140%的增长数据完美收官两周年店庆。

格格家创始人李潇表示:格格家紧抓消费升级和女性经济痛点,用户80%以上为26~35岁中产阶级女性,200:1的选品标准和严格的选品流程使其拥有5000个精选SKU,进口零食占比80%,为白领女性提供高品质的食品需求。未来,格格家将自己掌握供应链资源,自创或控股核心品牌,并与已有的供应商探索更加透明和互通的新型合作伙伴关系。目前,格格家线上已经拥有燕窝品牌(燕格格),并计划与明星合作打造更多自有品牌。接下来,格格家将以展开一系列的线下推广活动作为重点,在全国各地举办小型的精品美食节,以扩大影响力。格格家的发展历程如图6-1-1所示。

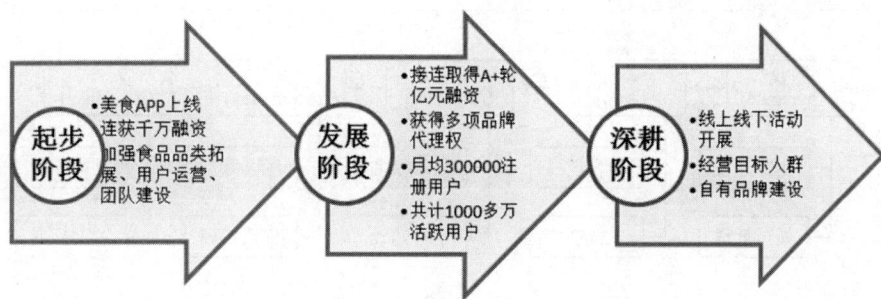

图 6-1-1　格格家的发展历程

6.1.2　格格家的 5A 友谊营销模型

在"友谊营销"的基础上，格格家提出了 5A 友谊营销模型，即固我（Aggregate）、寻友（Aim）、相知（Acquaint）、相守（Accompany）、新友（Associate），以期提供营销模式的新思路。该模型立足顾客导向，不仅适应顾客需求，而且主动挖掘顾客需求，与顾客建立良好而持久的友谊以增加顾客黏性，促进企业更好发展。

为更好地总结格格家的成功经验，本案例将其营销战略总结为"5A 友谊营销模型"以及相关的支撑体系。具体研究内容可分为：构成要素、具体措施、支撑体系，如表 6-1-1 所示。

表 6-1-1　格格家的 5A 友谊营销模型具体内容分析表

构成要素	具体措施	支撑体系
固我 （Aggregate）	团队构成 团队建设 团队协作	
寻友 （Aim）	竞争环境分析 目标顾客锁定 友谊横向延伸	供应链建设柔性化 管理者理念渗透化 新企业生存数字化 销售链构造体系化 品牌型营销立体化
相知 （Acquaint）	信息多向征集 顾客需求划定 电商平台构建	
相守 （Accompany）	开展交互活动 增加顾客黏性 实现双向价值	
新友 （Associate）	友谊纵向延伸 友谊的传递性 电商平台营销	

本案例将以模型各构成要素及具体措施为中心展开，其展开过程的战略阶段详见图 6-1-2。

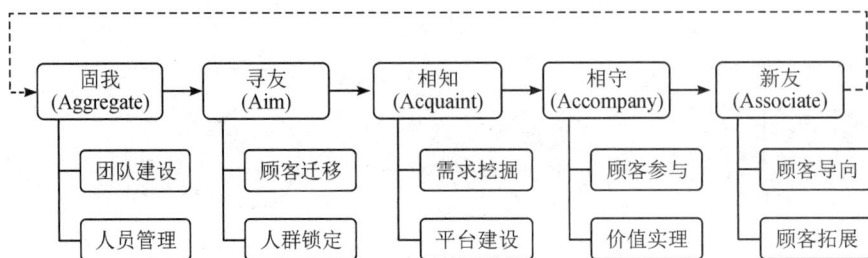

图 6-1-2　友谊营销的战略阶段

6.2　格格家的 5A 友谊营销战略解析

6.2.1　固我(Aggregate)：团队建设与人员管理

现代营销是团队作战。企业内部的团结一致是整个企业生存和发展的基础。成员与成员之间、团队与团队之间要彼此信任，要有一致的战略目标，建立起坚实的友谊，这样才能有强的凝聚力，促使团队进步、公司进步。格格家在 5A 友谊营销的过程中，拥有一个强大且优秀的团队是其成功的重要因素。其中，内部团队之间的协调与合作显得尤为重要。

1. 共同的特质：契合于互联网食品基因

格格家团队成员来自多家互联网电子商务 TOP 商家、淘宝等平台，其中核心团队成员全部具有 5～10 年的电子商务相关经验，并有较强行业经验及资源积累。格格家团队能力毋庸置疑，但互联网食品行业中有能力者多，创业道路不顺者也多。格格家能够抓住机会，占据优势，成为行业领先者的重要因素就是刻在核心团队管理的互联网的食品基因。格格家整个核心团队都是资深的食品运营者，他们培养成员之间深厚的默契度及其对互联网食品行业独特的敏感度。这和少数从事食品行业运营者的团队有着本质区别。

以燕格格在海淘领域为例，2014 年是海淘的风口期，格格家团队中的一个创始人有多年的淘宝保健品、滋补品经验，才有了保健品等供应链的积累，有了后期做格格家做食品的资源积累，同时具备优于同期同品类平台的运营经验。因此，坚持在互联网食品领域是格格家团队最优选择，在垂直领域，更加专业化的团队才有更高的创业成功率。内行人做专业事，以时间为维度去沉淀才能成一件事。

2. 共同的目标：致力于互联网高端食品

由于工作岗位和看问题的角度不同，团队中不同角色对工作的具体目标和期望值也会有很大的区别。首先，团队的领导者应善于捕捉成员间不同的心态，理解他们的需求，帮助他们树立共同的奋斗目标，使得团队的努力形成合力。有了目标，才有方向，凝聚力才会更强。其次，每个成员也要建立自己的个人目标，并将其与战略目标相连接。最后，所有人都应建立共识并承担相应责任。

1) 总体战略目标明确共同责任

格格家的定位偏向中高端市场。格格家的目标是将海外食品经营与本土特产推广做得更加大众化，将健康自然的生活理念带给更多人。格格家的目标受众是白领阶层以及希望能够提高生活品质、网购全球特产美食的消费者。因为目标的一致性，成员工作更加有动力，明确了所有人共同的责任，通过建立共识与团队精神，为团队友谊奠定了牢固的基础。

2）局部战术目标承担各自责任

当每个成员都了解到总体战略目标后，他们就能确定局部战术目标来支持总体战略，然后制定各自局部的行动方案为该目标的实现作出贡献。格格家的财务、技术、设计、运营、市场与销售等部门乃至其中的每一个人都有着各自的具体目标，深刻理解各自的岗位与职责，明确自身的角色定位，并明白角色之间是如何相互影响并最终影响全局的。

3）两个目标的统一

统一总体战略目标和局部战术目标可以充分调动各级人员参与工作的积极性，有利于充分利用企业的各种资源并提高协同工作的效果。后者目标的灵活性较大，可以对前者目标的实施不断进行改进和完善，以适应瞬息万变的外部环境。

3. 共同的追求：得益于互联网团队协作

1）日常激励措施，激发员工热情

人力资源是现代企业的战略性资源，也是企业发展的关键因素。激励是人力资源的重要内容。激励是指激发员工的工作动机，用各种有效的方法去调动员工的积极性和创造性，使得员工努力去完成企业的任务，实现企业的目标。

格格家具有丰富的日常激励措施。这些措施采用新颖的形式，激发了员工的工作热情和团队归属感。格格家还会不定期提供员工福利，如购物节加班的食物补贴。格格家努力以吃带动员工积极性，除了试吃团队可以零距离接触第一手美食外，核对参数等工作环节的员工也可以享受美食福利，每个部门员工日常生活中桌上的零食是不少的。这些激励措施可以激发员工的工作热情，让员工对这个团队保持热爱，为营造积极进取、团结向上的工作氛围添砖加瓦。

格格家实行激励机制的最根本目的是正确地引导员工的工作动机，使他们在实现组织目标的同时实现自身的价值，增加其满意度，从而使他们的积极性和创造性继续发扬下去，增强团队的凝聚力。

2）沟通渠道畅通，提高传递效率

沟通可以在团队建设中起到上情下达、下情上达的作用，促进彼此间的了解；还可以消除员工内心的紧张和隔阂，使大家精神舒畅，从而形成良好的工作氛围。因此，各部门负责人应保证团队内部沟通渠道的畅通，为各项工作的开展创造"人和"的环境。在友谊营销过程中，客服团队也不容忽视。

（1）微信客服团队内部的沟通。微信客服团队是格格家最开始与顾客接触和互动的，但因为微信好友有人数限制，在粉丝人数越来越多的情况下，微信号数量和团队人手不断增加。整个团队不变的是始终以格格家为中心，在工作内容上，微信客服团队完全从"格格掌柜"的身份出发，负责内容的同步与顾客进行互动；在工作程序上，微信客服团队每天都会对当天的聊天记录进行整理和总结，最后将最终小结拿给格格家总部过目。

（2）上下级间的沟通。格格独特的领导气质影响着整个团队，但她又是平易近人的，拉近了上下属之间的距离。格格家尊重员工，重视员工的价值，调动了员工的积极性。

（3）客服与产品经理的沟通。格格家的客服团队是顾客与产品经理之间的沟通渠道之一，能够初步筛选出产品选择所需的信息，并及时准确地直接反馈给产品经理。在此基础上，产品经理经过审查后会下架反馈不佳的产品，上线用户推荐的优质产品这也为格格家整体良好的口碑和优质的产品质量保障作出贡献。

6.2.2　寻友(Aim)：顾客迁移与人群锁定

在格格家"顾客友谊"营销中，首先需要确定的是主要目标群体，找准目标群体才能够提供定制服务。就像普通寻友一样，格格家需要与她的"目标朋友"拥有相似的生活理念、消费观念，因此找到"合适而又相对确定"的朋友是格格家首先要做的事情，也是她"顾客友谊"营销成功的第一步。

格格家的主要目标群体是中高端顾客，这与燕格格的主要消费群体是相吻合的。因此格格家努力将原属于燕格格的顾客迁移到自己的平台，从而形成了一定的顾客基础。除此之外，格格家还对目标顾客进行定向挖掘，分析目标顾客的需求。

1. 外部宏观环境识别

使用 PEST 模型对格格家进行宏观环境分析，如图 6-2-1 所示。

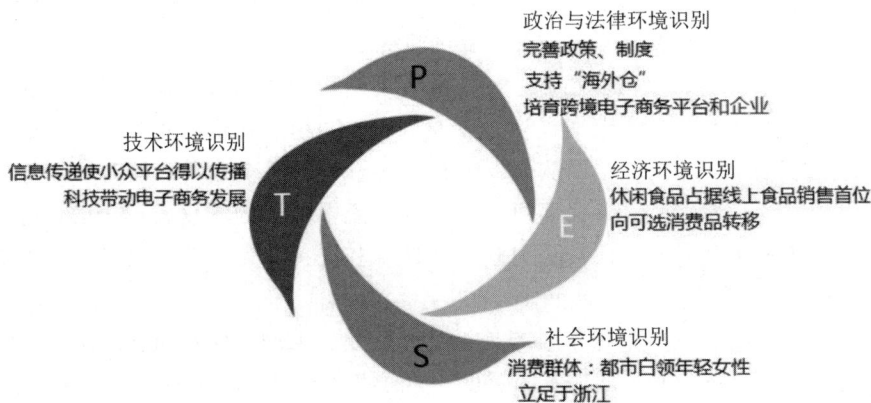

图 6-2-1　宏观环境下的 PEST 分析图

1）政治与法律环境识别(Political)

基于跨境电商的优惠政策，格格家有着良好的发展前景，特别是在关税、建仓、发展平台等方面得到了国家政策的支持。

2）经济环境识别(Economic)

随着经济的发展和消费水平的提高，休闲食品正在逐渐升级为日常的消费品。需要强调的是，休闲零食占据线上食品销售首位，其线上食品成交人数远高于食品行业整体平均水平，并且还在持续高速增长。格格家作为跨境垂直电商，其主要业务领域是休闲食品。当消费群体对"吃"有更多、更高的追求时，格格家拥有了更好的发展环境。

3）社会环境识别（Social）

格格家的消费群体主要是都市白领女性，这与现在食品电商的主力不谋而合，格格家凭借其高品质定制服务以及"与顾客建立友谊"的方式已经吸引了一批固定的消费者。并且，根据《2016 年电商行业大数据报告》可知，沿海一线城市成为消费最多的城市，浙江省、江苏省、广东省分别排在零食消费前三。除此以外，浙江省是电子商务产业最发达地区之一。因此，格格家作为浙江本土电商平台，在地理位置方面有着显著的优势。

4）技术环境识别（Technological）

信息的获取是消费决策的开始。在互联网出现前，人们主要依靠电视、报纸来获取各种信息。在互联网出现后，人们的消费选择也随之变得多样，这就意味着未来会有越来越多消费品牌的市场机会。即使是小众品牌，能够抓住一群忠实的用户也可以得以爆发。格格家在科技的助力下，带动了其电子商务的发展。

2. 始于燕格格顾客迁移

燕格格始创于 2009 年，是中国燕窝行业的一个特许品牌名称，主要经营的是燕窝、燕窝礼盒、燕窝礼品。2010 年，燕格格崛起于互联网，因掌柜格格（沈丹萍）坚持不刷胶、不漂白而迅速提升知名度，并于同年位列天猫燕窝品牌销量第一。2014 年，燕格格成为滋补全网销量第一店铺，燕窝全网销量第一品牌。根据淘宝 2013 年至今数据魔方统计可知，全网每 2 个人买燕窝，就有 1 个买的是燕格格。燕格格的燕窝品牌的微信公众号已超过 10 万粉丝。起初，格格家正是脱胎于燕格格，当把燕窝做好后，燕格格便想为自己的消费者提供更多的健康美食。这也是格格家上线的初衷。

燕格格的成功取得了一大批顾客的信任，格格家创立时将大量来自燕格格的顾客迁移到格格家，从而为格格家的发展打下了基础。一个突出表现是格格家的平均客单价超过 400 元，而同期淘宝网的平均客单价也不过是 100 元。相对服饰鞋包乃至护肤品类而言，食品类目定价较为低廉。格格家作为专门的美食销售平台，单纯地通过售卖美食取得平均客单价 400 元的成绩，这无疑是业界的销售奇迹。

3. 目标消费群定向锁定

1）格格家消费者分析

（1）中高端消费群定位。格格家在"寻友"时，就将目光锁在中高端消费群体。这样的顾客群体定位，使得格格家在产品的选择和推出上具有了非常强的针对性。对于中高端消费群体来讲，她们对食品的需求已经从原来的"吃饱、吃好"转化为吃得更健康、更有潮流。与其相对应的是，格格家着力提供高质量的产品和服务。基于"自营＋商家"模式，格格家与国际高品质供应商、品牌商进行合作，并精选产品。这样的高品质和高服务自然也征服了中高端消费者，使其愿意和格格家"构建友谊"。

（2）客户群主要为 18～35 岁女性。白领阶层的女性顾客具有很大的需求空间和很强的购买力。众所周知，在网上购物平台上消费的人群中，女性所占比例大于男性。对于格格家而言，如果可以保证产品和服务的质量，顾客黏性会相当高。据统计，格格家客户的复购率达到 65％。格格家选择的是一个相对细分的市场和人群，其用户 80％是女性，多处于 18 岁至 35 岁，大部分顾客是孩子的妈妈或都市年轻白领，她们负责整个家庭的食品购入，详见

图 6-2-2。

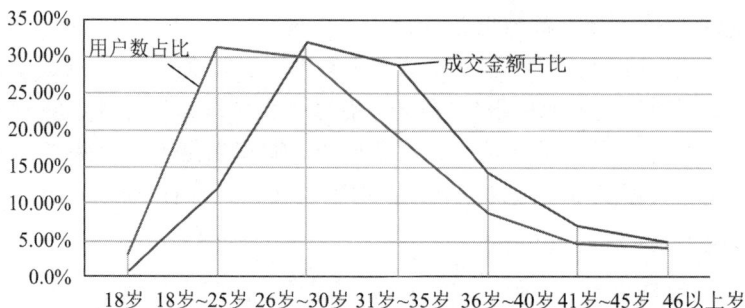

图 6-2-2 不同年龄段的用户数占比与成交金额占比图
（注：数据来自格格家发布的中产食品网购数据报告（夏季版））

与很多滋补品销售商不同的是，格格家从燕窝销售起，致力于做品质高于线上线下的传统滋补"颠覆性"品牌。传统燕窝等滋补品主要用来当作节假日走亲访友的高档礼品，燕格格希望突破"补品＝礼品"的怪圈，传递美丽自食、健康养生的生活态度。因此，格格家更多地将顾客定位成"散户"。对于格格家来说，她想找的"朋友"可能更多的是现实生活中也真实体验"友谊"的人，而非一个个"法人"。

2）食品电商环境分析

在食品网购中，女性消费者通常要比男性消费者多。在食品行业中，女性消费者比例达 55.3%，且在食品的大部分新分类目（除酒类）中，女性消费者都超过了男性消费者。从图 6-2-3 可以看出，在休闲零食中，女性与男性差距最大，差值达到 15.8%。

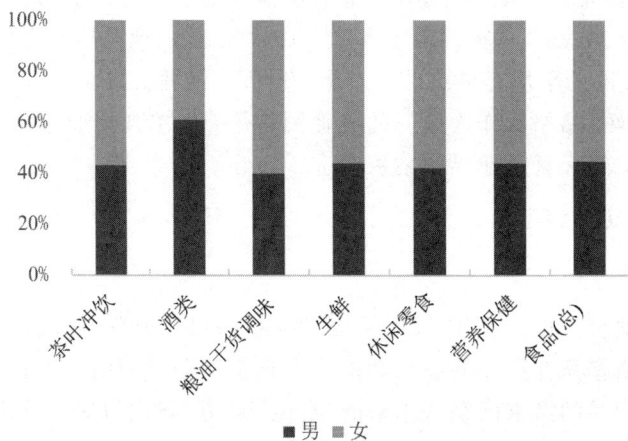

图 6-2-3 食品细分类目的消费者性别分布图
（注：数据来自淘宝网 & 第一财经商业数据中心《2015 食品行业研究报告》）

由于种类丰富且购买方便，消费者网购食品的热情被点燃。网购食品的消费者一般都有长期对此类产品网购的习惯，会对企业产生忠诚度，其消费总体保持稳定，不会轻易离开企业，因此维护老顾客的黏性对企业来说尤为重要。从图 6-2-4 可以看出，线上食品行业的各个细分类目中的深度用户都占据了相当大的比例。

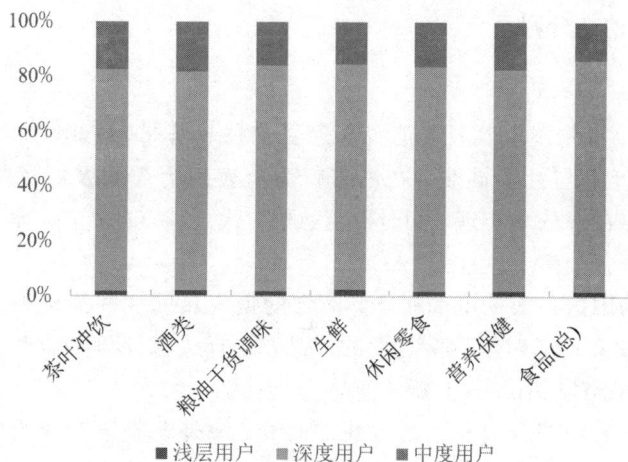

图 6-2-4 细分类目的消费者深度分布图
（注：数据来自淘宝网 & 第一财经商业数据中心《2015 食品行业研究报告》）

■浅层用户 ■深度用户 ■中度用户

在食品电商消费者中，28～38 岁消费者占 48.6%，接近消费者总数的一半，而这部分消费者正是既有一定消费能力又对电商平台的使用有一定了解的人群。18～28 岁消费者占据食品电商消费者的 24.7%，成为第二大消费人群。从图 6-2-5 可以看出，18～38 岁消费者是食品电商的主力军，所占比例总计达到 73.3%，而这个年龄段与格格家主要顾客群的年龄段是相吻合的。

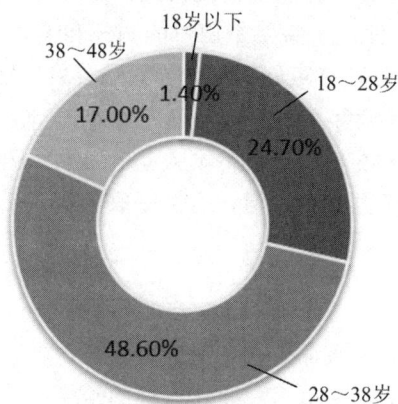

图 6-2-5 食品细分类目的消费者年龄分布图
（注：数据来自淘宝网 & 第一财经商业数据中心《2015 食品行业研究报告》）

从格格家的消费者分析与格格家成立时的食品电商环境分析中可以看出：18～38 岁的女性人群成为主要消费群体，且老顾客对于电商来说发挥着重要作用，这与格格家的顾客迁移在本质上是相同的，因此，格格家的定向挖掘是具有前瞻性的。

6.2.3 相知（Acquaint）：需求挖掘与平台建设

格格家和消费者之间要建立起相互沟通与交流的桥梁，需要让对方对自己有足够的了解。因此格格家用自己的行动去取得消费者的信任，为友谊的继续和深入打好基础。

1. 信息源渠道的充分利用

1) 单向平台

现代社会的新生事物不断涌现，消费心理受这种趋势带动，用户的消费稳定性降低，因此在心理转换速度上与社会同步，在消费行为上表现为需要及时了解和购买到最新商品。同时，消费者存在着从众心理，如时下越热门，购买越多的产品，消费者认为该产品越可靠，更愿意购买。

（1）淘宝。作为国内最大的电商平台，淘宝的销售热度往往能反映某个商品当下的热度和需求量。格格家会参考时下淘宝热卖的产品，结合买家评价和自身中高端的客户群定位来挑选可以放在格格家 App 内上新的商品。

（2）小红书。随着消费升级和生活方式的改变，海外购物逐渐成为广大新中产人群青睐的生活方式，由此产生了新的消费形态和电商形态。小红书以此为切入点，从购物分享社区起步，为用户推荐海外值得购买的产品。小红书以"社区＋电商"的经营模式，发展成为"爆款聚集地"。用时下的流行语来说，小红书就是一台种草机。小红书不仅为客户提供出境旅游、购物攻略，还为客户分享生活中新鲜好用的商品。小红书的客户定位与格格家有着很大的相似之处，小红书的主要客户群体年龄集中在 85 后，因此小红书可以给予格格家相当大的参考价值。

2) 双向平台

随着信息渠道多元化，产品信息能在精准使用产品前进行有效呈现，越来越被商家重视。通过双向平台彼此互动，深度了解每个用户的画像和需求，可以带来出乎意料的效果。

目前，格格家公司有 20 万顾客跟格格家成为微信好友，格格家跟这些顾客之间已经超过 200 万次的沟通。格格家跟顾客之间的沟通除了在平时介绍商品之外，还有很多生活方面的信息也会传达给顾客，让顾客知道格格本人是什么样的生活方式。除此之外，格格家能从微信了解顾客的日常生活方式和习惯，从中提取出消费者真正的需求，继而反馈到产品端，实现与顾客的双向互动交流。

2. 目标客户群的需求挖掘

格家网络是一家互联网高端食品公司，主要面向中产阶级。中产阶级群体都有较高的经济能力，对生活有较高的品位和追求，具有独特的消费眼光，更看重产品本身的品质和自我需求的一致性，不太关心价格，但十分关心产品的质量。同时，他们十分注重食品的安全和健康程度。这就对格格家的产品品质提出了很高的要求。就食品方面而言，格格家致力于挑选美味、健康的食品，如进口的生鲜、国外具有良好口碑的保健品、国内高品质的果蔬，以及格格家曾经的主营业务（如燕窝）。

有一定经济基础的顾客更加追求个性化的商品和差异化的服务。基于此，格格家对食品领域的细分以及个体化的交流是一直在坚持进行的。

格格家的主要用户是女性，大多处于 25 岁至 40 岁之间，她们大部分是孩子的妈妈以及都市年轻白领，负责整个家庭的食品购入。女性一直以来都是消费市场的主力军，而女性在消费过程中往往带有丰富的感情，心理活动起伏较大，容易受到情感的支配和影响，从而产生对某种产品的喜爱进而导致购买欲望增加。格格家注重女性用户的消费习惯与产品需求,对客户的服务细腻周到,能够让顾客产生情感上的共鸣。格格家借助于格格微信号平台,与顾客相互分享生活,深入他们的生活,了解他们的生活,真正把握每一个顾客真实的需求,为友谊的切实建立提供基础。此外,女性客户的需求随着时间推移会发生很大的变化。比如,女性当妈妈前喜欢买泡面、薯片之类的零食,当生孩子后就会倾向健康类食材。沈丹萍指出,格格家秉承的是不制造需求,只发现需求。格格家看到了消费趋势的变化,致力于满足 25 到 40 岁女性用户群在不同阶段的需求。

针对此类顾客群体,格格家在产品的选择方面会比较有针对性,也就不易出现产品需求严重低于预估的情况。例如,围绕着妈妈群体,格格家的主营食品方面主要是进口零食、时令生鲜、进口奶粉以及类似燕窝的滋补品。

3. 高端消费品的平台建设

消费品市场发展到今天,多数产品无论是在数量上还是在质量上都极为丰富,消费者能够以个人心理愿望为基础挑选和购买商品或服务。现代消费者往往渴望变化、喜欢创新、有强烈的好奇心,对个性化消费提出了更高的要求,且更加注重精神的愉悦、个性的实现、情感的满足等。他们不只看重商品的实用价值,更追求与众不同。格格家向顾客展现的,正是这样紧跟潮流的、有格调的商品。当顾客点开 App 时,就能感受到格格家所提倡的健康的、精致的生活方式。

(1)依托"燕格格"的良好第一印象。格格家起步于曾经的"燕格格"。燕格格的经营理念认为,卖的不仅仅是燕窝,更是一种生活态度和尊荣服务。也可以说,消费者对格格家的良好第一印象很大一部分来自"燕格格",这对双方友谊的建立大有裨益。

(2)定期直播,拓宽消费者了解格格家的渠道。与别家电商邀请明星、网红的直播思路不同,格格家主打的是"知识传播"。格格家考虑到吃货们的焦虑,直播的主题会聚焦在吃货关注的话题,如"如何辨别洋食材""五星级西餐该怎么烹制"等。格格家还会与数家知名食品厂商进行合作,用户在观看直播的同时就可以购买同款商品。格格家希望能给用户更多实质的优惠福利,特别看重一场直播能给用户带来什么。这本质上是在传递一种生活态度,格格家希望大家吃得美味与健康,同时不断加深消费者对格格家的了解。

(3)为顾客节省时间。对于电商来说,App 或者网页是向顾客展示商品最为有效的平台。基于用户体验的考虑,格格家简化消费者的搜索流程,赋予消费者全新的搜索感受,提高消费者购买行为的可能性。然而完整的 App 并不一定能够给消费者带来一个愉快的搜索体验,对于惜时如金的现代人来说,购物体验中的即时、便利显得更为重要。因此格格家将商品进行了细致的分类,如格家果坊、美妆个护、保健滋补、休闲零食、水果生鲜、格格厨房、母婴辅食等。格格家在每个商品的单独页面里设置了详细的产品介绍和其他顾客的评价。

6.2.4 相守(Accompany):顾客参与与价值实现

1. 高回馈度下的日常友谊深化

1)线上反馈

除了细致有趣的文字描述外,格格家还会主动提供格格的个人微信号,邀请顾客增加微信，随时联系。在和顾客的日常交流里，格格家会分享很多关于格格本人生活的一些状态，许多顾客因为格格朋友圈的推荐而"种草"各种产品，也会在购买了格格家的产品后给予交流反馈。

当前，掌柜格格和她的助理团队拥有百个微信号，添加了 20 万顾客好友，已经有超过 200 万次的沟通。她们会了解顾客的朋友圈动态，在顾客的日常生活中挖掘顾客的需求与反馈。

当然，格格家不仅是关于产品和需求的僵硬形式化交流，还会和顾客交流兴趣爱好、育儿经验、旅行经历等话题。顾客感受到的格格家不仅是一个卖家，也是自己的一个朋友，是很亲近很有趣的朋友。因此，格格家跟顾客之间信任度非常高。2016 年统计的数据报告中指出，格格家 App 的复购率高达 50%，这无疑体现出顾客极高的忠诚度。

2）线下互动

（1）线下试吃活动。格格家将顾客和员工组成 10 位以上的试吃团队，并对食品进行打分，如果有 2 位以上的试吃员表示食品味道一般，食品就会被淘汰。在经过试吃的食品测评第一关后，格格家也会对食品的原产地、品牌生产商进行全方面评估，包括食品质量、口碑、评价、售后服务等。在参与试吃活动的过程中，顾客不仅能体验生动且满足的休闲之旅，而且能感受到格格家对自己的信任与重视，这恰恰契合了格格家与顾客相处的目标，即真正的友谊。

（2）"格新登场，味你而来"——格粉节。2016 年 10 月，为了感谢一直以来支持格格家的朋友，格粉主题蟹宴在杭州成功举办。史无前例的 109 道蟹宴，为格粉节线上活动预热助威。此次线下活动共邀请了 150 名格格家会员、合作方及媒体朋友共同狂欢。同时，格格家在活动现场宣布正式成立格粉俱乐部。诸如此类形式的线下活动既增加了用户黏性，又有利于提高用户体验度与热情。

（3）团聚年夜饭。格格家在 2015 年、2016 年春节前均邀请了最资深的两百位老顾客一起和格格家团队吃年夜饭，其目的是感谢团队和员工的辛勤付出以及老顾客的支持与追随。这一充满人情味的举动很好地维护了格格家与老顾客的友谊。

2. 高参与度下的平台"词云"分析

1）资料收集与文本筛选

大数据时代，信息在互联网上以各种形式飞速传播。本案例采用"内容分析法"，借助关键词，通过浏览器搜索相关新闻报道、BBS 文章等，进行文本复制、处理、录入，生成云词图，直观体现格格家 App 的建设与使用现状，并对此进行分析。

在样本选取阶段，本案例以关键词"格格家 App""掌柜格格沈丹萍"在浏览器中进行搜索，得到了 248000 条相关内容，包括活动推广稿、平台通信稿、新闻采访稿、App 下载广告链接等。通过初步筛选，本案例剔除了无用稿件与垃圾新闻，最终选定 2015 年 3 月 26 日至 2017 年 3 月 26 日的 45 篇新闻稿（其中，格格家 App 相关新闻稿 30 篇，掌柜格格沈丹萍相关新闻稿 15 篇），获取的文本资料共计 27014 字。

为了获得高质量文本，本案例对原先文档进行了第二次筛选。本次筛选主要过滤和剔除了"的""是""了"等无意义词，删除重复文本，对冗长的杂乱文本进行内容提要和概括。最终文稿共计 5783 字（其中，"格格家 App"共 4652 字，"掌柜格格沈丹萍"共 1131 字）。

2）词云绘制与结果分析

根据两个关键词（格格家 App 和掌柜格格沈丹萍）的相关文本，在导入网页、词云设计后形成云词图片如图 6-2-6 所示。

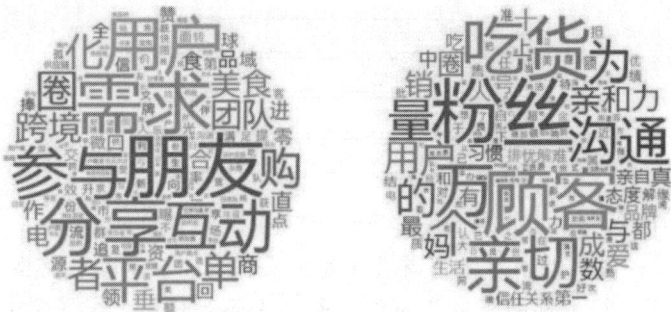

（左图为格格家 App 词云，右图为掌柜格格沈丹萍词云）

图 6-2-6　格格家 App 与掌柜格格沈丹萍的云词图

由图 6-2-6 可知，创新型的"友谊营销"模式使格格家获益颇丰。在格格家 App 词云中，主关键词为：朋友、分享、需求、用户；第二关键词为：参与、互动、平台、团队。这不仅直观地体现了格格家平台建设的初衷与表态，也不乏忠实顾客对该平台购物体验的真实感受。尽管格格家在上线不到两年的时间里零广告投入，但其"友谊营销"的形式确实极大地实现了顾客群体的巩固和平台形象的建设。

在掌柜格格沈丹萍的词云中，关键词"吃货""粉丝""亲切""沟通"等均概括展现了沈丹萍作为掌柜和朋友的态度和表现。作为"友谊营销"的核心和带动人物，沈丹萍对顾客友谊的坚持以及健康积极的生活方式极大程度上巩固了顾客和格格家的关系。顾客与格格不仅实现了 App 平台信息的共享，也在沟通和团建中加深了友谊。

3. 高交互度下的顾企价值实现

1）顾客价值的实现

（1）顾客反向推荐产品。与综合性购物平台不同，格格家是主动出击，主动跟客户群进行沟通。目前，格格家积累一对一沟通的客户有 20 万。通过一对一的沟通，格格家可以掌握客户的需求。例如，在售的 SKU 当中，20% 的款都是由顾客反向推荐的。

（2）格格引导品质生活。格格家营造了与客户之间一对一的社交平台。在这个社交平台里，顾客与卖家之间都会分享产品。掌柜格格的微信会分享自己的生活状态以及向顾客分享自用的好物。而掌柜格格所倡导的健康的、潮流的、有格调的生活方式也引起了顾客的追随。

2）企业价值的实现

（1）优化食品供应链。精准的女性用户定位提高了平台的活跃度，如格格家 50% 的高复购率和 235 元的高客单价。与一些综合性的大型平台相比，格格家的产品品类很少。目前，格格家在线销售的 SKU 差不多是 5000 份。图 6-2-7 呈现了格格家从最初的筛选到最后上线的四个步骤。格格家通过跟客户之间的沟通去反馈他们的需求，通过商品的海选把符合用户需求的商品筛选出来，经过供应链、物流、体验、前期测试等环节后，最终确定这些商品的上线。可以说，格格家对产品品质的把控非常严格。格格家有一个选品四部曲，即第一步了解用户需求，第二步进行商品海选，第三步进行商品初筛，第四步进行商品测试和上线（如图6-2-7所示）。

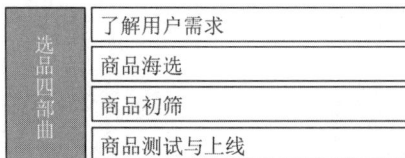

选品四部曲	了解用户需求
	商品海选
	商品初筛
	商品测试与上线

图6-2-7 格格家的选品四部曲

（2）业务拓展。一站式购物对顾客有着天然的吸引。对于零售来说要完成交易就需要有足够多的流量，不过线上和线下的流量结构是完全不一样的。线下最重要的是"地段"，本质上是人流，选好位置后就会有很多自然流量。但是线上的流量更加集中，除了依靠品牌效应逐渐提升自然流量的占比外，还需要通过搜索引擎、门户网站来购买大量的流量。因此格格家也在尝试拓宽自己的业务。从销售进口食品，到与国内的农场、餐馆合作，格格家的食品与时令紧密结合以满足顾客的不同需求。除主营业务外，格格家目前拓展的业务主要是护肤品和美妆类，这也十分贴合格格家本来的顾客定位。

6.2.5 新友（Associate）：顾客导向与客群拓展

消费者获取信息的渠道越来越多，如何将产品信息精准有效地呈现到大众面前，如何吸引越来越多的新朋友加入顾客群体，成为越来越多企业营销的难题。目前，单一的推送越来越不为受众所接受，而双向的交互可以带来意想不到的效果。作为国内领先的高端美食电商平台——格格家创新会员运营方式，挑选"种子用户"，通过口碑提升业务转化。2015年7月，格格家实现销售额近亿元。

在现实生活中，人们的相处模式大部分是物以类聚，人以群分。在细分顾客为中高端女性时，其朋友也符合格格家服务对象的条件，所以在时效性较高的营销中，朋友与朋友之间的"口碑传播"是最有效、最具针对性地挖掘潜在顾客的方式。那么如何引导顾客进行有效的"二次分享"就是格格家在寻找新用户时重点挖掘的地方。

1. 口碑传播：友情的延伸与传递性

在"互联网＋"的购物时代背景下，购买并不是代表着交易的结束，而是通过"口碑传播"帮助商家吸引更多潜在消费者的开始，这在营销过程中充当着至关重要的角色。"口碑传播"在很大程度上帮助格格家挖掘潜在顾客。

消费者一般是在朋友圈、论坛和人际交互中进行分享体验，顾客发表相关的想法会对其他消费者的消费行为产生影响，这就是通常所说的口碑效应。对于越好的产品，得到的认可度会越高，这又反向促进产品的销售，产生马太效应，促进整个互联网商品销售的良性循环。对于顾客分享过程，格格家考虑到了以下几点：

1）口碑营销的传递性

口碑在人际间传播和影响的这一巨大效应在经济社会中更显突出。把握消费者购买后的分享动机，才能更好地促使消费者进行商品分享。当产品消费的主要人群了解产品的可靠性、优越性之后，就会向周围的朋友圈传播产品相关信息，进而引发好友跟随关注该产品，达到二次宣传的效果。

据专业市场研究公司调查得出的结论可知，只有 4% 的不满顾客会向企业提出他们的抱怨，但是却有 80% 的不满顾客会对自己的朋友和亲属谈起某次不愉快的经历。这就说明，口碑的这种负效应往往是"斩马于快刀之下，杀人于无影之中"。优质服务是维护口碑的必要前提，口碑这把"双刃剑"的巨大威力，使得企业不得不提供优质的服务来应对各种不利的局面，从而维持良好的企业形象。

2）口碑营销的说服力

事实上，热爱美食、热爱生活的格格家顾客自发聚集，通过微信群的方式组建一个格格家的美食联盟。他们有着积极的生活态度，擅于从生活中挖掘出美好的事物，努力将日常生活变得精致。尤其是格格家创始人沈丹萍，她怀抱着对生活无限的热情活跃在微信群中，亲自担任格格家的客服，向素未谋面却一见如故的他们分享自己的美食世界。

（1）带动顾客分享。沈丹萍积极地日常分享，带动一批格粉加入他们的分享大会，尤其是与顾客维持良好的关系后，顾客很乐意给出很多真实的使用反馈，包括他们的日常生活，他们的一些购物后的体验反馈，还有通过格格家给他们的生活带来的变化和改善。这样一来，格格家便拥有了可以带动其他顾客的动力，让其他顾客看到格格家的良好口碑。

（2）参与顾客互动。当顾客在网络平台上分享了有关格格家的产品分享后，格格家后台工作人员会对相关的分享内容进行评论，对好的评价进行认可与完善，而对不好的评价给予礼貌的解释，这样能让看到此条分享内容的顾客心中留下更加深刻的印象，赢得他们的认同，达到良好的广告效应，如图 6-2-8 所示。

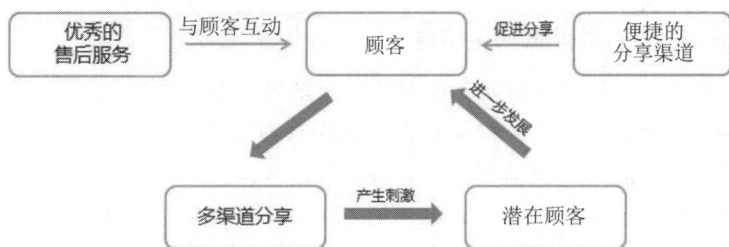

图 6-2-8　参与互动的流程示意图

2. 分享活动：平台的推动与激励性

格格家会不定期推出一些分享活动来促进二次宣传，如格格家通过"用户邀请好友"（赠送网店代金券、打折券等）方式促进用户的二次宣传。2016 年 4 月，格格家推出"美食游园会"活动，该活动通过分享来增加顾客，如图 6-2-9 所示。

（1）活动目的鲜明。例如，"美食游园会"活动规则为：邀请 5 名小伙伴可获得 15 元现金券，每日邀请最多者可获得 50 元现金券，累计邀请最多者可获到 300 元现金券。该活动规则简单粗暴、目的鲜明。

（2）口碑营销效果显著。截止"美食游园会"活动结束，累计显示的参与人数超过

7000 人，邀请最高者已超过达 200 人。该活动的本质是出于对分享活动的朋友的信任，其核心是口碑营销。

（3）营销成本降低。按格格家新用户的平均推广成本 20 元来计算，预估平均每人邀请到 15 个人的话，这样的推荐活动可以节约近 200 万的营销成本。

格格家的创意营销手法很多。例如，"狮子座大宴请"活动当天平台销售额 100 万。每天 10 点万人蹲守，87% 的活跃度刷爆吃货的好感度。格格家就是通过诸如此类的独具特色的分享活动，达到了"零广告、高曝光"的营销效果。此类活动为格格家累计了一批又一批高忠诚度的用户。

图 6-2-9 "美食游园会"活动分享截屏图

3. 可持续营销：平台的腔调与人情味

格格家一再强调，其从始至终都不是微商，而是做品牌、平台。其实，格格家也在慢慢摆脱与微信的捆绑关系，其线上销售额已占到销售总额的 60%。格格家的 App 既能降低依赖微信生态的风险，又能接入微信和微博，拓宽了流量入口。

正因为如此，为了吸引社会上的意见领袖，格格家自身也努力成为一个有腔调的品牌。李潇说："消费是个人自我形象管理的一部分，通过消费某一品牌向外界展示他是谁。对于品牌来说，即便商品和服务重合，艺术性和价值观也不一样。"在他看来，格格家以客为友的理念，引导着格格家的 App 非常接地气。在一次采访中，沈丹萍曾如此介绍承载着自己梦想的这款 App。她说："格格家也在不断挖掘中国最具特色的地方特产，帮助地域美食焕发新的生机。"

⊙— 6.3 格格家的 5A 友谊营销及其支撑体系

为解决模型的不规范性，本案例完善了该模型的支撑体系，以便其他企业能够更好地认识和开拓"友谊营销"的应用，如图 6-3-1 所示。

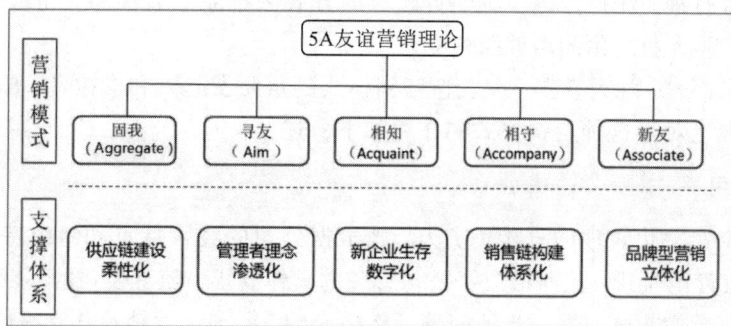

图 6-3-1　5A 友谊营销及其支撑体系构架图

6.3.1　供应链建设柔性化

随着市场规模的不断壮大，跨境电商平台鳞次栉比，但追根溯源，电商之本是将商品以最快、最令人放心的方式送到消费者手里。而格格家最大的优势就是极高的顾客黏性和复购率。这是建立在商品的正品保障和质量保证基础上的，同时也离不开供应链的建设与完善。从创立之初，格格家就专注于搭建供应链管理体系，力求打造出能按个体消费者的个性需求提供服务的"柔性供应链"。格格家在建设"柔性供应链"时作出了如下尝试和创新。

1. 锁定顾客购买倾向

格格家的商品供应在很大程度上取决于顾客的购买倾向。除了食品类商品在上架前的反复试吃与筛选从而贴近顾客偏好外，格格家的美妆商品在很大程度上依照顾客的要求进行上架。格格家将美妆、服装等商品以"格格福利团"的形式在每天的 10:00 在固定区域上架商品，而这些商品的选择往往是顾客向格格家提出的，格格家采用团购的方式以更为合适的价格帮顾客购买热门但难买的商品。根据顾客的需求来决定商品的上架，这与"柔性供应链"的定义完美契合。

2. 严格把控进口货源

绝大部分顾客最在意的问题，莫过于海淘的商品是否为正品。目前，绝大多数跨境电商采取的是中央集采方式，也就是采购团队通过要求一些中间商把货物运入保税区或者海外，如香港地区以直邮仓的方式来采购热门商品。这种方式方便快捷，但是货源无法百分百地掌控。即使是已经进入保税区的商品，也未必能保证商品的来源可控。格格家特意安排专门的采购人员去海外采购商品，商品不经过中间商或代理商，这种类似于"人肉代购"的方式可以保证商品来源可控。

6.3.2　管理者理念渗透化

企业文化对企业发展有着巨大影响。企业高层管理者对企业文化的形成和维系有着至关重要的作用。作为从燕格格一步步走来的电商平台，格格家从创立之初，便力图建立"与客为友"的企业文化。格格家成立初期，客服团队尚未成立时，所有顾客问题及其反馈全部由沈丹萍一个人打理。沈丹萍以一种贴近顾客的方式来维系顾客关系，完善公司的售后服务。这无疑是一种企业文化的培养与建立。

对于格格家而言，沈丹萍是 5A 友谊营销模式的重要发起人和支撑者。那么，沈丹萍以客为友的理念渗透对于这种营销模式的作用如下所述。

1. 决策作用

沈丹萍是企业文化管理的直接负责人，她根据公司的经营特点和组织特点，提出了格格家的 5A 友谊营销模式，从而形成了公司管理的具体要求。随着公司的不断壮大，管理者理念不断渗透其营销模式，进一步地完善了格格家的 5A 友谊营销及其支撑体系。

2. 标杆作用

高管层通常是企业文化的第一践行者。企业管理者的价值观念对员工的价值取向影响深远。沈丹萍的态度和行动对她的员工有着深刻的影响，她不断地在管理上对企业文化进行投入，宣传、对员工有着极强的带动作用。

3. 督促作用

高管层通常是企业文化最坚定的维护者和监督者。沈丹萍要求员工在工作中真正做到以客为友，并建立了相应的监督体系和激励机制，让员工沿着企业文化的方向准确前进。

4. 完善作用

沈丹萍会密切关注企业动态和市场动向，以便企业文化可以密切配合市场形势的变化。

6.3.3 新企业生存数字化

对于互联时代的企业，如何以宽广的胸怀和富足的心态设计共赢的商务模式是十分迫切和重要的。

1. 把控顾客信息与销售趋势

从根本上来说，格格家的 5A 友谊营销模式无法脱离互联网平台。无论是微信这样较为私人化的社交平台，还是方便快捷的 App 平台，都是友谊营销中不可或缺的部分。正所谓时势造英雄，离开了日渐活跃的社交平台和多媒体平台，与顾客之间的数字化交流也是纸上谈兵。纵观各大电商平台，无一不在运用社会化媒体来靠近顾客。社会化媒体的交流范围是很广泛的，对企业来说其存在的潜在用户是很多的。企业通过社会化媒体发布相应的企业信息，并寻找一些跟随、关注企业信息的用户，将这些用户发展为企业的潜在用户群体。企业可以通过不同的途径和用户进行交流，如利用企业产品技术方法信息和用户达成技术交流，或就用户的喜好关注点进行交流。企业和用户之间达成良好的交流可以提高企业的品牌效益。

2. 兼顾支撑力量与推动力量

数字化已成为大势所趋，这对企业的生存来说至关重要。作为拥有独立 App 的电商平台，格格家对数字化的重视与应用尤为重要。格格家需要做好数字化建设，从而把握顾客信息和销售趋势。格格家的方法也很明确，即为友谊营销。企业数字化成为了格格家友谊营销模式的推动力量。同时，这种具有创新性的 5A 友谊营销模式需要强大的数字化建设能力和新媒体运用能力作为支撑，绝不是在社交平台上与顾客寒暄那样简单。对此，格格家仍有很大的进步空间。

6.3.4　销售链构造体系化

格格家的负责人认为，企业的业绩不只是销售团队工作的结果，而是市场部分、服务部分以及管理流程综合运营效率的集中反映。只有市场、服务和支持部门对销售部门的支撑到位，才有可能让销售部门的工作效率最大化，实现最佳的销售结果。

1. 市场部门内建考核体系

市场部门的本职工作为负责企业品牌建立、维护和管理的工作，通过市场活动为销售团队创造良好的外部环境。为了更加有效地支持销售团队，格格家的市场部门不仅将工作重点集中在品牌建立，而且致力为销售团队创造销售机会。格格家的团队力图将格格家打造成一个高端零食电商平台，围绕着"格格带你吃遍全球"展开，并且将此形象在顾客心中不断加深。随着时代发展，零食的作用不仅仅充饥和消磨时间，越来越多的人希望在零食中找到乐趣。同时，随着健康越来越受到重视，人们对零食也提出了更高要求。格格家这样的品牌形象和营销宗旨迎合了当下年轻且具有一定消费能力的人群对食品的诉求，也因此获得了更多的销售机会。

2. 服务部门支持销售

服务部门的本职工作为负责企业成交客户的售后服务以及客户投诉管理的工作，通过真诚的服务巩固企业市场影响力。服务部门在格格家的营销模式中，处于非常重要的位置。当前，格格家上百个微信号，添加了 20 万顾客好友，不仅有专业客服团队，而且沈丹萍也参与其中。在营销管理中，衡量服务部门工作的最有效指标并不是客户满意度，而更多表现为客户因为对服务的满意而产生的重复购买率。从这点上来看，格格家做得非常成功。服务部门还是企业中客户最信任的部门，格格家有效地发挥服务部门的这个特点，将其成为营销模式的重要支持力量。

3. 部门外部管理流程

目前，格格家已经建立了以顾客导向为立体的管理流程和考核体系，这成为为企业的营销模式的坚强后盾。同时，格格家正在逐步完善对内部员工的激励体制，比如，不定期的员工福利、购物节加班的食物补贴等重大活动圆满结束后的犒劳等。

6.3.5　品牌型营销立体化

随着网购市场的不断发展，主打不同亮点的跨境电商平台鳞次栉比。而电商平台并不是货物的生产者，而是货物的"中转站"。为了满足顾客的多方位需求，各大电商平台着眼于扩大自己的商品品类。在经历前期的发展后，很多电商平台面临商品品类混乱、品牌形象塑造欠缺等问题。格格家从建立初期，便非常关注对于品牌价值的塑造。格格家凭借对品牌价值的坚持与完善，通过多方面、立体化的措施，不但实现了品牌型营销，还为顾客忠诚度的加强与顾客友谊的实现提供了支撑。

1. 旧品牌纵向延伸

作为格格家网络的重要品牌，燕格格发展至今已有许多创新。在保证燕窝质量的基础上，"燕格格"接连推出了纯燕窝、多口味燕窝、即食燕窝、燕窝素等产品。这些产品不仅迎合了老顾客的需求与口味，也吸引了很多的新顾客。除去"燕格格"这一品牌的纵向延伸，格格家也一直致力于打造一个有特色、高质量的品牌形象。中高端进口食品电商平台是格格家对自己的定位，同时也是格格家对自己发展方向的规划和品牌形象的塑造。随着格格家与更多生产厂家的合作，大量有口碑保证的产品使得格格家的品牌形象更加立体。

2. 新品牌横向拓展

与其他电商平台不同的是，"燕格格"为格格家奠定了品牌塑造的良好基础。在经济飞速发展的时代，无论是线上还是线下交易，全球经济已处于买方市场。与此同时，产品和服务同质化严重，品牌成为增强竞争力的重要法宝。燕格格作为声誉极高的燕窝品牌，不仅为格格家带来了第一批质量极高的客户，同时也为格格家奠定了品牌塑造的基础。对于新顾客而言，选择信誉良好的电商平台可以降低购买风险。而对于老顾客来说，格格家的品牌塑造会让格格家在他们心中拥有极高的顾客忠诚度。

当前，为了塑造更全面的形象，格格家正在尝试向服装产业扩展。在日常的朋友圈推送文章中，关于格格家独立服装品牌的相关信息日渐增多，这起到了较好的宣传作用。未来，更多成熟的新品牌的注入也将利于格格家品牌型营销的横向拓展。

6.4 案例总结

本案例论述了"互联网＋"时代之下独立电商平台——格格家的5A友谊营销战略模式。创建"5A友谊营销"模型的原因是格格家以顾客为导向，主动挖掘顾客需求，以与顾客间的良性互动作为竞争优势。该模型强调了格格家非常重视顾客的消费感知与需求导向。基于格格家营销方法的模型大致分为以下五个阶段。

（1）建设管理与营销团队。优秀而契合的团队是企业的开始。对一个中小型企业而言，员工不仅是工作人员，也是朋友和潜在的消费者。拥有相似特质和同一目标的团队是格格家立足于数字经济的秘诀。

（2）锁定受众群分析和目标群体。这一阶段不仅需要领导者对市场的良好感知，也需要准确定位目标群体。从友谊营销的层面来说，找寻和自己、和团队契合的群体建立友谊，有助于为日后的相互信任奠定基础。

（3）目标群体需求挖掘与平台建设。这一阶段，友谊的发展是在相识之后的相互了解。作为商品提供者的企业需要有专人或团队与目标客户群迅速打成一片，明确其需求以完善平台的初始建设。

（4）企业与顾客双向的交往与成长。在真正的友谊发展过程中，这一阶段无疑是最有意义的。格格家不仅要在客户反馈中及时完善与发展，也要采取措施实现顾客群体的成长。这种交互的过程保证了顾客的忠诚度，也有利于以最小的成本实现顾客群体的扩大——

"口碑营销"。

(5) 平台的人情味与社会责任感。提升原有顾客的黏性，并在保证产品质量的同时吸引更多顾客，这不仅靠已有资源的再利用，也需要采取新措施。

案例点评

近年来，独立电商平台大量涌现，发展潜力巨大，但在电商平台激烈竞争的市场环境下，独立电商平台的发展面临着一些困境。具体表现为：大型平台企业占据市场的绝对比重，留给新兴独立电商平台的市场份额有限。独立电商平台想要在竞争激烈的市场上生存下来，必须具有强大竞争力的营销模式。该案例的营销模式与常见的独立电商营销模式均不同，有着传统营销无法比拟的巨大优势。

本案例以浙江格家网络技术有限公司旗下独立食品电商——格格家为对象，分析提炼了其成功背后的独特数字营销模式，并提出相应的 5A 友谊营销理论。本案例论述了"互联网＋"时代下的格格家的营销新出路。首先，本案例阐述了格格家品牌创建的宏观条件和发展态势，接着，本案例分析了格格家独立电商平台的管理现状与思路探索，根据其独特的"5A 友谊营销战略模式"进行分析。格格家以顾客为导向，主动挖掘顾客需求，并与顾客间的良性互动作为竞争优势。该模型强调了格格家非常重视顾客的消费感知与需求导向。

在理论价值方面，该案例提出了 5A(固我(Aggregate)、寻友(Aim)、相知(Acquaint)、相守(Accompany)、新友(Associate))营销模型，并从构成要素、展开过程、具体措施、支撑体系四个方面进行阐述分析。在数字技术高速发展的今天，信息渗透与传播更为充分，该模型立足于顾客导向，不仅适应顾客需求，而且主动挖掘顾客需求，能够与顾客建立良好而持久的友谊以增加顾客黏性，促进企业发展。格格家的 5A 营销战略模式最大的不同是以顾客为导向，从目标群体的锁定与挖掘到顾客的成长与维系，整个过程离不开顾客这一核心。

在实践价值方面，顾客流量的获取与维持是电商的生命，营销的阵地不仅在于线下，更多在于线上。如何获取顾客流量、塑造顾客黏性、打造企业口碑等，都是亟需解决的问题。在社会化媒介高度发展的时代下，消费者在营销中占据主动地位。5A 友谊营销战略模式兼顾到了追求顾客价值与企业价值的双向实现。该模式从五个维度诠释了企业与顾客之间关系的建立和发展过程，双方的价值在此基础上得以实现。格格家具有很强的借鉴意义和较高的操作可能性，为独立电商平台的营销模式提供了启发意义，为独立电商平台的营销策略提供了一种具体的、连贯的新思路。

点评人：岑杰(浙江工商大学副教授)

案例七　古茗茶饮的新零售转型[①]

　　随着互联网和大数据技术的发展，为了保证自身在行业内的独特性和稳定性茶饮行业，正在进行新零售的转型。浙江古茗茶饮品牌（以下简称"古茗茶饮"）是一家通过上下游供应链来自建物流体系的新零售龙头企业。古茗茶饮作为中国最早诞生的同行业品牌，自2008年创办以来，下沉三四线城市，以新鲜水果茶为特色，致力于回归饮品本质、打造健康品牌，其拥有产品研发、冷链仓储、数字化探索等多环节优势。在新的时代背景下，古茗茶饮积极改善传统经营模式，借供应链助推茶饮品牌新零售转型，不断创新产品，并升级门店，在保证自身产品质量的同时，努力打造年轻化、时尚化的品牌形象。

7.1　认识古茗茶饮

　　2010年，古茗茶饮创立于浙江省台州温岭市大溪镇，浙江古茗科技有限公司为古茗茶饮品牌的母体公司。截至2019年初，古茗茶饮全国连锁门店已超过2000家，分布于浙江、福建、江苏、江西、安徽、四川、重庆、湖北、河南、广东等地。

　　古茗茶饮通过整合上下游供应链、自建冷链物流、两日一配等措施，将各类新鲜水果及乳制品直配到门店，在三四线城市打造了一个"以新鲜水果茶为特色，却依然保持高性价比"的品牌。古茗茶饮创立至今，凭借"精"和"变"的企业文化，使"古茗"品牌一直保持市场份额成倍增长。

　　古茗茶饮在全国各地区都部署有专属的原料仓储基地，为全国各大加盟商打造一站式服务。古茗茶饮在华东、华中与华南地区已分别设立仓储基地，为辐射全国连锁门店的物流布局打下了坚实的基础，健全的仓储体系也保证了饮品风味和品质的稳定。

　　古茗茶饮总部拥有专业的饮品奶茶研发团队、完善的供应链体系和品控体系。古茗茶饮用专业仪器分析食材的特性，定时检测各类指标。古茗茶饮不仅在乎食品的安全问题，更在乎食材特性的变化对饮品口感所造成的影响。古茗茶饮严格的品控保证了食品的安

　　[①] 该案例获得2021年浙江省大学生经济管理案例竞赛一等奖。作者：钱杨、田媛、陈温迪、吕洁莹。指导教师：马小龙。

全，也保证了饮品的最佳风味。古茗茶饮的自建冷链物流和配送上门服务，能把更优质、更新鲜的食材，以更快的速度、更好的搭配呈现在顾客手中。

7.1.1　发展历程

古茗茶饮的发展历程如下：

（1）初始阶段（2010～2012 年）。2010 年，第一家古茗茶饮店在浙江省台州温岭市大溪镇德明东路 37 号开业。2011 年，第一家合作门店开业，古茗茶饮开始连锁经营模式，经过一年半的整改和口味的升级，单店单天出杯量突破 1000 杯。2012 年，古茗茶饮拥有 27 家分店，开始走出台州面向全国，单店单天出杯量突破 1500 杯。

（2）发展阶段（2013～2017 年）。2013 年，古茗茶饮拥有 100 家分店，辐射浙江、福建、江苏、河南等地。2015 年，古茗茶饮拥有 300 家分店，单店单天出杯突破 2100 杯。2016 年，古茗茶饮的全国门店突破 700 家。2017 年，古茗茶饮的全国门店突破 1000 家。古茗茶饮推出"0 氧化产品"，并以独立门店的形式正式亮相。在定位上，"0 氧化产品"偏高端一些，主打二三线城市。

（3）成熟阶段（2018 年～至今）。2017 年 12 月 31 日，罗振宇在"2017 时间的朋友"跨年演讲关于创新的演讲内容中，提到一家诞生于浙江台州温岭的"奶茶店"——古茗茶饮。2018 年，古茗茶饮的全国门店突破 1800 家，单店单天卖出 3000 多杯。2019 年至今，古茗茶饮的全国连锁门店超过 2000 家。古茗茶饮的发展历程如图 7-1-1 所示。

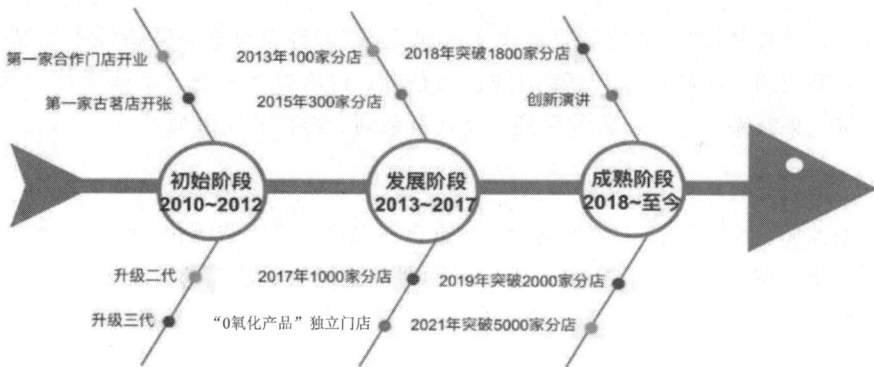

图 7-1-1　古茗茶饮的发展历程

7.1.2　企业文化

我国茶文化源远流长。发扬光大茶文化是古茗茶饮所追求的目标。取名"古茗"的意义是："古"即老，"茗"即茶。秉持着"精""变"的企业文化，古茗茶饮的经营理念是坚持做一杯好茶，让更多的消费者喝到零添加的优质茶饮，让消费者买得放心、喝得放心。古茗茶饮以连锁经营门店为依托，以独特门店装修风格为辅助，构建了独特的企业文化。

1. 健康时尚

古茗奶茶堪称天然好茶，主张一切回归"零"的产品理念：零添加、零防腐、零氧化。古茗茶饮追求万物总有平衡的价值理念，让纯天然、纯手工的茶饮文化成为古茗茶饮的企业标准。

2. 明亮简洁

古茗茶饮标准门店以黑白灰色调的硬朗简洁风格为主，其材质的选用和结构设计以"耐旧、易清洗"为目的，让门店能够长期保持"明亮、整洁、干净、如新"的状态。

3. 追求好茶

古茗茶饮总部研发人员踏遍万水千山只为一杯好茶。古茗奶茶的稳健发展，取决于古茗茶饮对每一杯好茶的追求理念。这一切均源于古茗茶饮的文化：爱茶、知茶、懂茶。

7.1.3 公司核心产品和服务

古茗茶饮拥有专业的饮品研发团队、完善的供应链体系和品控体系。古茗茶饮汲取中国传统茶的精髓，结合现代拼配茶理念，搭配专属产地的新鲜水果，在不断创新和精益求精中，形成独有的古茗风味，致力于为用户打造日常化的极致喝茶体验。古茗茶饮的产品以"新鲜、健康"为定位，通过连锁门店进行销售。

1. 核心产品介绍

古茗茶饮一直坚持"为消费者打造潮乐健康之茶"的经营理念，坚持纯手工制作，精挑细选各种高品质的原材料（如出自高山的优质茶叶、台湾香水柠檬、越南无籽柠檬等）。主要产品有限定果茶系列、芝士茗茶系列、轻乳茶系列、奶茶家族系列等。

2. 公司服务

古茗茶饮坚持"消费者至上"的观念，注重食材健康、门店透明化、服务态度佳，以及为加盟商提供优质服务。古茗茶饮坚持每一杯饮品都是健康、营养的，让每一位消费者喝得安心、满意。

1）注重食材健康

古茗茶饮通过食品质检和理化研究实验室，科学分析食材的特性，定时检测各类指标，严控食品安全问题，把控食材特性的变化对饮品口感所造成的影响，保证饮品风味和食用安全。

2）门店透明化

如图7-1-2所示，透明的后厨环境可以让消费者清楚看到每一杯饮品的制作过程以及使用的原料。古茗茶饮让消费者买得放心，喝得安心。

3）服务态度佳

古茗茶饮门店日常操作流程的设置、准则的实施，都有一个原则，即永远把顾客放在第一位。因接待人员点单快而准，制作人员稳而精古茗茶饮赢得了广大消费者的心。古茗茶饮的场景化营销做到了情感输出，借助代入感来触动消费者的情绪和情谊，进而引发共鸣，从而形成对品牌的特殊情感，奠定消费基础。古茗茶饮场景营销最动人之处在于不仅是出售奶茶，更是在出售一种现代的生活方式，传播新的生活观念，塑造新的消费态度，从更高、更深的层次与消费者沟通交流，建立相互的信任感。

图 7-1-2　古茗茶饮门店图

4）为加盟商提供优质服务

与加盟商合作后，古茗茶饮给予的管理服务也比其他同行品牌更多。其中包含开业指导、产品研发更新、营销、宣传、货品供应、设备安装、品牌升级、经营指导、技术培训等。

（1）开业指导。成为品牌加盟商后，古茗茶饮会为新店提供开业指导服务，通过指派工作人员到店指导，让新店与消费者展开高频互动。

（2）产品研发更新。古茗茶饮总公司组建研发部门，针对市场需求的变化、当代人的审美变化等，不断研发并推出新产品。古茗茶饮借助产品差异化经营，拥有更强竞争力。

（3）营销。古茗茶饮还为加盟商提供饮品营销服务，通过制定多个营销办法，带动产品销量提升。

（4）宣传。古茗茶饮会定期为品牌、新品、活动进行多渠道宣传，开展线上线下多渠道推广，可提升品牌市场曝光度。

（5）货品供应。为了确保产品量化出餐，不影响店铺营收问题，古茗茶饮为加盟商提供货品供应服务。

（6）设备安装。店铺内的设备由古茗茶饮总部运输到店，并指派工作人员做设备的安装与调试。

（7）品牌升级。为了让品牌加盟店长远运营和发展，古茗茶饮总部还定期为其提供品牌升级服务。古茗茶饮通过改进经营模式、品牌店装修风格，吸引更多人进店消费。

（8）经营指导。店铺正式投入运营后，古茗茶饮总部还会提供店铺经营指导服务，让加盟商掌握更多开店技能。

（9）技术培训。古茗茶饮总部还为加盟商定期提供技术升级培训，让其轻松掌握产品制作、人员管理等技能。

7.1.4 公司特色

古茗茶饮以连锁加盟总部为形式，以独树一帜的"新锐华式靓饮"为特色定位，塑造"年轻、时尚、潮流"的品牌形象，加上专业的培训制度、严格的原料供应体系与先进的物流体系，使其迅速从众多的同行业竞争品牌中脱颖而出。同时，古茗茶饮回归饮品原有的本质，做天然健康的奶茶品牌，以"全程手工坚持和0氧化"为工作导向，用心为每一个人提供天然健康的饮品，致力于实现"中国奶茶第一品牌"。

1. 特色供应链

古茗茶饮拥有专业的饮品研发团队、完善的供应链体系和品控体系，并汲取中国传统茶的精髓，结合现代拼配茶理念，搭配专属产地的新鲜水果，最终呈现独特的古茗风味饮品。

在水果茶上，古茗茶饮使用的是当季新鲜水果，并且水果都是原产地直采。在全球采购优质食材的同时，古茗茶饮还在云南西双版纳自建柠檬基地、在海南自建芒果基地。古茗茶饮花5年时间打造的柠檬基地不仅解决了水果茶原材料（香水柠檬）供不应求的问题，还帮助基地种植户解决了脱贫问题。在乳制品上，古茗茶饮也做出了很多投入。如图7-1-3所示，为了更好地把控产品品质，古茗茶饮研发了"认养一头牛"产品，其生乳选择标准严于欧盟的收乳标准，且做到了该产品无复原乳、添加剂或香料，该产品的生乳成分也没有进行工艺化调整，更接近牛奶本身的味道。

图7-1-3 古茗茶饮的"认养一头牛"牧场图

除了对产品的钻研，古茗茶饮还加强了与其他品牌IP的线上线下联动，通过全场景、全流程的跨界合作，让产品本身成为自己的营销载体，真正触达消费者特色。

十年来，古茗茶饮一直秉承着"做好一杯奶茶"的初心，深耕下沉市场。为了能让消费者喝到更新鲜、更有品质的新鲜饮品，古茗茶饮在全国设立八大仓储基地、四大运营中心，依靠不同的温区储存不同的产品，古茗茶饮还拥有100余辆冷藏车和多家第三方冷链物流合作商，让"两天一配"成为可能。

为了确保加盟商能使用总部统一采购优质的水果、牛奶等，让各个加盟商的奶茶出品更加稳定，古茗茶饮斥资 4000 万元在华东、华中、华南地区建立仓储基地并自建冷链配送系统，约 20000 立方米不同温度的冷仓，保证了原材料新鲜的同时降低了运输成本。此外，鲜果运输和仓储的信息化，已成为古茗茶饮的标配。古茗茶饮对仓库的信息化管理可分为三类：第一类是品质管理；第二类是效率管理；第三类是全程痕迹化管理，全程具备追踪，仓储信息化程度高。古茗茶饮对于物流的最低要求是 12 小时完成 300 千米的配送。在运输过程中，古茗茶饮积累的经验越来越多，并不断优化物流线路。例如，将水果基地和各个仓库放在一起做线路规划。在运转过程中，古茗茶饮不断注入科技的力量，仓储朝着智能化发展。例如，无人仓储既能够提高效率，又能够节省成本。

2. 特色经营理念

如图 7-1-4 所示，古茗茶饮恪守的经营理念，是"加、减、乘、除"的智慧法则，即持续增"加"的荣誉认可，精益求精的减"少"选择，上"乘"品质的降维打击，科学有效的隐患根"除"。

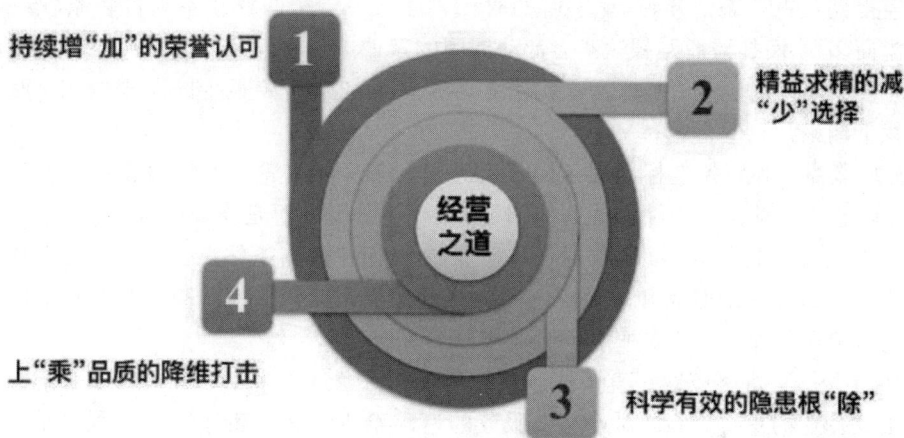

图 7-1-4　古茗经营理念

在载誉前行中，古茗茶饮始终注重顾客体验，满足不同人群对饮品的多元化要求，得到越来越多消费者的认可。在微博、大众点评、美团、小红书等平台，经常能看到消费者对古茗茶饮的好评。古茗茶饮在加盟区域上同样要求精益求精。当大部分茶饮品牌在一二线城市激烈厮杀时，古茗茶饮独辟蹊径，舍弃众多茶饮品牌争夺的一、二线城市，选择"沉"到三四线城市的蓝海市场并深深扎根。例如，古茗茶饮的第一家店开在浙江台州温岭大溪镇，之后布局台州各大乡镇，随后迈向浙江、江西、福建、安徽、四川、重庆、湖北、河南、广东等地。古茗茶饮现已成为多个三四线城市的头部茶饮品牌。虽然以下沉市场为主战场，但古茗茶饮却是以上乘品质切入。在很多三四线城市，古茗茶饮的门店环境优越，产品口感独特，服务热情周到，价格也十分亲民，因此消费者的消费欲望强烈，回购率十足。凭借差异化定位和降维打法，使得古茗茶饮在诸多三四线城市成为头牌。

同时，古茗茶饮建立成熟的质量管理体系，保障茶饮品质。古茗茶饮拥有严苛的"产品质量安全追溯监管体系"，建立了全品类、全区域、全覆盖、全流程一站式品控溯源监管体系，确保饮品的质量和绝佳口感。同时，古茗茶饮团队在品控质检环节采用六道检测工序，运用专业仪器分析，定时检测各项指标，对产品质量进行严格检验与把控，确保每一个环节都恪守安全底线，真正将安全隐患根除，给予消费者健康美味的品质承诺。凭借"加、减、乘、除"四项智慧法则的经营理念，古茗茶饮迅速霸占全国市场，成为头部茶饮品牌。

3. 特色战略定位

战略定位是指通过保持一家企业的独特优势而获得持久的竞争力，它是不可超越或者说不容易被模仿的。一组独特的经营活动就是企业要采取与竞争对手不同的运营活动，或者是以不同方式完成同类活动。古茗茶饮的特色战略定位主要体现在一切以加盟商的利益优先，坚持加盟商的独特挑选标准和区域开店原则。

（1）一切以加盟商的利益优先。古茗茶饮的创始人王云安在创办古茗茶饮的早期就有一个坚定的理念，即古茗茶饮将来要走加盟路线，但加盟品牌要想做得长久，最根本的还是在于让加盟商赚到钱。这跟十年前奶茶行业做加盟的企业是完全不同的理念，那时候大家认为奶茶做加盟就是赚加盟费，关键在于如何绕过加盟者加盟。但古茗茶饮不同，古茗茶饮的经营守则就是要让加盟商赚钱，这是古茗茶饮独有的"利他文化"。王云安在一次演讲中曾经提到："古茗茶饮开到 70 家店的时候，自己一年赚的钱还不如古茗茶饮一个做得好的加盟商多"。而加盟商赚钱，就会带动周围的亲戚朋友主动来加盟，甚至看到他的店生意好，也会主动打电话申请加盟。这就让古茗茶饮的加盟需要很少的广告费用，而是加盟商主动找上门来。

（2）加盟商的独特挑选标准和区域开店原则。古茗茶饮凭借多年挑选加盟商的经验积累，即可以通过各种条件来筛选优秀的加盟商。总的来说，不是你真心诚意、愿意开一个奶茶店就可以获得加盟资格，而是要通过古茗茶饮的各种筛选条件。这些条件的设置来自古茗茶饮多年来对优秀加盟商和失败店主的分析和总结。在众多新式茶饮品牌中，以加盟模式经营的古茗茶饮早在三四线城市深耕多年。

2010 年至今，古茗茶饮一直坚持连锁经营模式。经过十多年的发展，古茗茶饮已经成为中国茶饮行业的重要力量。对产品和服务的追求给古茗茶饮带来了一系列的成就：先后获得多项荣誉，包括"2017 年全国消费者放心满意品牌""2019 年最具战略影响力品牌""2019 年度中国杰出餐饮品牌""2019 年中国茶饮十大品牌""2020 年中国茶饮十大品牌""2019—2020 年度杰出品牌营销奖——综合奖"等殊荣，使其行业地位得到了有效提升。

7.2 古茗茶饮的新零售

7.2.1 古茗茶饮供应链 3.0 之路

1. 供应链 3.0 的背景

在茶饮行业快速崛起的时代，想要有自己的核心竞争力，早已不能只停留在门店端和营销端，消费者在茶饮店喝到的每一杯产品，背后都有采购、冷链、仓储等一系列流程和对应的庞大体系的支持。因此，茶饮行业的企业拥有完善的供应链十分必要。古茗茶饮作为浙江茶饮龙头企业，为了顺应时代发展，已在逐步实现供应链的升级变革。从最初的传统供应链到现在的供应链 3.0，其背后快速发展的背景动因也值得深究。本案例归纳分析了以下三点背景动因。

1）茶饮行业竞争逐年增大

20世纪90年代以来，技术进步和需求多样化在一定程度上造成了产品成本和改进客户服务的压力。近年来，茶饮行业原料的好品质成为特别明显的趋势，因此古茗茶饮产品竞争已然从"喝配方"升级到"喝原料"，消费者越来越"识货"，饮品店也把好茶叶、好牛奶、好水果，甚至好的珍珠小料，都摆在吧台上。以糖为灵魂、通过配方调试来优化口感的方法，已经渐渐失去竞争优势，也使得茶饮行业大相径庭。茶饮越来越像一门"农业的生意"，谁能在原料的品质上做到最佳，就能在终端口感上收获消费者的喜爱。

2）大众对茶饮健康要求提高

如今，新生代和中产及富裕阶层构成了我国的消费主体，此类消费者更加关注服务的品质、品牌，以及生活质量与效率。除满足其购物硬性需求外，个性化、多样化的消费需求也愈发重要。根据数据统计，新式茶饮的线上订单增长明显，54％的消费者选择通过线上渠道购买新式茶饮，除了可以缩短到店排队等候时长，无接触也是消费者选择线上点单的主要原因。因受疫情影响，"品质安全"已经超越"口感口味"，成为消费者优先考虑的因素。

3）传统茶饮供应模式存在弊端

传统的茶饮商业模式主要围绕种植、制造、营销、品饮和文化等环节，进行长短不同、程度各异的组合搭配。针对不同传统茶饮的自身特点，本案例选取三大传统茶饮供应模式，对其存在的弊端进行了分析。

（1）经销商模式。经销商模式为比较传统的茶业商业模式，在此模式下茶叶从采摘到销售需经过多个环节，多个经销商层层加价，商品到消费者手中时，价格往往要翻好几倍。由于我国茶叶种类、质量的差异性跨度较大，茶叶质量标准规范难度提升，经销商往往根据市场、工艺成本等自主定价。定价不稳定，甚至抬价、造假等问题也导致消费者信任的丢失。对于消费者来说，经销商的产品性价比不高，产品质量参差不齐，消费者的权益难以得到保障。

（2）加盟连锁模式。加盟连锁模式在茶行业中应用得比较广泛成熟，连锁网络打通了与消费者之间的需求信息，该模式能够在短时间内迅速扩张，抢占市场，许多茶品牌便是采取连锁加盟模式实现快速发展。然而传统的茶叶连锁门店，无论自营还是加盟，都是依靠单一的店面人流量、坐店等客上门，导致拉新难，再加上门店租金和人工成本高、进货价高、库存量大、经营品类单一等问题，传统的茶叶连锁门店经营压力大。

（3）内容服务模式。内容服务模式是依托于"互联网＋媒体"的一种模式，其通过信息交互，提供茶文化、茶知识等内容来吸引粉丝客户，贩卖茶知识培训课程、茶产品等实现盈收，从而进行流量变现。对于普通消费者来说，内容服务有一定门槛。若缺乏好的内容产出，便会降低消费者黏性，难以形成大的传播规模。

根据以上三点背景动因分析，可以看出在现今消费升级趋势下，中国的产业链流向正在逆袭，传统的"先生产再消费"的方式将逐渐弱化，取而代之的是能够根据消费者需求"先消费再生产"的方式。而古茗茶饮在时代裹挟变革中，也顺势打造了全新供应链3.0，以销定产。

2. 供应链 3.0 的探索过程

古茗茶饮变化与迭代的背后是整个供应链的升级。从传统产业链到新升级供应链，以古茗茶饮为代表的新茶饮连锁品牌正在形成第三代供应链雏形。以供应链为基础，如图 7-2-1 所示，在采购、冷链、仓储等一系列流程和对应的庞大体系支持下，新茶饮时代必定快速到来，持续推动古茗茶饮的高速发展。

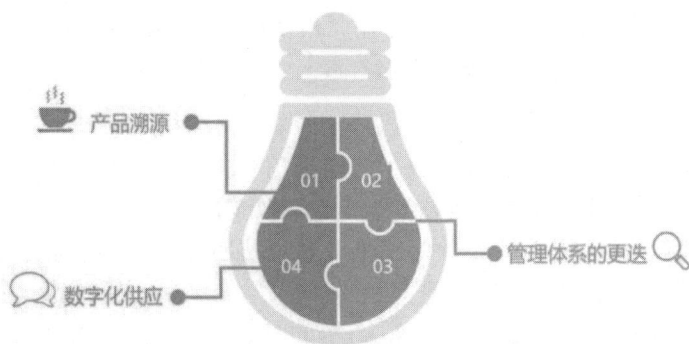

图 7-2-1 供应链探索过程图

1) 产品溯源

从茶饮第一代到茶饮第三代供应链，古茗茶饮进入源头时代。一是从种植、养殖源头开始布局，不吝时间和金钱，长期投入；二是古茗茶饮充分利用供应商的"次级品牌杠杆"，借用摆放在门店的"认养一头牛"纯牛奶，来强化提升古茗茶饮品牌的正面形象。"认养一头牛"是国内新锐乳制品品牌，奶源的溯源，是为了更好地把控产品品质，好的原材料只是为了让用户达到"每天一杯喝不腻"的其中一步。"认养一头牛"的生乳选择标准严于欧盟的生乳标准，且能做到 0 添加，无复原乳、添加剂或香料，生乳成分也没有进行工艺化调整，更接近牛奶本身的味道。基于"出身好、吃得好、工作好、住得好、心情好"五好奶牛理念，古茗茶饮以现代化、数智化牧场管理的方式，从供应链的源头支撑着新茶饮的不断发展。

2) 数字化供应

在数字化供应时代，一个地区的活跃人流量、餐饮消费分析等都是可以被预测的。在选址上，古茗茶饮一向看重区域密集度，门店越是集中，越是容易聚拢流量。大数据在供给侧的应用让茶饮业减少了供需不平衡的问题。如今，古茗茶饮采用第三方数字化解决方案，推动整个供应链改造。古茗茶饮改变了传统的门店自取方式，建立小程序点单，聚焦三四线城市开店的同时集中区域开店，形成独特的经营方式，实现精细化运营与经营效率的革新。

3) 管理体系的更迭

事实上，消费者在古茗茶饮店喝到的每一杯产品背后都有采购、冷链、仓储等一系列流程和对应的庞大体系支持。首先，古茗茶饮是能保证生鲜物料隔日低温配送的奶茶品牌。古茗茶饮的这套配送体系可以保证总部统一采购优质的水果、牛奶等，让各个加盟店的奶茶出品更加稳定。其次，古茗茶饮自建冷链系统。古茗茶饮的产品拥有优质、新鲜等特点是因为其拥有自建的冷链物流和配送上门服务。古茗茶饮有八大仓储基地、四大运营中心，约 20000 立方米不同温度的冷仓，同时，古茗茶饮还有 100 余辆冷藏车和多家第三方冷链物流合作商。最后，古茗茶饮有优质仓储系统。古茗茶饮在华东、华中、华南地区设立仓储基地，为辐射全国连锁门店的物流布局打下了坚实基础。作为一个使用鲜果茶的大型连锁品牌，古茗茶饮从独特配送体系，到自建冷链系统，再到优质的仓储系统，其供应链管理体系不断更迭。

新茶饮的竞争战早已打到供应链环节。特别是对连锁品牌来说，真正在供应链上找到新模式才能拥有未来。古茗茶饮供应链 3.0 借助数字化之力，不断深入与探索，做到全覆盖式管控，从源头到终端，打造优质产品，推动企业蒸蒸日上。

3. 供应链 3.0 的结果成效

古茗茶饮对食材的高标准、严要求，从渠道开发、采购执行、内部运营、质检品控四个方面呈现古茗茶饮每个环节的极致表现。如图 7-2-2 所示，从硬件升级到环节升级，再到管控升级，古茗茶饮的供应链体系正发生着翻天覆地的变革。

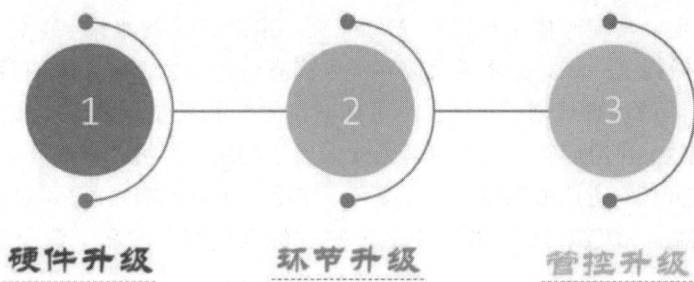

图 7-2-2　供应链体系升级图

1）硬件升级

为了在原材料供应上形成独特的竞争力、保证对消费者的产品供给，古茗茶饮不仅在全球各地采购优质食材，还在云南西双版纳自建柠檬基地。通过自建基地，古茗茶饮打造了"7＋大配送中心"，实现了配送区域覆盖 86％以上、全程冷链配送，保证原料快速到店。这一切都让古茗茶饮在一个很难构建护城河的茶饮行业中拥有自己的独特壁垒。

2）环节升级

在多年的发展中，古茗茶饮建立了现代化、专业化、高效化的冷链系统。古茗茶饮用约 20000 立方米不同温度的冷仓储存不同的产品，降低了运送过程中的损耗。同时，古茗茶饮与多家第三方冷链物流企业达成合作，能够实现物料生鲜的"两日一配"，保证了原料的质量。此外，古茗茶饮选择华东和华南地区构建仓储基地，实现就近物流配送。

3）管控升级

古茗茶饮仓建立更标准化的科学管理体系，全环节多层次质控管理，使古茗原料安全风险降到最低。此外，古茗茶饮进一步打造完善的温控互联网，全面监控冷链车辆温度、车速、位置等信息，减少"断链冷链"情况，致力于做到把产地最自然新鲜的口味送到终端消费门店。

古茗茶饮在自建冷链系统的同时，与多家第三方冷链物流商达成合作，从源头严格把关，着力打造产品硬实力，让顾客体验到更加极致的茶饮口感，用严谨的态度诠释了一杯高品质奶茶的"自我修养"，形成独特竞争力。古茗茶饮从小镇起步，到如今其门店遍布浙江、福建、江苏等省，古茗茶饮凭借非凡实力脱颖而出。

7.2.2 古茗茶饮新零售转型之路

1. 战略清晰化

古茗茶饮秉持独特且清晰的战略，凭借自身可执行的加盟体系与不可复制的成功商业模式，用"全程扶持、整店输出、轻松经营"的方式吸引合作，用"聚焦下沉市场、区域开店"的策略来实现总部配送门店，让奶茶更新鲜稳定。与此同时，古茗茶饮严格的开店门槛与营业培训提高了加盟商素质，在一定程度上反向保证了加盟商的利益。

1）区域开店

古茗茶饮在开店上的独特经营方式是区域集中开店。古茗茶饮能保证生鲜物料隔日低温配送的奶茶品牌，其配送体系可以保证总部统一采购优质的水果、牛奶等，让奶茶品质更稳定。为了能做到这一点，古茗茶饮放弃了很多省份的加盟。每一次的门店扩张，都要经过品牌供应链团队的认真规划，确保在尽可能减少原料损耗的情况下，实现每个门店的原料由总部统一配送。在门店扩张上，古茗茶饮采取了网络式扩张、密集开店的方式：不仅在城市的中心区域开店，还把触手延伸到县、镇，在短时间内打响品牌区域知名度。为更好地保障加盟商的利益，古茗茶饮采用了 2 千米左右的区域保护机制，避免出现恶意竞争的情况。

2）加盟合作

在新加盟商开店的培训政策上，古茗茶饮设立了"9 天标准化作业培训＋4 天直营门店实习＋7 天到店辅导"的模式。招商部、财务部、市场部、店面筹建部、配送中心、督导部等部门同时展开合作，在整店输出过程中，古茗茶饮对选址、设计、装修、培训、开业、运营等方面提供全方位支持，确保加盟商轻松开店。除了培训，古茗茶饮还要求所有加盟商有高频次、高密度接触的员工都要接受轮岗。因为有些业务场景无法模拟，只有真实到岗后才能够发现问题所在。这套体系让古茗茶饮能够做到快速聆听店群的需求，快速作出响应，并在最大程度上保障每一间加盟店的品质。

古茗茶饮加盟品牌对目标客群、开店标准定位清晰，且所有产品、提供的服务、店面装修和营销活动等均围绕其定位进行，每一环都高度匹配系统化商业模式。古茗茶饮总部精心梳理制作工艺、出餐流程、服务规范等多项店面运营制度，运用流程化的品牌管理方式，对产品生产、视觉包装、营销策划等各个环节严格把控，在充分保证加盟商利益的同时，塑造了自身品牌，为新零售之路打下了坚实的基础。

2. 大数据信息化

通过数字化进程推动产品、营销、供应链的改革，通过管理稀释成本，是品牌走向规模化的必经之路。古茗茶饮裹挟着强大的营销能力，深入了解目标客群，运用互联网思维创新小程序，配以全网推广及 O2O(Online To Offline)组合，以"精准定位＋个性定制"的模式编织大数据信息网，进行了一系列与目标客群对话的营销活动，走上了其独特的新零售之路。

1）精准定位

古茗茶饮的精准定位，首先是找准目标客户群体，其次是评估商店位置与定位主体，以便根据选址的位置定位目标消费群体类型，根据不同消费导向与产品品质定位产品价格。古茗茶饮在产品推新上是相对保守的，通过分析一二线城市的潮流，在原基础上进行口味优化与创新，推出差异化、多样化产品，为客户提供更多选择。

针对目标客户，古茗茶饮关注到奶茶市场中大部分消费力量为年轻群体，故在研发产品时多倾向于满足年轻消费者需求。此外，古茗茶饮还通过小程序积累用户信息，将一串串冷冰冰的数字转变为用户画像，做到精准定位、精准营销、及时推送，营造新鲜感与惊喜感，从而更好地抓住客户。

2）个性定制

古茗茶饮经过研发，不再是统一的"标准产品"，而是根据用户的习惯定制奶茶，打造个性化产品，实现"本土化创新"。这是古茗茶饮取得惊人成功的关键。

在奶茶风味上，古茗茶饮做出了品牌个性，把新鲜食材做出了自身特色，让消费者产生了一种"此味只有古茗有"的专属感，从而达到吸引消费者复购的目的。随后，古茗茶饮还在小程序上做了两个设置。一是点单页面将大杯的规格放在中杯前面（默认大杯选项），为消费者提供选择余地。二是增设加料选项，用户可以根据自身喜好添加喜欢的小料。如图 7-2-3 所示，个性化奶茶可根据每位消费者的口味来提供"个性化定制服务"。

图 7-2-3　个性化奶茶

在对外宣传上，古茗茶饮利用"个性化定制服务"做文章、造话题。"隐藏菜单"这个热门话题大火之后，微博大咖、美食博主纷纷在不同社交平台晒出自己搭配的古茗茶饮"配方"，机关口感测评、茶饮照片，掀起了网络热潮。每当顾客晒出自己的"新品"时，古茗茶饮在第一时间与顾客互动，以此增加活跃度。此类活动还会促使顾客按照微博上的独特"配方"到实体店里去尝试新品。

古茗茶饮实现"顾客平台＋门店管理平台＋办公平台"的整个信息化蓝图，"数据中台＋业务中台"是其工具和技术，以小程序为起点的新茶饮数字化建设是通往新茶饮事业发展的入口。

3. 产品创新化

作为新式茶饮品牌，古茗茶饮一直在创新，不断精益求精，突破自我。古茗茶饮拥有专业的饮品研发团队，根据时令水果，结合茶饮的特点和消费者的需求进行创新和改进，并定期更新菜单。

1）产品创新

古茗茶饮不仅汲取了中国传统茶的精髓，而且顺应消费者的需求进行了改良，结合现代拼配制茶理念，搭配专属产地的新鲜水果，呈现了许多独特的古茗风味饮品，如果茶系列、奶芙系列、芝士系列、纯茶系列、奶茶家族等全品类古茗风味饮品，给消费者带去了舌尖上的无限可能。不少单品获得了极高的用户口碑，甚至成为了茶饮界的爆品代表。仅在2020年，古茗茶饮就上新了79款饮品，平均每0.65周推出一款，配方调配次数更是多达249次，为消费者提供了源源不断的新鲜感。

2）零氧化子品牌

为了进军一二线城市，古茗茶饮建立零氧化子品牌。零氧化被称为"经过八年的沉淀"和"潜心坚持"的全新高端升级品牌，也被业内认为是八年来的最大改变。古茗茶饮首家"零氧化·Live Young"实验店在温州万象城开业。零氧化的产品风格除了延续古茗茶饮的高性价比之外，把重点放在了凸显新鲜，以时下流行的水果茶、奶盖茶、冷泡茶为主。

古茗茶饮全程坚持手工0氧化、0添加，手工泡煮茶叶，手工熬制蔗糖，以小时为单位计算保质期。目前，古茗茶饮推出四款新品：满杯莓莓、乌龙拿铁、满橙抹茶和香椰芝芝。每款新品的用料都十分讲究，分别采用了高档的茶基底，新鲜的牛奶和牛乳，以及进口的淡奶油和椰子水。其中，满杯莓莓仅售22元，其点单率超过了20%。

值得一提的是，古茗茶饮推出的冷泡茶被认为是古茗茶饮顺应市场、升级消费的风向标。古茗茶饮的冷泡茶选用三种不同茶叶泡制而成，有产自四川雅安的兰花茶——兰花甘露，风味兰香高长，味醇甘爽，口齿留香；也有产自福建或台湾的乌龙茶——古道青友，一种天然的花果香，醇厚甘鲜，回甘悠长；还有产自四川或广西横县的茉莉花茶——茗香茉莉，花香鲜灵，滋味醇爽。

3）跨界联名

古茗茶饮作为年轻化、新鲜化的聚集体，通过各种方式来赢得受众喜爱。近年来，古茗茶饮通过寻找契合点、打造场景融合等方法，分别和哈根达斯、阿华田、电影《我和我的家乡》、开心麻花、网易等达成了合作，玩出了跨界新花样。

（1）"古茗茶饮×哈根达斯"：升级消费体验。作为具有极高国民度的冰激凌品牌，哈根达斯的产品本身虽与古茗茶饮不同，却与年轻人这一主要受众群体，高度契合。两者进行合作，并选择时下流行的盲盒形式发布产品，巧妙地打造了颇受好评的惊喜感和破圈感，吸引了许多年轻人前来打卡。2020年8月，古茗茶饮推出与哈根达斯合作的新品：哈根达斯芒芒冰和哈根达斯桃桃冰。如图7-2-4所示，"经典香草口味冰激淋"加上"新鲜芒果和蜜桃"的组合，不但在口感上给予大众全新体验，并用极具吸引力的价格圈粉大众。平时，一个普通的哈根达斯单球至少需要30元，但是这两款限定饮品的定价仅为21元，再加上同步推出了"加 8 元换购哈根达斯单球"以及集杯兑限量盲盒活动，超高的性价比加上盲盒营造的神秘氛围，在激发三四线用户热情的同时收获了极高的话题热度。

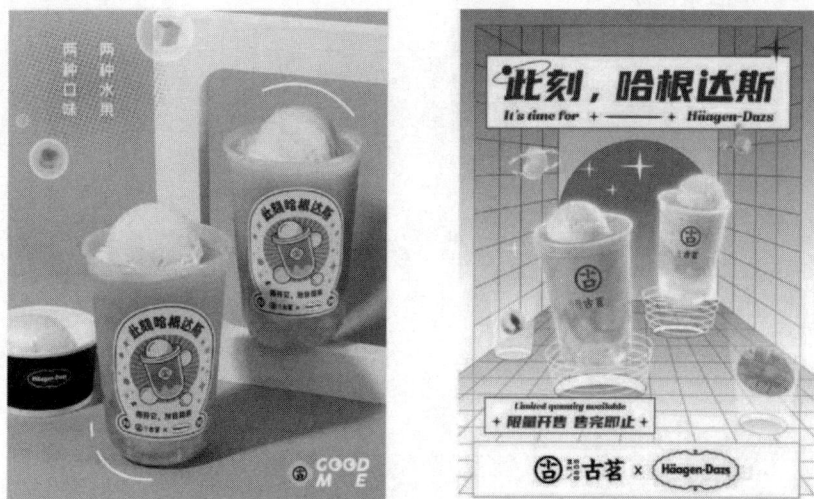

图 7-2-4 古茗茶饮×哈根达斯

（2）"古茗茶饮×阿华田"：与众不同的惊喜。如图 7-2-5 所示，古茗携手阿华田推出：阿华田抹茶拿铁和阿华田可可拿铁。混合了乌龙和奶香的创意咖啡，完美地平衡了甜感和苦感，俘获了很多不常喝咖啡的消费者。在 2020 年的万圣节，古茗茶饮用一款酷脆贝贝南瓜俘获大众芳心。不仅如此，古茗茶饮还在同期上线了非常有意思的"摇摇乐"活动。该活动的趣味性和参与性让品牌与消费者之间形成了强烈的互动，再加上不同渠道上的传播扩散，品牌态度也随之深入人心。

图 7-2-5 古茗茶饮×阿华田

（3）"古茗茶饮×会稽山"：醇香茶感交织。如图 7-2-6 所示，古茗与会稽山联合推出的"酒香沁乌龙"黄酒奶茶，按特别比例调和，工艺和配料非常考究。黄酒选用的是最具江南水乡特色的绍兴黄酒非遗品牌——会稽山善酿酒作为基酒，品质上乘，酒味醇正，更适合与奶茶融合。茶叶选用的是产自福建的乌龙茶，茶香高，入口饱满，茶感浓醇，后韵幽长。醇香的奶茶中融合了黄酒酒香，黄酒中和了奶茶的甜腻，二者相互交织，口感醇厚，层次丰富，让人久久无法忘怀。

图 7-2-6 古茗茶饮×会稽山

（4）"古茗茶饮×《我和我的家乡》"：扩大品牌受众。2020 年 10 月，古茗茶饮与《我和我的家乡》电影合作。如图 7-2-7 所示，古茗茶饮借着电影营造的市场氛围以及社交平台上的营销互动，通过设计一系列联名产品，在小程序上策划了"支付抽奖"的活动，消费者每一次支付都有机会领取明星签名的电影海报、电影票、联名镭射包等。古茗茶饮成功利用电影热度，扩大了品牌受众群，挖掘了新的消费市场。

图 7-2-7 古茗茶饮×《我和我的家乡》

产品是品牌认知的载体，古茗茶饮研发团队紧跟市场潮流，推出了许多独特的古茗风味茶饮，给消费者带来了全新的产品体验，夯实产品力。同时，古茗茶饮找准自身定位，瞄准落脚点，通过对产品的精心打造，有力地提升了品牌影响力，让跨界联名实现"1＋1＞2"

的效果。古茗茶饮强大的研发实力和对产品不断创新的执着匠心，为其始终能生产出适应市场需求的产品奠定了坚实的基础。

7.3　古茗茶饮的新零售转型分析

7.3.1　古茗茶饮的供应链实施策略

古茗茶饮按照顾客获取、产品溯源、冷链物流三个策略实施供应链，秉持独特且清晰的战略，获取稳定顾客；做到从源头品控，采取自建基地直采、次级杠杆品牌策略，强化自我品牌；自建物流，共同配送，严格管控，进而实现物流转型。

1. 策略一：顾客获取策略

1）战略清晰——聚焦下沉市场以销供产

古茗茶饮秉持独特且清晰的战略，聚焦下沉市场进行区域开店，实现总部配送、门店服务到位，让奶茶出品更新鲜稳定，获取稳定顾客。

为了提升对客流量数据的利用效率，令产业链围绕消费者的实际需要，提升供应链的精细化，古茗茶饮聚焦下沉市场进行区域开店，所有产品、提供的服务、店面装修及进行的营销活动等均围绕其定位进行，每一环都高度匹配系统化商业模式，古茗茶饮的商店位置评估与主体定位，由选址的位置决定目标消费群体类型。例如，古茗茶饮在高校附近的目标顾客群体侧重于学生，古茗茶饮在商圈附近的目标群体以年轻人为主。根据区域定位产品价格，合适的价格最能打动顾客，古茗茶饮根据不同消费导向，分类高低端市场，通过活动达到最好效果。

2）精准定位——数据个性定制刺激需求

古茗茶饮拥有强大的营销能力，深入了解目标客群，运用互联网思维创新小程序，进行一系列与目标客群对话的营销活动，以个性定制的模式拉近他们与饮品的距离，提升古茗茶饮的品牌知名度、美誉度。

针对目标客户群体，古茗茶饮通过小程序沉淀用户数据，把用户行为电子化，根据数字、结果分析用户的思考逻辑、购买轨迹。通过小程序进行精准定位、精准营销，通过小程序点单的顾客，后台能匹配到其是否在门店消费、在哪个门店消费较多及购买了哪些商品，将订单关联起来。有了门店的消费轨迹，消费者画像就显而易见，以此为基础进行分析。例如，对于喜欢尝试门店上新产品的消费者，可以推送新品至小程序首页，以此类推，采取更好措施来提升消费者体验。

根据用户数据，然后细分用户，再根据年龄、地域、喜好的不同，对用户"区别对待"，从而提升消费者体验，营销投入产出比也会更好。古茗茶饮为了提升自我服务与消费者满意度，利用大数据信息，适应市场变化，掌握消费心理，从而刺激消费需求。

2. 策略二：产品溯源策略

古茗研发负责人分析："产品溯源是为了更好地把控产品品质。好的原料只是为了让用户'每天一杯喝不腻'的其中一步。"为了保证鲜果的新鲜品质，古茗茶饮做到从源头品控，通过与原产地的优质供应商进行深度合作，采取自建基地直采、次级杠杆品牌策略，确保品质够硬，强化自我品牌。

1）自建基地直采——确保品质够硬

茶饮越来越像一门"农业的生意"，谁能在原料的品质上做到最佳，谁就能在终端口感上收获消费者的喜爱。"新鲜水果战略"是古茗茶饮在几年前就开始，通过汲取中国传统茶的精髓，结合现代拼配茶理念，搭配专属产地的新鲜水果，呈现独特的古茗风味饮品。

比如，超 A 葡萄系列选取的是当季云南产地的夏黑葡萄。古茗的采购团队跑遍了中国 10 个省份，最终调研结果表明：云南和新疆的夏黑品质最好，糖度比其他地方高 3～8 个单位。古茗供应链负责人分享："由于不同果农的种植技术会有差异，每到葡萄的产季，采购员都会实地走访云南上百个果园，选择符合要求的果园。这其中，主要看糖酸比。"古茗研发测试发现，葡萄生长到一定程度，增加挂果时间能降低酸度，从而提高糖酸比。市面上售卖的葡萄挂果 130 天～140 天就可以发货，而古茗茶饮要求合作的果园，挂果时间一定要大于 150 天。

在古茗茶饮的果园探索中，柠檬是最早、也是投入最大的原料。古茗茶饮的柠檬产地项目负责人分享道："2016 年，古茗茶饮来到云南西双版纳种植香水柠檬，选用的香水柠檬原产地在我国台湾，香味独特，适合搭配。这也是大陆首个大面积种植台湾香水柠檬的产区。香水柠檬在种植 3 年后开始迎来收获，一年 12 个月都有产量，每隔 7 天采摘一次。2020 年，西双版纳的香水柠檬基地面积为 4300 余亩，拥有 18 万余株果树，预计产量达 1000 吨。古茗茶饮花费多年时间打造的柠檬基地，不仅解决了水果茶原材料——香水柠檬供不应求的问题，还帮助基地种植户实现了脱贫致富。"

2）次级品牌杠杆——强化自我品牌

在茶饮行业的源头时代，古茗茶饮充分利用供应商的"次级品牌杠杆"，借用摆放在门店的"认养一头牛"纯牛奶，来强化古茗茶饮的品牌形象。

"认养一头牛"是国内新锐乳制品品牌。古茗茶饮的联合创始人阮修迪曾来到"认养一头牛"的河北康宏牧场，在养殖基地与小奶牛互动，在数智化牧场参观牛奶的生产过程。古茗茶饮的公关负责人分享："这是古茗的牧场溯源活动，奶源的溯源是为了更好地把控产品品质。通过溯源，古茗茶饮与'认养一头牛'达成了战略合作，目前部分地区门店已开始用来制作奶盖、芋泥、麻薯、布蕾、轻乳茶等产品，后续会考虑低温奶方面的进一步合作。"

3. 策略三：冷链配送策略

冷链运输是冷链物流的关键环节，尤其是乳制品、新鲜水果要求严格，需要每日配送。古茗茶饮在严格管控物流、打造自建冷链的同时，携手社会性专业物流企业，有效利用第三方物流企业，打通冷链物流业务。古茗茶饮用"新基建、新物流、新动能"搭建了一条"新物流"的发展路径。

1）严格管控，自建物流

茶饮的口感与原料的新鲜度有着直接联系。在多年发展中，古茗茶饮已经拥有了专业的冷链系统，用约 20000 立方米不同温度的冷仓储存着不同的产品。同时，古茗茶饮还有

100 余辆冷藏车和多家第三方冷链物流合作商，连通了全国所有连锁门店的物流布局以及仓储体系，让品质与味道从根本上得到保障，确保茶饮到消费者手中依然保持新鲜。在物流管控上，古茗茶饮的质检系统也毫不懈怠，其利用食品质检学分析食材的特性，定时检测各类指标，严控食品安全问题，把控食材特性的变化对饮品口感所造成的影响，保证饮品风味和食用安全。古茗茶饮建立多种组织形式并存的冷链物流体系，以加工企业为核心，产供销一体化的冷链物流体系，以物流配送中心为核心，发展区域内冷链物流体系实施供应链物流管理模式，推动古茗茶饮物流健康、稳定、快速地发展。

2）共同配送，打破边界

因茶饮产品对质量要求较高，需要特殊条件的运输，古茗茶饮与厂商结盟实现保质运输。由于古茗原产地配送有一整套的冷链物流管理和运作系统，能在运输中保证质量，建立由厂商直接配送的运输服务。随着合作进展，古茗茶饮与第三方冷链物流合作商建立起的关系趋向稳固，操作经验也不断积累。通过对生产商自有冷链资源、社会资源和自身资源的不断整合，古茗茶饮建立起科学的、固定化的冷链物流管理和运作体系，提高了冷链物流作业的效率，降低了企业营运成本，大量节省资金、设备、土地、人力等，让企业能够更加集中精力经营核心业务，促进企业成长与门店扩散，扩大市场范围，消除有封闭性的销售网络，共建共存共享的环境。共同配送是经过长期的发展和探索优化出的一种追求合理化的配送形式，对提高物流运作效率、降低物流成本具有重要意义。

3）智能调度，物流转型

百度地图依托智能调度与古茗茶饮的母公司古茗科技牵手合作，针对古茗传统人工调度模式效率低、成本高、难度大的问题，百度地图将智能调度与古茗科技自有的业务系统TMS（Transportation Management System，数字化物流管理）相结合，使其调度模式升级至自动化调度。在百度地图智能调度的加持下，古茗茶饮总部仅需输入每天的需求订单、配送网点的收货时间窗、仓库发货时间窗，以及区域、冷链等需求，即可在几分钟内获取成本最优的配送方案。与以往需耗费几个小时来完成调度任务相比，百度地图智能调度显著缩短了古茗茶饮的物流配送调度时间，释放了人力资源，在提高调度效率的同时，成功降低了冷链运输的成本。智能物流的全新升级为古茗茶饮冷链物流贡献了智能化升级的全新方案，也为物流企业带来了"运筹帷幄"实现降本增效的有力"法宝"。

作为立足于三四线城市的茶饮品牌，古茗茶饮秉承"零添加·更本味"的品牌理念，依靠"高口碑、高品质"稳定扩张，至今已成为辐射全国的茶饮连锁品牌，成为全国唯一一家能保证生鲜物料隔日低温配送的茶饮品牌。凭借高效的供应冷链物流配送体系，古茗茶饮的门店数量扩大到 1000 家，原料采购量增加，总部议价能力随之提高，成本下降约 20%～30%。古茗茶饮从原料到运输链全面发力，未来可期。

7.3.2　新零售转型应用视角下的解读

在新零售模式中，古茗茶饮凭借持之以恒的创新精神，从产销融合、需求预测、渠道变革三个方面提升品牌优势。产品创新、销售创新、推广创新使古茗充分迎合市场需求，在新茶饮市场中脱颖而出。"消费＋货品＋销售"让古茗茶饮能够精准地获取用户需求，提供给用户最优质服务；"线上线下双渠道＋冷链一体化"推动古茗茶饮实现了新产品渗透率的提升，并快速提高品牌效应。

1. 产销融合："产品＋销售＋推广"

现如今，新茶饮行业的竞争趋于白热化趋势。品牌为了实现市场突破，除了注重产品质量外，创新也成为不容忽视的环节。在新茶饮赛道，只有具有创新意识的企业，才可能在这条路上活得足够远。对于古茗茶饮来说，更好的创意永远正在打磨，更好的出品永远是下一个，古茗茶饮凭借持之以恒的创新精神，用极致的产品和新潮的营销方式，为消费者嵌入有温度的消费体验，通过新零售模式，在经营过程中添加多样的体验方式与精准化的服务，充分迎合市场需求，在新茶饮市场中脱颖而出。

1）产品创新

奶茶菜单上需要不断更新新产品，注入新口味，才能留住老顾客，引来新顾客。古茗茶饮区别于其他品牌的奶茶店，从零氧化出发，全程坚持手工，以中国传统茶为核心，手工泡煮茶叶，手工揉制配料，保证 0 氧化、0 防腐、0 添加，形成独特的古茗风格。除此之外，古茗茶饮更是通过大数据来精准定位消费者需求，确保差异化。众所周知，夏季是茶饮行业的销售高峰期，很少有人能在炎热的夏日拒绝一杯冰饮的诱惑，而夏季也是各类时令水果相继上市的季节。例如，古茗茶饮瞄准风靡全网的夏日时令水果——葡萄，结合茶饮的特点和消费者的需求进行改进和创新，让产品的口感更具优势，成为消费者争相打卡的对象，更是成为朋友圈、抖音、小红书上的新潮人气饮品。通过紧贴消费者的口味变化，古茗茶饮在消费者喜新厌旧的欲望中保留足够的新意，不断释放惊喜，给消费者带来全新的饮用体验。古茗茶饮团队以零氧化为核心，定期更换菜单，对饮品进行改进和创新，确保在千篇一律的茶饮市场中研发出更有特色、有差异化，符合消费者喜好的产品。

2）销售创新

注重产品创新的古茗茶饮在营销路径上也一直尝试突破。古茗茶饮的营销主要以跨界为主。虽然跨界联名是常见的一种营销手法，但古茗茶饮的跨界却总是能够玩出新意，每次跨界的方向和诉求都有所不同，合适的切入点和契合点让每次传播都亮点频出，成功赢得消费者的好感。例如，古茗茶饮与哈根达斯、电影《我和我的家乡》、开心麻花、网易、Miss-Candy 等跨界，通过互相借势，制造话题热度，触达更多的潜在用户群体，为品牌获得更多的传播和关注。其中，古茗茶饮与哈根达斯的跨界合作，让古茗茶饮成功斩获"2019—2020 年度中国杰出品牌营销奖"。古茗茶饮通过寻找契合点、打造场景融合等方法创新营销玩法，不仅给消费者带来了全新的产品体验，还通过其对于产品的精心打造，传递了古茗茶饮对产品的专业态度，丰富了产品品类，为品牌注入新势能。

3）推广创新

除了跨界联名外，古茗茶饮还不断用消费者喜闻乐见的方式升级传播的质感，综合提升了古茗茶饮的品牌调性和知名度。古茗茶饮的官方公众号不管是文风还是画风，都变得越来越时尚。在抖音平台上，古茗茶饮抖音官方账号的粉丝数已突破 27.1 万，播放量达9.8 亿次，成功与消费者建立了紧密的联系。对目前的古茗茶饮来说，现在的推广目标，不仅是在短时间内迅速提升品牌曝光度，而且还要沉淀高潜用户，促进产品销售和用户转化。

2. 需求预测："消费＋货品＋销售"精准定位

新零售已成为大势所趋。为提高古茗茶饮品牌目标，必须赢得消费者的好感和信赖；为满足消费者需求服务，必须采取以消费者为中心、消费者需求为驱动的新零售模式，让消费者在购买使用饮品与享受服务的过程中，有难以忘怀、愉悦、舒心的感受。而满足消费者需求，核心在于如何利用大数据获取更为准确的消费者需求和偏好信息，提高公司对零售端的需求把控能力，进而反馈给设计端、营销端，提供给消费者最优质服务，从而获得盈利点。

传统零售到新零售转变的最大特点就是：从依靠经验转变为参考大数据，依靠网络新兴技术得出精准数据分析。在传统零售模式下，企业品牌商只能凭借自身积累的经验来推测消费者需求，从而设计商品，规划销售渠道，这种零售模式难以精准把握消费者需求。而新零售借助大数据与云计算技术，对消费者数据进行统计与分析，可以生成精准的用户画像，从中挖掘出消费者的精准需求，为零售企业提供科学有效的数据依据，据此制定战略规划，采用更为有效的精准营销措施。

古茗茶饮业通过大数据赋能，主要从以下几个方面发挥作用：

1）消费端

随着消费升级和新零售时代的开启，消费者购买行为和消费场景都发生了改变，古茗茶饮能够借助大数据分析优势，有计划、更高效地为消费者提供更好的产品和服务体验，完成"让每个消费者尽享时尚乐趣"的使命，聚焦三四线城市的下沉市场，致力于回归饮品原有本质，做天然健康的奶茶品牌。

2）货品端

目前，古茗茶饮通过打造供应链，追溯原料，不再采用统一的标准产品，而是根据平台大数据，为消费者定制奶茶，打造个性化产品，做出品牌个性，把新鲜食材做出自身特色，让消费者产生专属感，从而达到吸引消费者复购的目的，并通过产品上新、开主题店等方式更深层次地满足客户需求。

1）销售端

通过小程序沉淀用户数据，把用户行为数据化，实现对用户思考逻辑、购买轨迹数字化的转变。小程序的本质是将门店端所有的消费数据数字化，建立数据中台。小程序的直购链路有一键下单、稳步增长、快速转化的特点。同时，古茗茶饮借助大热IP进行小程序营销，一方面成功将电影IP热度转化为了品牌热度，助力了销售转化；另一方面也在既有消费群体之外，挖掘了新的消费市场。

3. 渠道变革："线上线下双渠道＋冷链一体化"

新零售从单纯的实体零售渠道转变为多渠道营销。大多数传统零售的运营依托线下零售渠道开展，传统零售的具体业态形式以购物中心、百货为代表，其经营大多数都是依托实体门店、打电话、发传单、广告邮件、面对面等方式。不同的是，在新零售时代下，古茗茶饮借助互联网平台在线上渠道拓展自身运营，并打通线上与线下渠道，借助微信、支付宝、小程序等流量端口，构建线上线下一体化的营销系统，通过多种触及消费者的渠道进行销售。除销售渠道的创新之外，古茗茶饮自建冷链配送物流的创新，通过百度地图智能调度引擎,解决了传统人工调度模式效率低、成本高、难度大等问题。

如今,在渠道布局方面,古茗茶饮的选择日益多样化,在以前街店和百货店的基础上,它增加了电商这一大重要渠道。随着双渠道的逐步深入,形成小程序线上点单和街店、百货全方位的双渠道优势。通过充分发挥线上小程序便捷迅速等优势,积极服务客户群体,逐步增大购买体量,拉动销量增长,扩大市场份额。古茗茶饮以数据为驱动,让数据和信息流更好地整合。同时,通过后台供应链的解决方案帮助实现最佳交付体验,最短交付路径和最优库存管理。未来,古茗茶饮业将致力于线上线下双渠道的打造,同款同价同步发售,让基于真实消费者数据形成的营销方案,帮助实现新产品渗透率的提升,线上线下互动,促使品牌破圈,快速提高品牌效应。

古茗茶饮还拥有自建仓库和冷链配送物流。古茗茶饮现有 100 余辆冷藏车和多家第三方冷链物流合作商用于供应链,保证食材在运输、配送全程中做到精准温控,以此保证食材的新鲜度。此外,古茗茶饮依托百度地图智能物流解决方案,基于自身超级时空数据体、物流地图和强大的智能调度服务,以强大的算法能力为核心,百度物流地图为载体,云计算、大数据技术为基础,通过灵活配置约束条件、大规模计算的算法优势,达到了释放人力资源,提高了物流调度效率、降低了运输成本,真正实现了物流配送业务上的智能化转型升级。

7.3.3 供应链助力新零售转型效益分析

1. 精细化管理出效益

精细化管理是一种理念,也是一种文化,它建立在常规管理的基础上,是社会分工以及服务质量精细化对现代管理的必然要求,是一种以最大限度地降低管理成本为主要目标的管理方式。古茗茶饮落实管理责任,将管理责任具体化、明确化,有效运用文化精华、技术精华、智慧精华促进企业发展,从茶山精细化运营、果园定制化育果的农业革新到信息化、数字化技术支撑品控保证,古茗茶饮的新零售转型正在逐步产出效益。

在供应链溯源上,原产地农民不仅提供劳动力及本土务农的宝贵经验,他们摘下的水果也受到严格标准审核。古茗茶饮团队设计图册,将每一个产品分等级以便对比分类,还制定了时间管控、科学管理等一整套先进模式。古茗茶饮还引进大数据灌溉、无人机打药等新科技技术,使先进模式、科技种植和云南农户本土经验相结合,开启一场新的农业革命。古茗茶饮推行品控标准,要求果农不仅要重视外形,更要重视口味。在一杯杯奶茶背后,初级农业产地正在向融合型的农工业转变,规模化及精细化成为种植采摘的首要目标。古茗茶饮农业新形态的形成,不仅把握好了产品质量精品的特性,处理好质量与零缺陷之间的关系,还建立起确保质量精品形成的体系,为企业形成核心竞争力和创建品牌奠定了基础。

在效率方面,茶饮店的食品安全保障也出现了新的变化:物联网系统为所有半成品打印保质期标签,到期前半小时系统发出提醒。品牌方可通过后台远程看到一家店的打印数据,通过匹配销售数据,可精准监控是否使用过期原料。产品品质与口味是基础,营销是系统性长期性的工作,二者缺一不可。古茗茶饮加盟总部的精细化管理与运营,让新开的奶茶店有迹可循,有数据可查,有助于适时做有效的营业规划和促销活动。如图 7-3-1 所示，古茗茶饮精细化管理的本质意义在于对战略和目标进行分解、细化和落实，让企业的战略规划有效贯彻到每个环节并发挥作用，提升整体执行能力，有效结合管理的规范性与创新性。

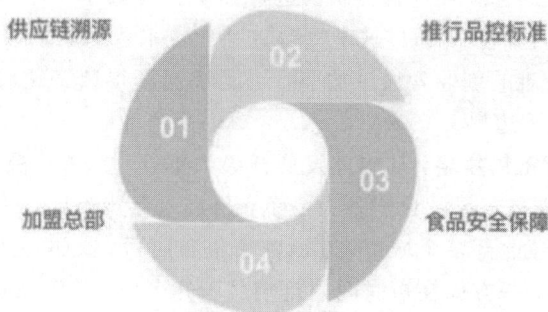

图 7-3-1 精细化管理

在 2020 年 4 月至年末这半年多时间里，古茗茶饮新增约 1300 家门店，而在疫情的特殊背景下，其还获得了红杉资本中国基金和美团旗下龙珠资本的投资。2020 年，古茗茶饮的全年销量超过 5 亿杯，甚至已出口至意大利的托斯卡纳。随着从单一城市或区域走向全国，古茗茶饮通过加盟店管理、供应链打磨和精细化运营，打造出了一个可观的盈利模型。小门店、大连锁，新茶饮可复制性强，利用信息化技术采购第三方数字化解决方案，包含总部连锁管理、会员营销、供应链、数据等多个模块，推动了餐饮数字化改造，实现了精细化运营与经营效率的革新。

2. "点线面"出效益

古茗茶饮紧紧围绕特色产品，依靠自身不断完善产业体系，通过"点线面"向外辐射的思路，促进企业总部与线下门店向"规模化、产业化、集群化"的方向发展。

1）"点"上强源头

古茗茶饮有着完善的供应链，通过高价买断产区原茶和工艺的方式，牢牢抓住了好茶供应链，从源头为顾客带来好产品，同时做到加强品质监督的作用。古茗茶饮用长达数年的时间去打磨产品，将品牌初心一点点融入产品细节中，让产品本身成为营销的一环，其用户纯净度也非常高。秉持着"每天一杯喝不腻"的宗旨，古茗茶饮潜心做好产品，品效合一，为新零售转型打下了坚实的基础。凭借着长期积累下来的产品力，古茗茶饮门店的准入门槛高，培训机制严格。古茗茶饮用"特色活动兴消费，场景营造聚流量"的模式，考虑店铺经营特色，迎合所在区域市场，针对特定目标消费者群体，比拼服务质量，吸引并保留了更多消费者。

2）"线"上抓延伸

在众多品牌中，古茗茶饮的营销策略——先做产品，再做传播。在延长自身产业链、扩大规模的同时，实现了产地、总部、门店的有机衔接。古茗茶饮从行业行为升级为产业体系，通过"农业新业态"线，将原产地直采与全球采购相结合，通过"提产业链条"线，以现代农业产业园为载体，建立仓储控温基地，发展自建冷链物流，实现总部配送门店，深耕三四线城市，采取门店加盟模式，打造精准营销的传播逻辑。

3)"面"上求突破

古茗茶饮在门店选址上重视实地调查，点面结合。古茗茶饮和美团合作后采用美团的分析系统辅助其进行门店选址和经营分析。这种和第三方数字化平台合作的方式，其本质是搭建一个连锁经营的"舞台"，通过这个舞台数字化技术普惠更多参与者。很多年龄偏大、掌握数字化能力相对较难的创业者通过加盟，也能快速获得数字化经营能力，分享时代红利，打通新零售线上线下边界。

古茗茶饮采取门店密集攻略，从单体发展升级为集群优势。从温岭大溪镇出发，以"农村包围城市"的势头，先是布局了台州各大乡镇，再进入台州市区，并以台州为中心辐射浙江南部、江西东部、福建北部多个城市，在浙江密集布店后，又迅速进入相邻的福建和江西市场。密集的门店布局，一方面在短时间内打响品牌知名度，快速渗透抢占市场；另一方面便于形成集约效应，密集开店、网络式的扩张帮助古茗减少集中配送的各项成本。

古茗茶饮作为茶饮行业的一匹大黑马，实力不容小觑。2020年，古茗茶饮的门店数量或已超越1点点，快与CoCo都可持平，单店营业额逐年增长，在下沉市场中几乎无可比拟。在资本加持下零氧化在二三线城市的一流商圈布局，是古茗"农村包围城市"战略的试水。古茗茶饮品牌塑造提能级，规范管理促发展，强化布局引导，通过转型升级、行业自律、绿色发展的理念，打造独一无二的健康饮品，引领着新式奶茶行业健康有序地竞争。

3. 差异化战略出效益

针对新式茶饮行业竞争激烈、产品同质化现象严重的问题，传统简单的营销策略拼口感已不能让奶茶品牌完全脱颖而出，只能起到维护品牌的效果。古茗茶饮寻求差异化发展，包括产品多元化、专注细分领域、深耕区域市场等。而"新鲜健康"作为古茗茶饮发展的诀窍，强调溯源供应链，其研发理念在于鲜奶化，塑造了新零售之路上的一块响亮招牌。

差异化战略的重点是创造被全行业和消费者都认可的独特产品和服务，使企业产品、服务、企业形象等与竞争对手有区别，以此获得竞争优势。为了满足消费者的个性化需求和猎奇心理，提升盈利能力，古茗茶饮不断进行产品创新，使产品呈现多元化发展趋势。例如，一款茶饮并非单一化的制作，而是用多种原料和辅料实现风味、口感与竞品的区别，且总部根据市场真实情况推出一系列健康饮品，保证奶茶的新鲜度和与顾客的活跃度，加盟分店依靠品牌实力。

古茗茶饮通过创新门店主打饮品的方式实现差异化竞争。此外，古茗茶饮不局限于茶饮，而是拓展产品边界，多品类融合发展，如"茶＋小吃"等。与喜茶、奈雪的茶等品牌不同的是，古茗茶饮在深耕区域市场上也表现出了差异化运营策略。例如，转战三四线城市茶饮市场，走"农村包围城市"路线，门店数量快速增加。为突破下沉市场的物流向限，古茗茶饮建立的仓储基地与冷链配送系统，既保证了品质，又降低了成本。从区域的差异化布局方面进行思考定位，古茗茶饮近两年内在下沉市场的增速最快，甚至达到138％，未来，下沉市场和海外市场会是古茗茶饮拓展市场的方向。在"互联网＋"技术的冲击下，古茗茶饮加盟店也从未落后，其实体店铺采用线上与线下相结合的销售策略，紧跟市场潮流，抓住发展规律，及时调整模式，以差异化战略在奶茶市场中站稳脚步，发展品牌。

古茗茶饮的差异化战略考虑了细分市场的需求差异化，很好地满足了细分市场的不同需求，有利于提高顾客忠诚度，扩大销售并抵御竞争者进入。如图7-3-2所示，古茗茶饮寻求差异化发展，从各个因素考量，延展出最适合自己发展的细分赛道，在新式茶饮行业市场中通过跨界联名发展、社交媒体营销、聚焦下沉市场等差异化策略抢先占领部分市场份额，也是目前品牌发展的最大机会。

图7-3-2　差异化战略

4. 场景化营销出效益

场景化营销是针对消费者在以特定情景为背景，通过环境氛围的烘托，提供相应的产品和服务，以激发消费者产生情感共鸣，并刺激消费者的购买欲望，进而产生消费行为。场景化营销不是单一的营销，需要营销者细分不同场景，将场景和广告做链接，把营销手段与人们的场景、需求紧密结合起来。古茗茶饮借助供应链之力，插上场景化营销之翅，用三步打开营销之门，以开创子品牌、加大曝光率等方式增强超级体验性，留住消费者。

1）圈定目标群体，抓住用户需求

"互联网＋"时代，每一个用户行为轨迹各有不同，基于用户数据资料的洞察，古茗茶饮的宣传做到因人而异，可以精准地投放给有需求、感兴趣的人群。圈定目标群体后，古茗茶饮还明确了产品所满足的消费者需求，在此基础上，分析用户需求背后的心理动机，更好策划营销场景。

一般来说，企业文化是支撑品牌走向更远的软实力。新式茶饮的消费群体主要为年轻人，据《中国奶茶行业发展前景研究报告》显示，随着消费结构的升级，90～00后为代表的年轻一代表现出惊人的消费能力。标准化的实现让蓄势待发的新茶饮有了成为大品牌甚至国际品牌的可能。古茗茶饮面对年轻群体掀起茶界热浪，因90～00后这批消费主力追求个性展示和个性潮流，敢于尝鲜，新式茶饮成为年轻人的一种"社交人设"。古茗茶饮借势于当下新式茶饮的消费风口，定位于年轻消费者，获取了更大的市场发展。而且，古茗茶饮定位在品质、颜值、文化、体验等频率的矩阵年轻消费者，让消费者能第一时间亲民消费并且快速留存记忆，直接带动口碑传播与自媒体引流。

2）制定长期战略，多样化作规划

单纯引流吸粉只是古茗茶饮的短期行为，制定长远的招商规划才是根本。古茗茶饮在做好市场调研、数据分析、完善产品体系和用户体验、优化营销活动方案等前期积淀工作下，无形之中对加盟店产生了影响。古茗茶饮个性化定制，开拓新的品牌线，推出了更有针对性的新品，并不断丰富场景，有利于收割新的流量，更快地抢占市场份额。古茗茶饮不仅使品牌内涵得到彰显，市场开发重点也随之转移到了市场终端场景化和生动化的角逐，以消费者为中心，在产品设计前充分研究和分析，把差异化、市场细分、定位等观念融入从产品设计、定价、广告、促销到终端销售的每一个环节上。

3）设置场景互动，把控场景节奏

了解用户心理后，古茗茶饮的成功还在于通过场景将消费者带入到营销所需要的心理状态，并触发其消费心理。古茗茶饮设置重点互动场景，让消费者真正进入到该场景中，连接消费者与产品，给予消费者及时反馈，有效刺激消费者心理。古茗茶饮适时把控场景节奏，触发用户的消费欲望，根据消费者的心理反馈，作出调整，激发消费者的需求动机，启动消费者的行为链条，进行消费者行为引导，从而实现营销目标。古茗茶饮加大曝光率，发挥品牌的社交属性和传播属性，通过网红打卡、跨界营销等活动引爆话题，在品茶的同时和消费者产生情感上的互动。古茗茶饮还利用不同节日，以发放优惠券、限时减免的形式激发消费者的消费欲望。

古茗茶饮的场景化营销做到了情感输出，借助代入感触动消费者的情绪、情谊，引发共鸣，从而形成对品牌的特殊情感，奠定消费基础。其场景营销的最动人之处在于不仅是出售奶茶，更是在传递一种现代化的生活方式，传播新的生活观念，塑造新的消费态度，从更多的层面与消费者沟通交流，建立起信任感与满意度，使买者与卖者的关系因此具有更多能动性。

7.4 案例总结

从一个小镇的饮品店，到现在 4300 家门店的茶饮头部品牌，古茗茶饮的成长史就是一部三四线城市餐饮企业如何成功突围的教科书式案例。

尽管如今的茶饮行业发展势头不减，但每年仍有一些品牌被淘汰出局。在这复杂多变的市场大环境中，古茗茶饮以守正创新的产品深化口碑、以稳而有力的节奏扩张商业版图，在众多茶饮品牌中异军突起。本案例对古茗茶饮进行分析，总结内容如下所述。

1. 产品研发

古茗茶饮拥有专业的饮品研发团队，汲取中国传统茶的精髓，结合现代拼配制茶理念，搭配专属产地的新鲜水果，呈现出许多独特的古茗风味饮品。古茗茶饮在发展过程中不断研发、改进产品。古茗茶饮的饮品研发团队将时令水果与茶饮结合，并根据消费者需求进行创新，推出鲜萃果茶、芝士鲜茶、风味奶茶、季节限定等各种饮品，以满足消费者的口味变化需求。

2. 原料供应

古茗茶饮不但从全球采购优质食材，还多地自建水果基地，从源头保障产品品质。为了确保加盟商能使用总部统一采购的优质原材料，让各个加盟商的奶茶出品更加稳定，古茗茶饮还在全国建立了 11 个仓储基地，为辐射全国连锁门店的物流布局打下坚实基础，保障了口味、口感的统一和地道。

3. 新鲜保障

古茗茶饮已经拥有专业的冷链系统，如采用约 20000 立方米不同温度的冷仓储存不同的产品。同时，古茗茶饮还拥有 100 余辆冷藏车和多家第三方冷链物流合作商，实现物料生鲜的"两日一配"，确保消费者喝到新鲜美味的饮品。

4. 创新营销

古茗茶饮在营销层面进行了创新尝试，携手知名品牌推出联名产品，以此增加品牌趣味属性，强化品牌在消费者的地位。通过玩转小程序营销，古茗茶饮还吸引了更多年轻消费群体。为了让更多人参与到营销活动中，古茗茶饮还强化员工营销素养，从而吸引众多潜在目标消费群体，实现产品销量的增长。

案例点评

本案例以古茗茶饮为研究样本，基于新零售理论和供应链 3.0 理论，深入探讨古茗茶饮供应链 3.0 下的新零售运营模式与其价值最大化之间的内在逻辑关系，揭示了古茗茶饮的具体特点，如核心产品和服务、营销模式、特色供应链、特色冷链运输等。本案例分析整体逻辑性较好，研究结论有一定的启发意义。

古茗茶饮是一家通过上下游供应链并自建物流的新零售龙头企业。作为中国最早诞生的同行业名牌，古茗茶饮自 2008 年创办以来就下沉三四线城市，以新鲜水果茶为特色，打造健康品牌，其拥有产品研发、冷链仓储、数字化探索等多环节优势。在新时代背景下，古茗茶饮积极改善传统经营销售模式，借供应链助推茶饮品牌新零售转型，不断创新，推出"0 氧化产品"，在保证自身产品质量的同时，努力打造年轻化、时尚化的品牌形象。2010 年，全国首家古茗茶饮店开设了。经过十多年发展，古茗茶饮已在中国主流城市、主要商场拥有连锁门店 5000 多家，单店营收增幅逐年增长。

本案例以供应链理论和新零售理论为基础，全面剖析古茗茶饮完整运营流程下的供应链助力转型，总结古茗茶饮经营模式的变革，即从新供应、新运输、新管控、新渠道、新服务、新策略等不同维度实现新零售转型的过程。在供应链实施策略上，古茗茶饮根据顾客获取、产品溯源、冷链物流三个策略实施供应链，秉持独特且清晰的战略，获取稳定顾客；做到从源头品控，采取自建基地直采、次级杠杆品牌策略，强化自我品牌；自建物流，共同配送，严格管控，进而实现物流转型。在新零售模式中，古茗茶饮凭借持之以恒的创新精神，从产销融合、需求预测、渠道变革三个方面提升品牌优势。产品创新、销售创新、推广创新使古茗茶饮充分迎合市场需求，在新茶饮市场中脱颖而出；"消费＋货品＋销售"精准定位让古茗茶饮及时获取顾客需求，提供给用户最优质的服务；"线上线下双渠道＋冷链一体化"推动古茗茶饮实现新产品渗透率的提升。

本案例总结了一系列具有借鉴意义的茶饮行业新零售转型发展经验，对其他茶饮企业如何借助新零售实现创新发展具有重要启示，为其他茶饮企业的升级提供了理论借鉴与实践指导。

点评人：马小龙（湖州师范学院副教授）

案例八 掌上大学的微信生态圈商业模式[①]

"互联网＋"时代，微信自媒体作为高校宣传的主流媒体，受到越来越多企业的青睐。掌上大学作为国内首家高校微信平台第三方服务商，根植于高校市场，将零碎的高校微信生态圈有序化。通过开发贴心周到的服务项目，掌上大学吸引并牢牢抓住了大学生群体，整合校园资源，利用其强大的数据管理能力，为企业提供精准的营销渠道，打破校企壁垒，致力扮好"校企红娘"。

8.1 认识掌上大学

8.1.1 新麦科技概况

杭州新麦科技有限公司(以下简称"新麦科技")是一家年轻的互联网创业型企业，于2013年由温州大学的一群大学生创立。新麦科技的经营范围包括一般经营项目，如技术开发、技术服务、技术咨询等。新麦科技肩负"让每一个大学生成为精英"的使命，秉承"快、专注、微创新、自我颠覆"的公司理念，不断发展壮大。新麦科技的主要产品为掌上大学。

为了更好的发展，新麦科技于2014年7月将总部迁至杭州。杭州作为浙江省省会城市，经济发达，创业氛围良好。同时，G20峰会在杭州的成功召开，使得杭州这张城市名片的影响力不断扩大。新春科技位于杭州市滨江区国家级科技企业孵化中心，邻近网易、阿里巴巴，优越的地理位置也促进了新麦科技和其他科技型企业的合作(如图8－1－1所示)。

新麦科技的内部结构简明且具有校园社团组织结构特色，采取的是我国大多数企业采用的"直线—职能制"组织结构形式。小型互联网企业拥有精简的员工构造，能够更快实现决策，所以掌上大学采取"直线—职能制"是较为合理的。

[①] 该案例获得2016年浙江省大学生经济管理案例竞赛一等奖。作者：贾一凡、江敏、赵芬芬、梅金凤、赵磊。指导教师：丁志刚。

图 8-1-1 新麦科技总部俯瞰图

处于快速发展期的掌上大学团队共有 54 人。掌上大学的内部员工主要来自创业初期团队成员彼此引荐，成员彼此之间多为同学关系，还有一部分成员是享受过公司产品服务的校园媒体人。总体来说，掌上大学团队成员年龄跨度小，沟通方便。

掌上大学的团队组织结构如图 8-1-2 所示。掌上大学的创始人及 CEO 张良玉主要负责产品战略和运营战略，联合创始人吕国峰主要负责技术架构和研发，另一位联合创始人闫奥欢主要负责市场和业务变现。此外，张良玉还统筹整个公司的运营，并协调掌上大学内部关系。

图 8-1-2 掌上大学的团队组织结构

8.1.2 掌上大学概况

掌上大学的功能可简要概括为掌上大学搭建起连接校企的桥梁，让企业走进校园更高效，让校园媒体盈利更容易，担任着连接"校企红娘"这一角色（如图 8-1-3 所示）。掌上大学将服务大学生获得的数据资源进行整合，精准、高效地为愿意进军高校市场的企业提供定制化的校园推广服务。现在，广告可以通过移动手机终端直达用户，企业与高校曾经的沟通屏障被彻底打破，校园和企业也因此"喜结良缘"。

图 8-1-3　掌上大学宣传广告

掌上大学是基于当下最热的互联网产品——微信平台进行的，是针对微信公众平台接口进行深度开发的第三方平台（非 App），是一个面向大学校园的微信开发及推广解决方案的服务商，其主要为大学生提供各类微信接口及开发服务。掌上大学可以让每一个校园微信公众平台轻松实现课表查询、成绩查询、失物招领、二手市场等多项功能（如图 8-1-4 所示）。

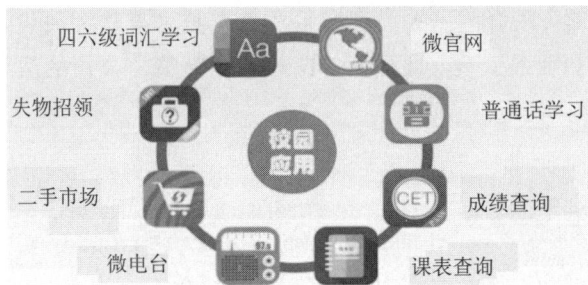

图 8-1-4　部分平台功能

第三方平台指的是相互联系的两个主体之外的客体，而微信第三方平台即为企业或机构提供微信二次开发、运营、推广等相关解决方案的运营商。掌上大学作为一个高校微信第三方专业服务平台，为 2600 多所高校微信公众平台提供微信接口及开发服务，保证所有功能免费提供的同时还提供运营指导服务。高校的微信公众号本身拥有很好的基础商业化功能，掌上大学利用这一优势，满足想要进入高校市场的企业实现其品牌展示与推广等服务要求，同时让校园媒体通过接入广告实现盈利。图 8-1-5 所示为掌上大学校园客户结构图。

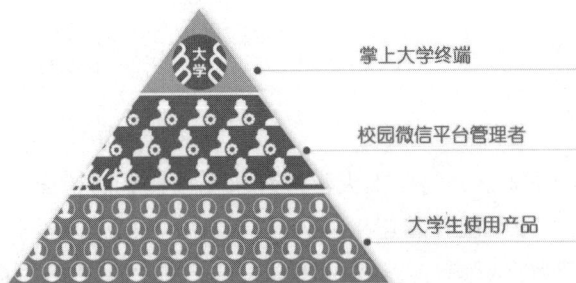

图 8-1-5　掌上大学校园客户结构图

对于企业，掌上大学根据其不同需求，设有纯线上推广、校园线下推广、微信涨粉合作、"全案"四块广告投放业务。企业能够通过掌上大学提供的专业性方案，从而提高广告投放效益，降低投放风险。创始人张良玉表示，掌上大学虽在同类平台中收费较高，但同时也更注重质量与口碑，敢于担保每一条分发信息都是真实可追溯的。

目前，掌上大学的广告服务系统分为模块化服务和定制化服务。模块化服务基于行业的通用性、设计的公用性为企业提供套餐服务。掌上大学主打定制化服务，根据企业需求提供给开发团队，由开发团队根据企业需求定制服务。

掌上大学全媒体覆盖的广告形式，在众多企业中赢得良好的口碑。截至目前，掌上大学合作过的企业已超过 100 家，并与多家企业建立了长期服务合作关系，如网易、唯品会、腾讯校园、蓝色光标等知名企业。

1. 发展历程

掌上大学的发展历程如图 8-1-6 所示。

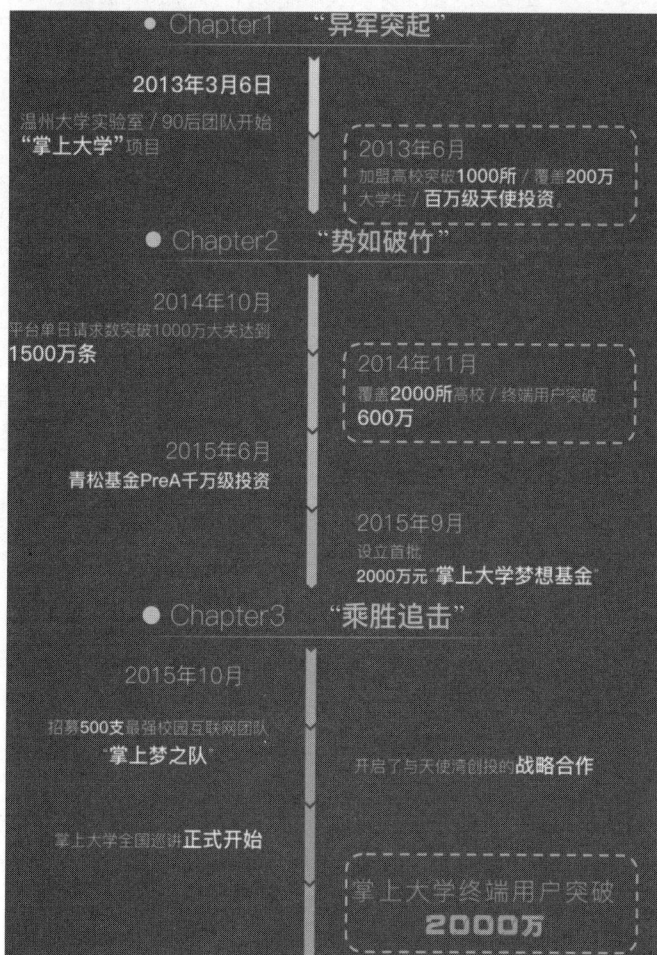

图 8-1-6　掌上大学的发展历程

掌上大学的重要事件如表8-1-1所示。

表8-1-1　掌上大学的重要事件

时　　间	重　要　事　件
2013年4月	掌上大学1.0版本正式上线，包括学习类、生活类、校园活动类产品
2014年3月	掌上大学以"中国高校微信第三方专业服务平台"身份赫然出现在全国高校，短短一个月，覆盖包括浙江大学、清华大学、北京大学等800余所高校，迅速抢占这一空白市场
2014年5月	掌上大学项目的发展获得腾讯华东区运营总监吴毅的高度认可，并担任掌上大学项目的创业顾问
2014年5月9日	掌上大学1.5版本上线，新增表白墙、二手商城功能，用户突破200万
2014年6月14日	由美国SolidWorks早期合伙人完成百万级天使融资
2014年9月22日	掌上大学2.0版本正式上线，后台全新改版，新增校园联盟、应用中心、个人中心三大产品系并首次向港澳台开放，用户突破400万
2014年10月8日	掌上大学2.1版本上线，其应用已渗透到大学生生活的各个场景
2014年11月1日	掌上大学覆盖全国2000所高校，终端大学生用户突破600万，最高活跃单日新增1400万条大学生数据
2014年11月4日	掌上大学项目获得全国大学生创业挑战杯国赛的金奖
2015年3月	掌上大学发布3.0版本，其用90后、95后互联网的创新思维重新定义高校微信行业，掀起新媒体的革命
2015年6月30日	掌上大学获得青松基金PreA千万级投资
2015年11月3日	掌上大学用户突破2000万
2016年8月	掌上大学升级定位"引爆高校，年轻品牌"

2. 发展现状

掌上大学深耕校园市场多年，坐拥2600万大学生用户，其依托自身渠道优势以及对于高校市场的了解，以"帮助企业进入校园，布局下一代消费者"为业务目标，以"引爆高校，年轻品牌"为业务追求。掌上大学用户数量变化趋势如图8-1-7所示。

掌上大学已覆盖2600余所高校，60178个微信公众平台，并以其稳定的后台数据处理能力以及持久的运行时间获得更多的瞩目，掌上大学已成为我国高校领域最大的综合营销平台。

图8-1-7　掌上大学用户数量变化趋势图

首先，掌上大学注重市场开发，也就是校园客户黏性的构建，在技术更新和市场开发抓住市场先机。其次，掌上大学注重用户体验，从用户进入掌上大学用户界面起的每一个环节的互动体验都是简洁时尚、操作方便，减少用户学习时间并使用户快速产生信任感。根据国家统计局提供的最新数据，中国现有高等院校 2845 所，其中普通高等学校 2553 所，成人高校 292 所。截至 2016 年，掌上大学已与 2673 所高校建立接口提供服务，占据该市场 93％的市场份额(如图 8 - 1 - 8 所示)。

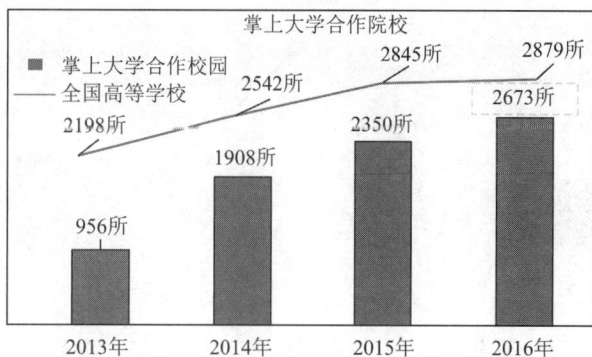

图 8 - 1 - 8　掌上大学合作院校增长趋势图

8.2　掌上大学的商业模式分析

8.2.1　掌上大学"牵线"校企

商业模式是指企业价值创造的基本逻辑，是在公司战略层面上对商业逻辑的定义。商业模式是一个完整的产品、服务和信息流体系，是企业在一定的价值链或价值网络中如何向客户提供产品和服务，并获取利润的方式。商业模式的好坏决定了一个项目的成功与否，掌上大学以"牵线"校企为特色的商业模式给校园和企业带来优质服务，同时也实现了校园和企业的双赢。

以高校大学生为主体的新生代消费人群正在逐步影响着整个消费市场，如何控制主要消费人群的上游渠道并提前布局下一代消费者渠道，已经成为许多企业亟需攻克的难题。然而企业进入校园存在成本高、覆盖面窄以及效果反馈较少等劣势，阻碍企业进入校园，导致企业难以攻克校园市场。

与此同时，校园自媒体平台(如学生会、社团组织、学生创业者的平台等)作为一个传播校园即时信息的平台，需要第三方的技术支持才能更加便利大学生的生活，同时也需要一定的校方补贴以及运营者的无偿劳动才能发挥其作用。此外，校园自媒体平台盈利模式也至关重要，但苦于为企业投放广告没有资源渠道和信誉保障，又只能作罢。

掌上大学为破解这一尴尬的局面，在校园和企业之间充当红娘角色，为其牵线搭桥(如图 8 - 2 - 1 所示)。掌上大学作为国内首家专注高校微信领域的平台，将市场定位于发展前景广阔的高校市场。掌上大学为校园自媒体平台提供技术支持、运营培训、经验分享以及创业指导等多项服务，还通过投放广告获得利润提成，使优秀的自媒体运营者还有机会获得实习机会。

掌上大学不断推陈出新，分析企业发展过程当中出现的问题，总结经验教训，创立出一套符合自身企业发展的基于客户黏性的高校微信生态圈商业模式。

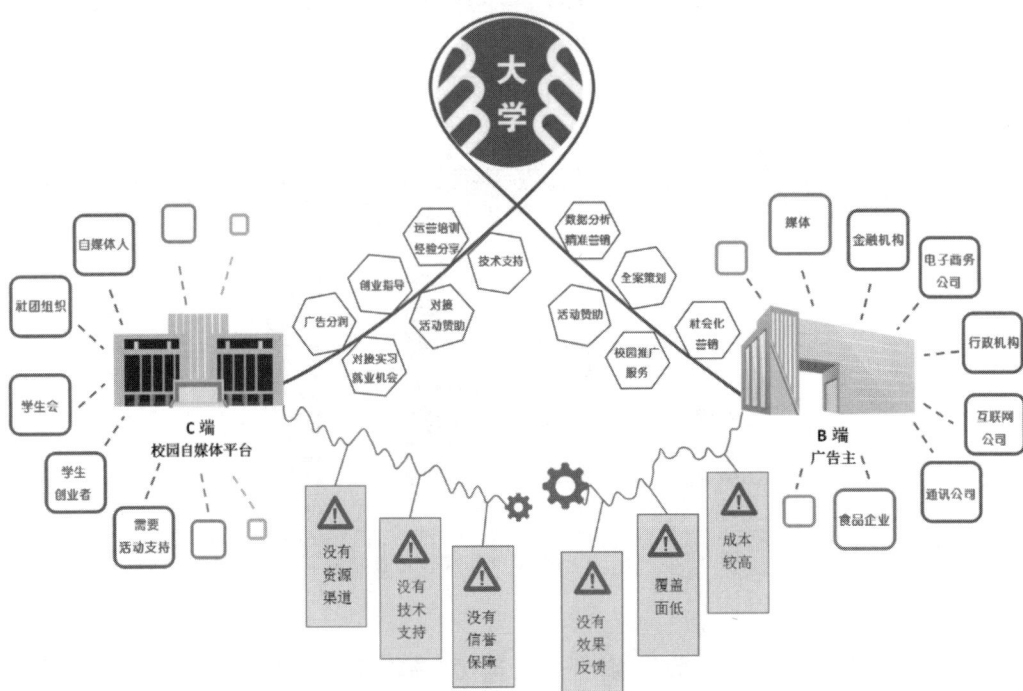

图 8-2-1　掌上大学"牵线"校企模式

针对掌上大学的这种特色的盈利模式，本案例通过商业模式分析中的九要素分析法进行分析。这九要素包括价值主张、客户细分、渠道通路、客户关系、关键业务、核心资源、重要伙伴、成本结构、收入来源。针对掌上大学基于客户黏性的商业模式特点，我们选取九大要素中的前六要素对掌上大学基于客户黏性的商业模式创新进行有针对性的具体分析。

1. 价值主张

价值主张是指公司基于其产品和服务所能向消费者提供的价值，确认公司对消费者的实用意义。在商业模式理论中，广义的价值主张是指客户界面、伙伴界面和内部构造中那些能够为客户、伙伴和员工创造价值，并最终为企业带来显著价值的关键要素形态组合。价值主张可以是全新的，其能为客户提供区别于原有产品或服务的体验；也可以实现对现有产品服务的完善与改进。

掌上大学的客户分为 B 端客户（企业）和 C 端客户（高校微信平台运营者）。掌上大学的产品和服务为 B 端客户和 C 端客户都带来了独特的价值。

针对 C 端客户即高校微信平台运营者，掌上大学始终坚持以客户价值主张为导向，为微信平台运营者提供免费的技术支持，以零成本提供同质化的产品来吸引对价格敏感的客户细分群体，帮客户削减成本来创造价值，并满足客户的需求，同时通过微信第三方功能的创新给客户带来前所未有的感受和体验。这种独特且免费的产品与服务为微信平台运营者在工作中带来极大便利和好处，可以取得客户的持久信任，打造极强的 C 端客户黏性。同时，客户的价值需求和价值取向在改变，掌上大学在价值主张上也跟着转变，努力满足客户的需求。

针对 B 端客户即企业，掌上大学利用后台整合大量数据为企业打造专业的营销策划方案，解决 B 端客户面临市场信息不对称问题的困扰，满足 B 端客户的需求。尤其是通过定制化的产品与服务，即精准的营销方案满足个别客户或客户细分群体的特定需求，为 B 端客户创造价值，形成了其独特的优势。由于掌握了 C 端客户即大学生的喜好、需求等，掌上大学设计的营销方案精准度极高，不仅会使客户感受到设计的新颖，其带来的高利润的回报又会使客户持续寻找掌上大学作为方案设计者，形成极强的 B 端客户黏性。掌上大学还一直秉持着以更低的价格提供同质化的价值来满足对价格敏感的客户群体的价值主张。对于 B 端客户，掌上大学除提供赢利性质的个性化方案设计，还开展一系列免费的产品和服务。比如，通过掌上大学微信公众号提供免费的消息发布，这种高性价比的服务体系使得掌上大学的 B 端客户群体黏性大大加强。此外，掌上大学秉持高效准确的原则为客户创造价值，使客户与掌上大学建立长期合作关系。

2. 客户细分

客户细分主要描述企业的目标客户群。根据具体的人数统计以及购买产品的方式在同类客户往往具有某些共同的属性，细分市场使得企业可以根据某些共同属性为客体提供针对性的价值主张。简单地说，客户细分就是企业向不同类型、不同地域、不同属性的人群销售产品或提供服务。客户细分也能够提高企业销售产品或服务的效率及满意度。

1) 客户价值特征

客户价值特征是客户细分的首要元素。掌上大学根据地理、社会、消费行为等要素对客户价值进行全方位评估，通过对客户价值特征进行细分，确定企业的重点发展对象，确立企业核心发展战略和目标导向。掌上大学的客户细分首先有两大类：B 端客户即企业和 C 端客户即高校微信平台运营者。针对 B 端客户和 C 端客户，掌上大学在不断地寻找、发现和细分市场后，结合企业当下可有效利用的内、外部资源进一步细分客户市场。

不同的客户能够为企业提供的价值是不同的。掌上大学会分析哪些 B 端企业是最有价值的客户，哪些是自己的忠诚客户，哪些是自己的潜在客户。并且，掌上大学通过客户细分总结出哪些 B 端客户的成长性最好，哪些 B 端客户最容易流失。

针对 C 端客户，掌上大学坚持认为客户细分的重点是对客户行为及需求进行分析及对客户细分群体进行定义，建立客户细分模型，实现知识分析平台，将客户数据转化为对客户的解决方案，并由此产生有针对性的运作。掌上大学通过为微信平台运营者提供免费的技术支持，并通过客户个性化需求对客户进行分类，把实际存在和潜在的客户划分为不同的客户群体，实现有效的市场分割。掌上大学利用市场与客户细分，识别目标市场和潜在市场；利用准确的市场定位，更易于满足比较小的客户群体的需求。

2) 客户共同需求

掌上大学围绕客户价值特征选定最有价值的 B 端客户作为目标客户细分，提炼客户的共同需求，以 B 端客户需求为导向精确定义企业的业务流程，形成一套系统的客户类别体系，打造极强的 B 端客户黏性。再根据各个客户间的差别进行分类提炼，最终为每个细分的客户市场提供差异化的营销组合。

3) 行业属性特征

行业属性特征也是掌上大学客户细分的一个重要元素(如图 8-2-2 所示)。根据不同的行业属性，掌上大学将其客户细分为品牌案例客户、平台案例客户和行业案例客户三类。

通过行业属性细分，可以提供更具有针对性的解决方案，提高掌上大学的服务质量。

因为不同的行业拥有不同的特点，所以掌上大学会有不同的数据整合流程和方法。掌上大学后台掌握学生关于餐饮、旅游、服装、游戏、书籍等多个行业的信息数据，并对学生的数据信息进行纵向和横向等多方位的综合分析，形成一份综合报告，反映当下大学生的偏好趋势和行为导向，以此给各个合作的客户提供精准的营销策划方案。针对不同行业的客户，掌上大学能提供不同形式且各具特色的服务，使服务更专业、更科学有效。不同行业采取不同的营销策略，提出不同形态的解决方案，符合当代消费者个性化的消费理念，使营销与消费者需求更贴切，更加切合实际。

图 8-2-2 掌上大学客户细分中的行业属性

3. 渠道通路

渠道通路主要描述企业向其客户销售产品或服务并且维系关系的各种途径。简单地说，每一个企业都需要通过其自身的渠道通路向客户传递价值主张。没有渠道通路，企业就不能接触到客户，其商业模式也终将崩塌。渠道通路是企业与客户沟通的关键要素，对于提升客户体验非常重要。

掌上大学有 B 端的合作渠道和 C 端的合作渠道。C 端主要是直接渠道，为客户提供技术支持。B 端的客户渠道有自有渠道和合作伙伴渠道两部分。自有渠道主要是通过直接的宣传，例如，通过微信公众号的推送以及一大批网络营销队伍构成的网络营销。合作伙伴渠道主要是和合作的商家进行长期的合作交流，扩展企业接触客户的范围，并实现收益互利互惠，进而宣传掌上大学的自媒体平台，打造掌上大学的口碑，扩大知名度，增强客户黏性。掌上大学在不同类型的渠道之间找到平衡，并整合它们来创造令人满意的客户体验，满足客户需求，同时使收益最大化。

4. 客户关系

客户关系指的是企业与其客户之间建立的联系。其主要描绘企业与特定客户细分群体所建立的关系类型。企业需要弄清楚其希望和每个客户细分群体建立的关系类型。客户关系重点分：① 买卖关系；② 优先供应关系；③ 合作伙伴关系；④ 战略联盟关系。商业模式所要求的客户关系深刻地影响着客户体验。

掌上大学与 C 端客户主要是优先供应关系。掌上大学为微信第三方运营者提供技术支持，微信第三方运营者在使用技术支持后又会为掌上大学带来大批量的数据信息。掌上大学与 B 端客户的客户关系是合作伙伴和战略联盟的关系。掌上大学的业务合作关系已经超越普通的客户服务与被服务的关系，倾向于和客户共同创造价值。针对 B 端客户，掌上大学与多方平台运营商和行业典型运营商进行长期合作，例如，掌上大学与网易、腾讯、唯品会、趣分期、中国移动等开展一系列合作发展战略。针对 C 端客户，掌上大学还积极拓展草根团队，挖掘校园优秀的创业青年，鼓励和支持大学生创业。掌上大学鼓励大学生参与到产品的创新和校园市场的拓展上来，并为大学生提供多种类型的兼职工作，在帮助部分大学生获得经济收入的同时也可使他们为掌上大学提供更多的校园市场信息。掌上大学的衍生业务 App"i 取经"可以针对性地服务大学生，为大学生的学习和生活带来便捷，共同完成"让每一个大学生成为精英"的使命。

5. 关键业务

关键业务主要描述企业需要进行何种工作才能使得自身的商业模式得以成功运作。一般而言，任何商业模式都不能仅仅依靠一项关键业务，而是需要多种关键业务相互配合。可以说，一个企业的关键业务就是企业运作、管理和发展所要从事的最重要的动作。不同的商业模式，其依赖的关键业务也不尽相同。

目前，掌上大学通过掌握 2600 余所高校的线上和线下运营团队的业务资源，主要开展的核心业务如图 8-2-3 所示。

从公司的整体组织架构来看，掌上大学的业务主要包括以下四条线：

（1）研发，包括平台新功能开发和产品测试。

（2）市场，主要负责与 B 端客户的对接、合作和业务介绍等。

（3）运营，包括整个微信后台的运营、自媒体平台的运营和 App 的运营。运营的核心是把现有的客户数据运作起来，与 B 端客户保持一定的联系，形成产业链闭环。

（4）后勤，包括公司人员配置、财务管理、后勤保障、口碑塑造等。

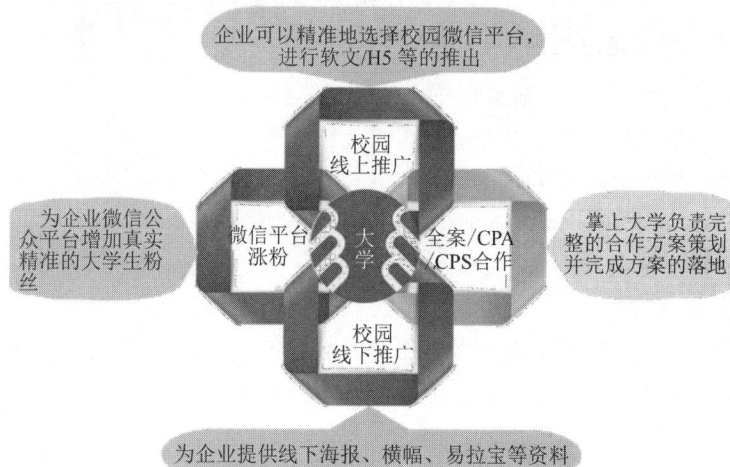

图 8-2-3　掌上大学的核心业务

6. 核心资源

核心资源主要描述企业运作、管理和发展中最需要也是最重要的内外部因素。任何一个商业模式都必须拥有核心资源才能够有效地运作，这是公司执行其商业模式所需的能力和资格。核心资源是企业生产和传递价值主张，与客户细分群体交互从而获得收益的关键因素。核心资源会因商业模式的不同而产生不同的变化。核心资源可以是实体的，也可以是虚拟的；可以是企业内部的，也可以是从企业外部获得的。

1）企业内部

（1）大量可靠真实的数据信息。掌上大学通过微信后台掌握大量的数据，这些数据源自大学校园，真实可靠，即时精准，充分反映了大学校园里最新的流行走向和时尚趋势，反映了大学生眼中真正的口碑品牌。

（2）强大的数据整合能力。掌上大学的微信后台通过专业的数据整合系统和数据分析系统收集处理大批量数据，其后台还设有专业的数据智能跟踪系统，加快数据更新速度。

（3）精准的营销策划能力。掌上大学的后台设有数据系统，该数据系统使得数据能够及时导出，可用于短期精准营销方案的设计。

2）企业外部

（1）行业地位。掌上大学一直走在行业的前列，在同行业中占据领先地位，其拥有的客户也是所有同行中最多的。目前，掌上大学已经覆盖全国 2600 多所高校，终端大学生用户数突破 2500 万，毫无争议地成为中国高校最大、最专业、实力最雄厚的大数据平台。

（2）资金能力。2013 年 6 月，由美国 SolidWorks 早期合伙人完成了百万级天使轮融资。2015 年 6 月 30 日，掌上大学获得青松基金的千万级 PreA 融资。如今，掌上大学的资金力量较为雄厚。

8.2.2　C 端校园客户黏性形成

掌上大学 C 端校园客户黏性形成因素如图 8-2-4 所示。

1. 服务校园：精准定位校园

掌上大学根据地理、社会、消费行为等要素对客户价值进行全方位评估。掌上大学通过对客户价值特征的区分，确定企业的重点发展对象，确立企业核心发展战略和目标倾向。目前，在校大学生数量已逾 3700 万人，这一庞大

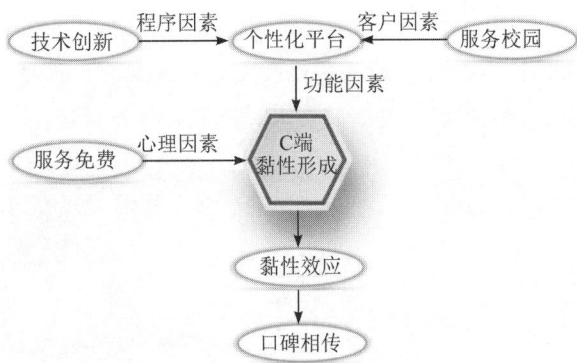

图 8-2-4　C 端校园客户黏性形成因素

的市场前景无限。作为国内首家高校微信服务平台，掌上大学一直致力于便利和丰富大学生的学习和生活，准确的定位打响了掌上大学在大学生群体中的知名度，使其迅速抢占校园市场，抓住大学生这一目标用户。

2. 技术创新：保障产品黏性

在这个互联网高速发展的时代，要想在竞争激烈的互联网行业站稳脚，企业必须拥有过硬的高科技技术。企业要想突出重围，成为行业的佼佼者，必须重视核心技术的研究与开发。

掌上大学一直以创新作为发展方向，不断突破。掌上大学有多台备用服务器，设计最

大承载量为 800 万并发数，而目前最高纪录是情人节当天的网站独立访客超过 300 万，远低于设计承载量。掌上大学把握在校大学生在校园生活中的各项心理需求，平台经过三年考验，已在学生用户间形成口碑传播，真正嵌进用户心里，让每一个享受过掌上大学服务的学生都能记住掌上大学。

3. 个性平台：实现用户价值

基于高校自身的特色，活跃用户呈现多样化。例如，开学季以及考研、考级、考证期间，对于课表、成绩等教务类信息的使用量暴涨，特殊节日（如七夕情人节、520 表白日等）的情侣类产品活跃度空前增长，在校园活动（如晚会、比赛等）中对于报名类、投票类、现场互动类的兴趣度大幅提升，产品应用已渗透到大学生生活的各个场景。

在服务型网络产品黏性的形成过程中，掌上大学在提供技术的基础条件上使用户接入产品的过程变得简单直接，帮助用户完成自身平台所需的功能，促进平台的良性发展，从而实现用户个人价值。

4. 服务免费：形成产品依赖

据《第 37 次中国互联网络发展状况统计报告》的统计表明：月收入在 2000 元及以下（含无收入）网民的比例为 41.7%，学生所占比例超过总网民的三分之一，达到 24.3%。由此可知，大多数网民在客观上还是会更倾向使用免费的互联网服务。基本功能是指掌上大学的本质性功能，不包括相关衍生和增值功能。掌上大学承诺用户免费使用的项目就绝不收费，进而在用户中建立起良好的企业信任度。

5. 口碑相传：扩张用户群体

掌上大学通过自身产品积累深植校园微信平台。大学生的学制一般为四年，学生服务于校园平台的时间最多也就四年。新老学生更替的同时要保证自媒体平台不断地积累和发展才能称之为良性循环。掌上大学凭借自身用户的积累和良好的用户口碑帮助微信平台自媒体人解决新老更替环节中新人过多的新增学习成本，保证微信平台的良性发展。掌上大学用薪火相传的方式实现了用户群体的扩张。

8.2.3　B 端企业客户黏性形成

掌上大学 B 端企业客户黏性形成因素如图 8-2-5 所示。

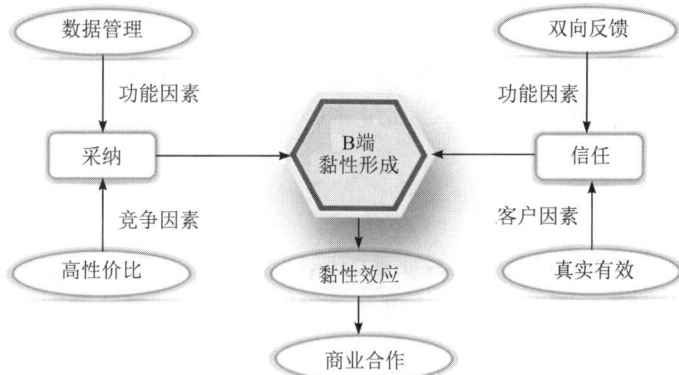

图 8-2-5　掌上大学 B 端企业客户黏性形成因素

1. 数据管理：实现精准营销

掌上大学专注于大学生市场，且已占领了93％的市场份额，是市场上最大的校园微信第三方。掌上大学根据自身客户群庞大且集中的优势，形成了数据库，并通过对大数据进行专业分析，达到精准营销的目的。掌上大学从地区、学校、专业、男女比例、领域、媒体类型等六个维度筛选目标群体，以保障企业营销的针对性，如图8-2-6所示。

图8-2-6 六大维度模式

微信后台通过专业的数据整合系统和数据分析系统收集、处理大批量数据，微信后台还设有专业的数据智能跟踪系统用以实现数据的实时管理，如图8-2-7所示。

图8-2-7 数据管理流程图

通过专业的信息管理，企业能够多项选择掌上大学提供的专业性方案以提高广告投放效益，降低成本风险，实现精准营销，因此企业被掌上大学的专业性服务所吸引，从而成为掌上大学的B端客户。

2. 高性价比：促成方案采纳

掌上大学拥有最早的，也是目前最成熟的广告系统。通过对大量平台用户数据进行分析，掌上大学选择以"平台粉丝总数×历史评价阅读率×单价"的计费方法，以保障客观性，排除掉平台由于个别高阅读量文章而蒙蔽客户的现象。因为广告系统掌握微信平台的真实运营数据，所以掌上大学推荐的平台都是粉丝数5000以上且长期运营的活跃微信平台。例如，很多校园微信平台有几万粉丝，但该平台的阅读量不到1000，掌上大学的广告系统是不进行收录的。同时，不同的软文，效果差距非常大。掌上大学深耕校园微信市场三年，有着充足的经验，免费提供软文优化服务。广告系统可以全程透明地监控平台的申请到投放的整个过程以及相应数据。直接明了的付费方案和透明真实的效果反馈打消了企业疑虑，将费用明细做得有根有据，规避了传统企业对互联网行业收费标准的疑虑，让企业放心地采纳掌上大学的方案。

3. 双向反馈：提升交互体验

（1）自媒体传播及时迅速。报纸、广播、电视等传统媒介的广告，由于出版或者播放的时间点比较固定，因而降低了广告的效果。而微信、微博等自媒体在移动设备上只要设置了提示功能，新的广告一旦发出，受众马上就能接收到。自媒体的传播范围和传播时间所受限制相对较小，所以广告的接收更加迅速及时。

（2）受众对自媒体广告具有决定性的影响作用。在传统的媒介广告中，受众无法主导广告，一旦接收自己不感兴趣的广告就可以直接略过，这种单向的传播通常无法达到企业和广告代理商所追求的广告效果。在自媒体广告中，受众可以在评论栏对广告进行评论和建议，使得主动性和互动性大大增强。受众高度参与广告的传播活动，这种双向沟通既有利于企业或者广告代理商深入了解受众的需求，也保证了受众的表达权和话语权，对双方都有利。受众对自己不感兴趣的广告，通过屏蔽功能可以有效地隔离广告。

4. 真实有效：建立双方信任

目前，掌上大学的校园微信平台第三方的每个接入系统的平台，都必须模拟登录，这样系统就会自动抓取其后台的粉丝数。目前，60 178个校园微信平台已授权到掌上大学系统。接入的公众号都必须先接入掌上大学系统。

8.2.4　基于黏性的商业模式效应

掌上大学基于黏性的商业模式效应以客户资源为基础，以价值创造为本质，以品牌效应为先驱，以业务能力为保障（如图8-2-8所示）。

1. 以客户资源为基础

客户资源是指企业集群可以更好锁定和开拓目标客户，通过建立专业、细分、通畅的群内交易渠道，更好地获得客户需求，把握市场变化。很明显，企业集群的客户资源可以更好地增加其市场竞争优势。所以构建客户黏性是能长期保护客户

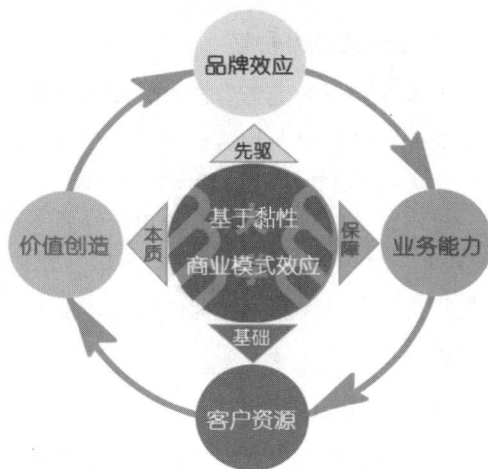

图8-2-8　掌上大学商业模式效应

资源的重要途径。掌上大学起源于大学生创业团体，作为大学生的他们对大学生的需求有着更深层的理解。

掌上大学的 C 端客户多为技术人员，该客户的特点是其对工具使用的好感度直接决定

了自身对实用工具的评价，评价可分为两个结果，即"依赖"和"放弃"。依赖感可以促进客户对其产品产生长期黏性，然后上升至最高等级产品忠诚度。与此同时，掌上大学在这个基础之上能够给予用户资金支持并提供一定的就业机会，针对大学生市场，提供全面化客户服务，完美地掌握大学生需求市场，为掌上大学发展巩固基层客户群体。

掌上大学同样重视 B 端客户资源的构建。广告主是企业资金的重要来源。掌上大学熟知企业更加注重风险控制，以及合作方案的专业性的特点，以此制定符合广告主客户的要求的合作方案。同时，掌上大学注重与大企业的合作机遇，致力于建立长期合作关系，深耕 B 端客户资源，并扩张自身影响力。掌上大学通过对客户的了解，建立客户黏性，并扩张客户资源，并将其作为企业发展的重要基础。

2. 以价值创造为本质

商业模式的本质在于价值创新，企业经营的核心是市场价值的实现，因此必须借助商业模式进行价值创造、价值营销和价值提供，从而实现企业价值的最大化。

客户价值是企业价值的重要构成，所以客户的态度和偏好又与认知价值的大小有很大关系，从而导致购买行为的不同：一方面，客户对产品或者服务的预期会影响客户满意度和忠诚度，进而引起客户购买行为的不同；另一方面，满意度指标作为中介变量，考察认知价值与客户忠诚度之间的相互关系。无论是客户满意度，还是以推荐产品或者重复购买为主的客户忠诚与客户黏性，都会直接或者间接影响客户的使用量、支付意愿和留存情况。掌上大学以创造客户价值为本质，以塑造客户黏性为根本来实现企业价值。校园媒体平台管理者的价值实现在于其平台影响力，掌上大学在帮助其提升影响力的同时保留其原创性和主导性，这就是帮助实现客户个体价值的根本。

目前，挖掘企业的价值，发挥价值驱动作用，将成为企业的核心竞争力。掌上大学依靠自身优势将黏性效应发挥到最大。

3. 以品牌效应为先驱

品牌属于企业的无形资产，品牌效应能够为企业带来潜在的、超额的经济利益。品牌效应是商业社会中企业价值的延续。在当前品牌先导商业模式中，品牌效应意味着商品定位、经营模式、消费族群和利润回报。掌上大学作为国内首家校园微信平台第三方，率先打入大学生市场。与同行业竞争者相比，掌上大学更加注重市场开发与资源利用，并建立起自身"专业、高效、创新、颠覆"的独特品牌形象，打造以客户黏性为基础的商业模式，迅速占领高校市场。为激发品牌良性效应，掌上大学重视技术平台的构建和积累，将自身品牌效应发挥到最大。

4. 以业务能力为保障

业务能力是指在完成业务活动的过程中所具备的综合能力，是客户对业务员的主客观认知与认可。良好的业务能力可以促成业务交往与客户情感往来，通常包括主观心理特征、专业业务技巧等。

掌上大学的主打业务是为校园媒体人提供第三方服务。从客户角度出发，掌上大学依托网络优势在市场上加大了客户认知程度，免费为校园媒体人和公众号自营者提供不断更新的功能来获得其认可，这惠及众多自媒体运营者，并方便了大学生的生活和学习。

掌上大学凭借自身的数据优势和平台优势，在维系好客户黏性的基础上保证自身业务能力始终处于高水平位置。首先，掌上大学以创新更新程度和人性化设计在产品和服务层面构建自身良好的业务素养。然后，掌上大学借助网络互联特性和自身链接关系进行快速有效的业务交往及客户沟通。最后，掌上大学不断提升自身业务能力，保障客户黏性长期有效作用在自身平台上来实现其商业效益。

8.3 案例总结

本案例以杭州新麦科技有限公司旗下项目——掌上大学为研究对象，针对掌上大学目前的市场定位探索掌上大学在微信第三方服务平台中异军突起、势如破竹的原因，综合分析研究背景，探索研究意义，总结出打造客户黏性在掌上大学项目发展和成熟过程中的重要作用。本案例从客户黏性角度出发，探索客户黏性的形成、影响因素及产生的效应，并结合掌上大学的特色商业模式，全面剖析掌上大学以客户黏性为基础的商业模式六大要素及其平台黏性的形成原因。

为使分析更有针对性，本案例研究利用商业模式中六大要素展开具体分析，结合客户黏性的形成，归纳出掌上大学的四大成功原因。

1. 根植大学校园，熟知大学生群体需求

在校大学生是一个庞大的消费群体，潜藏着巨大的力量。掌上大学扎根校园市场，紧抓大学生这一目标用户。正是准确的市场定位，掌上大学才能在此基础上开辟更广阔的市场，也有利于后期有针对性地打造极强的客户黏性。

2. 依托技术创新，注重客户体验

掌上大学迭代优化了60余次，始终坚持技术研发，坚持更新迭代，紧跟时代需求，并随着客户需求的变化而开拓创新。掌上大学非常重视人才培养和员工培训，始终坚持为微信平台运营者提供免费的技术支持，依靠自身具有的技术实力为校园媒体人的微信公众号管理提供技术支持。

3. 跨越校企鸿沟，实现资源整合利用

掌上大学基于微信平台粉丝信息数据，利用专业的数据处理系统和数据整合能力对数据机型整合汇总和具体分析，通过横向和纵向等多维度分析角度分析信息，结合各种校园实例可以精准地把握当今大学生的个人喜好和对产品偏好，为广告主提供切实可行的营销方案。

4. 服务至上，提升客户价值

掌上大学对大学校园媒体人免费开放所有功能的同时，还给校园媒体人提供了详细的运营指导，帮助校园媒体人实现微信公众平台的二次开发。掌上大学对大学生提供的是一系列便于其学习生活的应用工具（如四六级成绩查询、活动报名、竞选投票等），切切实实地利用平台服务大学生。掌上大学对企业的核心是以客户需求为导向，为客户提供优质化的定制服务，帮助客户成功打破校园壁垒。

案例点评

　　"互联网＋"时代，微信自媒体已成为高校宣传主流媒介，受到企业的广泛关注。掌上大学是国内首家高校微信平台第三方服务商，扎根于高校市场，将分散的高校微信生态圈有序化。掌上大学通过为校园用户开发贴心周到的服务项目，吸引并牢牢抓住了大学生群体。利用强大的数据管理能力，打破校企合作壁垒，充当校企间的"红娘"，为企业提供精准的校园营销渠道。

　　商业模式是企业持续经营，提升盈利能力、核心竞争力与影响力等方面的重要保障。掌上大学在刚起步时就明确了为广大高校学生和校园微信平台运营用户提供免费信息服务和技术支持的定位，利用所获取的校园用户数据为企业提供精确营销支持，逐渐形成"掌上大学"独特的商业模式，即以"牵线"校企为特色，给校园用户和企业创造核心价值，实现校园用户、企业和平台的共赢。

　　掌上大学作为一家高校微信第三方平台服务商，向校园用户提供免费的信息服务和技术支持，并随着用户需求的扩展而不断升级迭代其平台功能，以此形成并强化了客户黏性，获得庞大客户群体的价值认同和信任。以此为基础，通过平台信息发布等方式为企业提供校园营销业务，收取平台服务费并实现盈利。因此，本案例分析详细解读了"羊毛出在羊身上"的商业盈利逻辑。

　　"互联网＋"时代，传统商业模式已经不完全适应市场需求，虽然已经有许多学者致力于研究新型商业模式，但是关于商业模式的研究还缺乏与实践经验的结合。本案例选取商业模式的六要素建立理论分析框架，通过掌上大学案例研究提出营销平台企业的商业模式构成，为研究"互联网＋"背景下的企业商业模式创新提供参考，为解读校园自媒体营销模式提供方法论视角。本案例从"价值创造"形成"客户黏性"的角度全面地研究掌上大学成功的原因，为分析校园自媒体营销模式和理念的创新提供了新思路。掌上大学利用用户数据，有针对性地在校园市场开展营销业务，用户和企业各取所需。掌上大学作为超级数据中心，实现了数据整合利用和精准营销。

　　对数字营销行业的启示：抢占市场先机，拓展业务布局。掌上大学率先实现规模经营，在市场饱和之前，通过业务布局、渗透市场，发展客户，实现规模优势，为后续全面竞争打下了坚实基础。

　　对营销平台企业的启示：立足客户中心，打造客户黏性。掌上大学坚持以客户需求为导向，除了为校园用户持续提供具有价值的服务外，相继推出的各类盈利项目也是站在校园用户的角度，为其筛选并提供有价值的商业信息，实现和校园用户的合作共赢，互利互惠。此外，掌上大学着重挖掘长期合作伙伴。根据企业的需求，掌上大学为企业提供定制化服务，打造较强的平台黏性。

点评人：丁志刚（绍兴文理学院副教授）